本书得到西北民族大学2022年度中央高校基本科研业务费专项资金项目"刑法解释过程论"（项目编号：31920220169）和西北民族大学2022年度引进人才科研项目"过程论视域下刑法解释研究"（项目编号：xbmuyjrc202207）共同资助。

刑法解释
过程论

田杜国 著

中国社会科学出版社

图书在版编目（CIP）数据

刑法解释过程论 / 田杜国著. —北京：中国社会科学出版社，2022.8
ISBN 978-7-5227-0545-3

Ⅰ.①刑⋯　Ⅱ.①田⋯　Ⅲ.①刑法—法律解释—研究—中国
Ⅳ.①D924.05

中国版本图书馆 CIP 数据核字（2022）第 129025 号

出 版 人	赵剑英
责任编辑	许 琳　齐 芳
责任校对	谈龙亮
责任印制	郝美娜

出　　版	中国社会科学出版社
社　　址	北京鼓楼西大街甲 158 号
邮　　编	100720
网　　址	http://www.csspw.cn
发 行 部	010-84083685
门 市 部	010-84029450
经　　销	新华书店及其他书店
印　　刷	北京君升印刷有限公司
装　　订	廊坊市广阳区广增装订厂
版　　次	2022 年 8 月第 1 版
印　　次	2022 年 8 月第 1 次印刷
开　　本	710×1000　1/16
印　　张	16
字　　数	260 千字
定　　价	98.00 元

凡购买中国社会科学出版社图书，如有质量问题请与本社营销中心联系调换
电话：010-84083683
版权所有　侵权必究

前　言

在对当下刑法解释论域中所形成的形式解释论、实质解释论、主观解释论、客观解释论等众多刑法解释理论和观点进行分析和反思的基础上，我们不难发现，刑法解释的研究活动之所以会引起中外研究者们的重视，其主要原因在于刑法解释活动对于人类社会的发展起到着至关重要的作用。正如拉伦兹所言："假使认为，只有在法律文字特别'模糊'、'不明确'或相互矛盾时，才需要解释，那就是一种误解。全部的法律文字原则上都可以，并且也需要解释。只要法律、法院的判决或契约不能全然以象征性的符号语言来表达，解释就始终必要。"[1] 很显然，作为其他部门法的保障法，刑法不仅以犯罪与刑罚为其自身的调整对象，更直接关涉到了人的自由与生命。所以，刑法在实际的适用过程中必然也需要进行明确的、详尽的解释，进而刑法所具有的保障机能和保护机能才会得以充分实现。[2]

当我们对中外刑法解释研究的发展状况展开梳理和考察时，我们会清楚地认识到，无论是国外的刑法解释研究还是我国的刑法解释研究，就其研究和发展的外在表现形式而言无不是以过程的形式外化于人们面前。这也就意味着，刑法解释活动不仅仅是一种解释行为的体现，同时其更是一种认知和理解的过程思维的外化形式。换言之，刑法解释既是行为又是过程。对此，黑格尔就曾言道："人类的认识活

---

[1] ［德］拉伦兹：《法学方法论》，陈爱娥译，商务印书馆2003年版，第85页。
[2] 赵秉志、袁彬：《刑法与相关部门法关系的调适》，《法学》2013年第9期。

动如同自然界和人类社会那般,同样是一种过程的体现。"① 恩格斯也曾说道:"世界不是既成事物的集合体,而是过程的集合体。"② 齐佩利乌斯认为:"眼光的往返流转是一个多阶段的、逐步深入的选择过程;通过这一过程,不相关的规范、解释可能和事实被一步步地排除出去。"③ 拉宾说道:"法学研究之所以杂乱无序的原因多数在于作为统一话语的法律过程的崩溃,以及对法律过程的崩溃负主要责任的学术运动之间的分歧。"④ 除此之外,国内众多学者也有类似的言论。张明楷教授就曾言道:"刑法解释就是在心中充满正义的前提下,目光不断地往返于刑法规范与生活事实之间的过程。"⑤ 李希慧教授认为:"从动态方面而言,刑法解释是指一定的主体阐明刑法规定的含义的活动或过程;就静态方面而言,刑法解释则是上述活动或过程一定表现形式的结论。"⑥ 陈金钊教授等认为:"司法过程中关于法律适用的争论,绝大多数都起因于一些法律概念意义的模糊,或者由于司法过程中对法律概念的意义期待与立法者对该概念的意义设定发生冲突。因而,法律适用的过程就是法律解释的过程,对法律概念的解释就成为法律适用的核心工作。"⑦ 很显然,以上的论断为我们揭示出,无论研究者是有意还是无意,在对刑法解释论域中的相关问题进行分析和讨论时,过程思维肯定存在于研究者的大脑中并对研究者产生着制约和影响的作用,这是无须加以证明的客观事实。

---

① 霍桂恒:《黑格尔、马克思和怀特海——从"过程"所体现的西方哲学思维方式的转变看科学与人文之间的冲突》,《江苏行政学院学报》2006 年第 5 期。
② [德]恩格斯:《费尔巴哈和德国古典哲学的终结》,人民出版社 1997 年版,第 36 页。
③ 牟治伟:《法官如何通过方法实现正义》,http://www.legalinfo.gov.cn/index/content/2018-01/05/conten,最后访问时间:2021 年 2 月 20 日。
④ [美]爱德华·L.拉宾:《新法律过程、话语综合和制度微观分析》,王保民、刘言译,《地方立法研究》2018 年第 2 期。
⑤ 张明楷:《刑法学研究中的十关系论》,《政法论坛》2006 年第 2 期。
⑥ 李希慧:《刑法解释论》,中国人民公安大学出版社 1995 年版,第 41 页。
⑦ 陈金钊、熊明辉编:《法律逻辑学》(第二版),中国人民大学出版社 2015 年版,第 79 页。

既然刑法解释活动本身是一种过程的体现，并且研究者们在对刑法解释论域中的问题展开研究时还必然会受到过程思维的影响和制约，那么我们必然也就会对以下五个方面的问题展开进一步的追问和讨论：其一，什么是刑法解释过程？其二，刑法解释过程由哪些要素所构成？其三，刑法解释过程的表现形式如何？其四，刑法解释过程的特点有哪些？其五，刑法解释过程存在的意义是什么，或者说，面对当下刑法解释论域中所出现的争议性问题，我们是否都可以纳入刑法解释过程中加以讨论并给以有效的回应呢？遗憾的是，根据目前笔者所收集和整理的文献资料来看，关于刑法解释过程这一命题本身的研究在现有的文献资料中甚是少见。过程在刑法解释论域中的出现通常都是被研究者以一种研究视角的形式一带而过提及，并没有对刑法解释过程本身相关的内容进行详细的讨论和研究。正因如此，本书才正式地提出了刑法解释过程论这一命题，并对这一命题展开了详细的论述。

　　从当下刑法解释论域中所出现的相关问题的分析和解决层面来看，形式解释论与实质解释论之争以及主观解释论与客观解释论之争无疑是当下刑法解释论域中最为突出的两大争论性问题，而对于这两大争论性问题而言，其是否能够得到妥善的解决又直接关系到刑法所追求和保护的社会公平正义的真正实现。并且，任何一种刑法解释理论都必然是基于刑法解释活动过程而得以提炼形成，那么对于刑法解释论域中所形成的争论性问题的回应与解答自然也要纳入刑法解释过程论视域下加以考量和讨论。显而易见，刑法解释过程论的提出无疑为所有的研究者在对刑法解释论域中的争论性问题进行分析和讨论时提供了一种共同的研究范式和评价标准。此外，从现实的刑事司法实践活动的层面来看，司法者在现实的刑事司法审判活动中需要根据自身的素养和所掌握的法学知识来对刑事法律规范的含义进行阐释和说明。与此同时，司法者在对案件事实进行认定时，其目光始终会往返于刑事法律规范与案件事实之间。很显然，无论是对刑事法律规范所作出的解释活动，还是对案件事实所作出的阐释说明活动，司法者的刑事

4 刑法解释过程论

司法实践活动都必然是以过程的形式加以体现。这也就意味着，刑事司法实践活动中的司法者必然会受到刑法解释过程思维的影响和制约。显而易见，刑法解释过程论这一命题的提出及其所形成的研究成果不仅可以为司法者的司法实践活动提供一种科学化、规范化和系统化的实际操作模型，同时也为我们评价一个刑事司法裁判是否具有合法性和合理性提供了一种检验的模型和评判标准。

田杜国

2022 年 5 月 13 日

目　　录

第一章　刑法解释过程的概念界定 ………………………………（1）
　第一节　中外刑法解释的发展概况 …………………………（1）
　　一　大陆法系国家的刑法解释发展概况 ……………………（1）
　　二　英美法系国家的刑法解释发展概况 ……………………（10）
　　三　我国刑法解释的发展概况 ………………………………（14）
　　四　刑法解释过程论命题的提出 ……………………………（31）
　第二节　过程论概述 …………………………………………（36）
　　一　过程思想理论的发展 ……………………………………（36）
　　二　过程的内涵与本质 ………………………………………（40）
　　三　过程的表现形式 …………………………………………（43）
　　四　过程的构成要素 …………………………………………（49）
　　五　过程的基本特征 …………………………………………（52）
　第三节　刑法解释过程的内涵、本质与表现形式 …………（67）
　　一　刑法解释过程的内涵 ……………………………………（67）
　　二　刑法解释过程的本质 ……………………………………（69）
　　三　刑法解释过程的表现形式 ………………………………（71）

第二章　刑法解释过程的构成要素 ………………………………（77）
　第一节　刑法解释过程的主体、立场与角度要素 …………（78）
　　一　刑法解释过程的主体要素 ………………………………（78）
　　二　刑法解释过程的立场要素 ………………………………（81）

三　刑法解释过程的角度要素……………………………（83）
　第二节　刑法解释过程的对象要素与目的要素………………（87）
　　一　刑法解释过程的对象要素……………………………（87）
　　二　刑法解释过程的目的要素……………………………（91）
　第三节　刑法解释过程的原则要素与规则要素………………（96）
　　一　刑法解释过程的原则要素……………………………（96）
　　二　刑法解释过程的规则要素……………………………（103）
　第四节　刑法解释过程的行为要素与方法要素………………（111）
　　一　刑法解释过程的行为要素……………………………（111）
　　二　刑法解释过程的方法要素……………………………（115）

第三章　刑法解释过程的主观性与客观性……………………（122）
　第一节　刑法解释过程的主观性………………………………（122）
　　一　刑法解释过程主观性的内涵…………………………（122）
　　二　刑法解释过程主观性的表现形式……………………（123）
　第二节　刑法解释过程的客观性………………………………（126）
　　一　刑法解释过程客观性的内涵…………………………（126）
　　二　刑法解释过程客观性的表现形式……………………（129）
　第三节　刑法解释过程的客观性价值指向……………………（132）
　　一　刑法解释过程客观性价值指向的确立………………（132）
　　二　刑法解释过程客观性实现的困境……………………（134）
　　三　刑法解释过程客观性实现的途径……………………（137）

第四章　刑法解释过程的时间性与空间性……………………（148）
　第一节　刑法解释过程中时空的内涵与关系…………………（148）
　　一　刑法解释过程中时间的内涵…………………………（148）
　　二　刑法解释过程中空间的内涵…………………………（151）
　　三　刑法解释过程中时间与空间的关系…………………（154）
　第二节　刑法解释过程中时空的基本特征……………………（157）

一　刑法解释过程时空的约束性 …………………………… (157)
　　二　刑法解释过程中时空的可调控性 ………………………… (159)
　　三　刑法解释过程中时空的本土转化性 ……………………… (162)
　第三节　刑法解释过程中时空的价值功能 ……………………… (164)
　　一　刑法解释过程中时空的建构功能 ………………………… (165)
　　二　刑法解释过程中时空的评价功能 ………………………… (166)

第五章　刑法解释过程的规范性与开放性 ………………………… (169)
　第一节　刑法解释过程的规范性 ………………………………… (169)
　　一　刑法解释过程规范性的内涵 ……………………………… (169)
　　二　刑法解释过程规范性存在的必然性 ……………………… (171)
　　三　刑法解释过程规范性产生的影响 ………………………… (174)
　第二节　刑法解释过程的开放性 ………………………………… (177)
　　一　刑法解释过程开放性的内涵 ……………………………… (177)
　　二　刑法解释过程开放性存在的必然性 ……………………… (179)
　　三　刑法解释过程开放性产生的影响 ………………………… (183)
　第三节　刑法解释过程规范性与开放性的关系与协调 ……… (187)
　　一　刑法解释过程规范性与开放性的关系 …………………… (187)
　　二　刑法解释过程规范性与开放性的协调 …………………… (189)

第六章　刑法解释过程的承继性与建构性 ………………………… (193)
　第一节　刑法解释过程的承继性 ………………………………… (193)
　　一　刑法解释过程承继性的内涵 ……………………………… (193)
　　二　刑法解释过程承继性存在的必然性 ……………………… (195)
　第二节　刑法解释过程的建构性 ………………………………… (197)
　　一　刑法解释过程建构性的内涵 ……………………………… (197)
　　二　刑法解释过程建构性存在的必然性 ……………………… (199)
　第三节　刑法解释过程承继性与建构性的关系与协调 ……… (202)
　　一　刑法解释过程中经验与逻辑的关系与协调 …………… (202)

二　刑法解释过程中继承与创新的关系与协调 ……………（206）

第七章　当下刑法解释理论的再认知 ……………………（209）
第一节　主观解释论与客观解释论之争的认知 …………（209）
　一　刑法解释立场层面上的认知 ………………………（209）
　二　刑法解释目标层面上的认知 ………………………（210）
　三　罪刑法定原则层面上的认知 ………………………（213）
第二节　形式解释论与实质解释论之争的认知 …………（215）
　一　刑法解释限度层面上的认知 ………………………（215）
　二　刑法解释目标层面上的认知 ………………………（219）
　三　罪刑法定原则层面上的认知 ………………………（221）
　四　刑法漏洞层面上的认知 ……………………………（222）
　五　刑法处罚范围层面上的认知 ………………………（226）
　六　刑法解释位阶层面上的认知 ………………………（227）
第三节　其他刑法解释理论的认知 …………………………（230）
　一　保守的实质解释论的认知 …………………………（230）
　二　"三常"法治观解释论的认知 ………………………（233）
　三　人本主义解释论的认知 ……………………………（235）

结　语 ………………………………………………………（238）

主要参考书目 ………………………………………………（242）

致　谢 ………………………………………………………（245）

第一章 刑法解释过程的概念界定

第一节 中外刑法解释的发展概况

一 大陆法系国家的刑法解释发展概况

由于大陆法系国家的传统法律文化大体上呈现出"诸法合体，私法为主"的特点，所以，早期的大陆法系国家范围内有关刑法解释的专门性研究和论述并不多见，其往往蕴含在法律解释学中加以体现。[1] 近现代以来，随着欧洲大陆国家的资产阶级革命纷纷取得胜利以及罪刑法定原则和犯罪构成理论在刑法学中得以确立，刑法解释学才逐渐形成了自己特有的研究范式和发展轨迹。即便如此，法律解释学的研究和发展对刑法解释学的研究和发展所产生的影响依旧根深蒂固。鉴于此，笔者在对大陆法系国家的刑法解释发展状况进行梳理和分析的过程中主要是依托于法律解释学的发展状况，从古代、近现代和当代三个历史维度展开详细的介绍。

（一）古代大陆法系国家的刑法解释

公元前454年，随着《十二铜表法》的颁布与实施，西方世界的法学研究正式进入了成文法的研究时期，并且逐渐形成了职业法学家这一群体，法律解释学也应势而生。[2] 在《十二铜表法》颁布之初，有权对其作出解释的主体仅限于元老院的贵族和代表贵族意志的职业

---

[1] 李希慧：《刑法解释论》，中国人民公安大学出版社1995年版，第25页。
[2] 何勤华：《西方法律思想史》（第二版），复旦大学出版社2012年版，第25页。

法学家。这些有权解释主体在对《十二铜表法》进行解释的过程中只是拘泥于字面含义，而任何超出字面含义的解释都是被禁止的。可见，在该一时期内的法律解释过程中，以文义解释为内核的严格解释原则的特点十分明显。①

公元前4世纪上半叶，在以"自然理性"为核心理念的自然法的影响下，职业法学家们在对《十二铜表法》进行解释时，灵活解释原则逐渐取代了严格解释原则的主导性地位。②公元前242年，为了满足公众充分了解裁判官的职责这一诉求，当时的古罗马统治者要求裁判官在审理案件的过程中必须采用"告令"的形式将自己任期内审理案件的原则予以说明。而裁判官在作出"告令"的同时往往又会对当时的法律进行超出字面含义的解读。公元前27年至公元2世纪末，随着罗马法研究的不断深入，古罗马法学家们开始在"普洛克鲁斯派"与"萨宾派"两大法学流派之争的基础上纷纷通过著书立说的方式来阐述自己对罗马法的看法。③公元3世纪至公元5世纪初，职业法学家们对罗马法的研究达到了鼎盛时期。此一时期内诞生了盖尤斯、帕比尼安、乌尔比安、保罗、莫地斯蒂努斯五大最具影响力的法学家，并且也形成了诸多具有影响力的法律解释著作。自此，灵活解释原则完全取代了严格解释原则的主导地位。④正如塞尔苏士所言："罗马法学最盛时代，凡解释法律者，不拘文字，而侧重法律之精神。"⑤

公元426年，为了解决"法令滋章、运用为难"的法律适用问题，东罗马帝国的皇帝狄奥多二世和西罗马帝国的皇帝瓦伦提尼三世

---

① 魏东：《刑法解释》（第3卷），法律出版社2018年版，第51页。

② ［古罗马］西塞罗：《论共和国 论法律》，王焕生译，中国政法大学出版社1997年版，第218页。

③ F. Schulz, *History of Roman Legal Science*, pp. 226－241, Oxford, 1946; Francis de Zulueta, *The Institutes of Gaius*, Part I, Commentary, pp. 1－10, Oxford, 1953; Hans Julius Wolff, *Roman Law, An Historical Introduction*, pp. 119－126, University of Oklahoma Press, Norman, 1951.

④ ［意］彼德罗·彭梵得：《罗马法教科书》，黄风译，中国政法大学出版社1998年版，第19页。

⑤ 陈允、应时：《罗马法》，商务印书馆1931年版，第38页。

通过谕令的形式联合颁布了《引证法》并明确指出："举凡法律解释都必须要同两百多年前的盖尤斯、帕比尼安、乌尔比安、保罗、莫地斯蒂努斯五大法学家的解答保持一致。如果五大法学家的解答未形成统一的意见，则采用多数决的形式来最终确定法律的含义并适用。如果五大法学家就有关法律问题所作出的解答形成了数量相同的不同意见时，则要以帕比尼安的解答为准。即使对于当时的法律问题在五大法学家的解答中找不到明确的解答，法律解释者和适用者也要根据五大法学家所形成的理论和观点进行解释和适用，裁判官也不得拒绝遵从。"① 不可否认，两百多年前的盖尤斯、帕比尼安、乌尔比安、保罗、莫地斯蒂努斯五大法学家的法律解答、观点和理论在当时被赋予了至高无上的法律权威。任何有悖于五大法学家的解答、观点和理论的解释都是无效的。然而，"法令滋章、运用为难"的局面却依旧没有得到根本的改变。为此，公元529年至533年，在东罗马帝国皇帝查士丁尼的授命下，以大臣特里波尼安为首的法典编纂委员会在对历代罗马皇帝颁布的敕令和历代罗马著名法学家学说和法律解答进行整理、审订和汇编的基础上制定并颁布了世界上第一部完备的奴隶制成文法典——《查士丁尼法典》。② 自此，在法律解释过程中，任何对《查士丁尼法典》缩减的评议以及任意改变其应有之义的行为一律无效，严格解释原则的主导性地位再一次被确立起来。③

公元11世纪末，以伊尔内留斯为代表的波伦亚注释法学派（前注释法学派）开始在大陆法系国家范围内盛行开来。在对法律进行解释的过程中，波伦亚注释法学派采用了考证、注释、概括、推断等语义学的方法对法律进行解读和阐释。这种严格拘泥于文字字面含义的解释方式偏重于文字的考证和释义，并开始将法律制度概念化和系统化。很明显，此时期内的大陆法系国家在法律解释的过程中所遵循的必定

---

① [罗]查士丁尼：《法学总论》，张企泰译，商务印书馆1989年版，第11页。
② 何勤华：《外国法制史》（第六版），法律出版社2016年版，第75—79页。
③ 李希慧：《刑法解释论》，中国人民公安大学出版社1995年版，第28页。

是严格解释原则。①

公元13世纪中叶，以巴托罗为代表的评注法学派（后注释法学派）开始将法律解释活动的重心从尊重法律文本转向到尊重社会实践。他们立足于社会实践，通过注疏、评注和论证的方法在对法律文本进行解释的过程中加入了解释主体个人的理解，据此为当时社会中出现的现实问题寻找合理的依据。②显而易见，评注法学派摆脱了波伦亚注释法学派所主张的严格解释原则，转而开始采用一种较为灵活的法律解释原则。③随后，16世纪至17世纪中叶，在文艺复兴运动中所产生的人文主义思潮的影响下，发端于法国、兴盛于意大利，并以阿尔恰托为代表的博古法学派再一次地对波伦亚注释法学派（前注释法学派）提出质疑并指出了波伦亚注释法学派在对法律进行解释时过于机械化、缺乏逻辑论证合理性的缺陷。④毫无疑问，博古法学派的主张无疑是对评注法学派所主张的灵活解释原则进行了继承和发展。

（二）近现代大陆法系国家的刑法解释

17世纪中后期，欧洲大陆先后爆发了启蒙运动和资产阶级革命运动，自此，西方各国纷纷进入到资本主义民主与法治的新时代。立法权、司法权和行政权被严格分离开来，法律的制定权被赋予了立法机关，司法机关只能按照立法机关所制定的法律进行严格解释和适用，带有创造性的解释活动被明令禁止。与此同时，"伴随着资产阶级思想的不断影响，职业法学家们在对法律进行解释时由之前以批判为己任转向为建立概念清晰、结构严谨、体系严密的实在法律体系而服务。"⑤18世纪末19世纪初，脱胎于历史法学派的概念法学派开始在欧洲大陆国家范围内大行其道。在以温德海为代表的概念法学派看来："通过严密的逻辑演绎方法完全可以构建出一种完美无缺的法律概念

---

① 陈金钊、焦宝乾：《法律解释学》，中国政法大学出版社2006年版，第59页。
② 严存生：《西方法哲学问题史研究》，中国法制出版社2013年版，第565页。
③ [美]伯尔曼：《法律与革命》，贺卫方等译，中国大百科全书出版社1993年版，第147页。
④ 侯健、林燕梅：《人文主义法学思潮》，法律出版社2007年版，第25—37页。
⑤ 何勤华：《西方法律思想史》（第二版），复旦大学出版社2012年版，第231页。

及法律体系。在这一法律体系中，为了追求带有科学性质的法学内在的严谨性和稳定性，对于法律概念背后的立法价值和目的的研究而言则显得多余，法律解释主体首先必须信奉成文法典为法律渊源的唯一，其只需利用形式逻辑推理的方式便可实现法律体系内部的自洽。法官对制定法所做出的任何变通都是被禁止的，因为如果那样，便会改变法律原有之含义。"[1] 此外，值得注意的是，在18世纪末，费尔巴哈提出了心理强制说，进而促使了罪刑法定原则最终在刑法学中被正式确立起来。自此，在大陆法系国家范围内，解释主体只能严格按照刑法规范文本的原有含义进行解释，任何超出概念和文本含义射程范围的解释都是不被允许的，类推解释更是明令禁止。[2] 再者，19世纪上半叶，在以施莱尔马赫和狄尔泰为代表的普遍解释学（又称为方法论解释学）的影响下，以力求真实还原立法者原意为己任的主观解释论开始在法律解释活动中占据着主导性地位。普遍解释学主张通过对解释方法和技术的研究和讨论来努力确立某种解释方法在解释学中的独断地位，进而来实现解释的客观性。在此影响下，法律解释学将客观性作为自身的最高理想进行了明确化和系统化的讨论和研究。在文本、文本制作者和解释主体三者之间，法律解释更加突显出文本制作者的中心地位。文本制作者的意图就是文本客观真实存在的含义，一旦其产生便不能随着解释主体的意愿而发生改变。解释主体在对文本进行解释时必须彻底摆脱自己的（偏见）先见和时代的限制以求将文本制作者的原意进行还原和阐释。为此，在法律解释过程中，语义解释、语法解释、逻辑解释、历史解释、体系解释开始被奉为经典。[3] 显而易见，17世纪中后期至19世纪上半叶，严格解释原则在大陆法系国家的法律解释活动过程中始终占据着主动性地位。

19世纪末，法律社会学派、目的法学派和利益法学派纷纷问世，

---

[1] ［美］E.博登海默：《法理学—法哲学及其方法》，邓正来等译，华夏出版社1987年版，第104页。

[2] 陈兴良：《罪刑法定主义》，中国法制出版社2010年版，第80—137页。

[3] 魏东：《刑法解释》（第3卷），法律出版社2018年版，第54页。

并从自身所主张的理论出发对当时的严格解释原则展开批判，进而导致灵活解释原则再次呈现出抬头的趋势。以贡普洛维奇为代表的法律社会学派认为，法律是社会的法律，其是一种产生于社会斗争中的产物。法律的本质是一种人们在模仿过程中所遵循的行为方式的准则，其唯一的目的就是在消除或缓和社会斗争。所以，在对法律进行创立和解释时，人们必然要通过社会学的方法来进行。也即，在创立和解释法律的过程中必然要考虑到社会中的其他因素。尤其是在司法实践中，法官要去发现那些在实际上支配我们行为的"活的法律"，而不应该拘泥于法条的字面含义，要尽可能地去发现案件本身的真正的法。[1] 以耶林为代表的目的法学派指出，每条法律规则的产生都源于一种目的，目的是全部法律的创造者。据此，解释法律必须首先要了解法律所要实现的目的，该目的是解释法律的最高准则。此外，由于法理念是永恒发展的，法律的目的又是随着人类历史发展变化的。所以，法律解释必然是一个动态的发展过程，由此所产生的法律解释结论也必将不是一成不变的。故此，法律解释主体在这一动态解释过程中所奉行的必然是灵活解释原则，而非那种按照字面含义进行解释的严格解释原则。[2] 以赫克为代表的利益法学派认为，法律规范应该是立法者为了解决社会利益冲突而制定出来的一种原则或原理。概念法学派所主张的那种逻辑推理万能论是不现实的，其不可能真正地解决各种社会利益之间的矛盾。法官在适用法律的过程中并不是扮演着法律机器的角色，他应该在弄清立法者的意图后将其贯彻到审判活动中，其目的就是通过平衡各种社会利益之间的冲突来适应社会发展的需要。并且，法官面对法律漏洞时应该在探求立法者所重视的利益基础上通过合理的创造性解释对其加以补充。[3] 显而易见，在法律社会学派、目的法学派和利益法学派的影响下，灵活解释原则在当时的法律解释

---

[1] [奥] 埃利希：《法律社会学基本原理》，叶名怡译，九州出版社 2007 年版，第 1063—1103 页。

[2] [美] E.博登海默：《法理学—法哲学及其方法》，邓正来译，华夏出版社 1987 年版，第 104—105 页；梁慧星：《为权利而斗争》，中国法制出版社 2000 年版，第 6 页。

[3] 杨仁寿：《法学方法论》，文太印刷有限公司 1987 年版，第 79—81 页。

过程中占据着主导性地位。

(三) 当代大陆法系国家的刑法解释

20世纪以来，以马克斯·韦伯为代表的法社会学派从社会结构、行为和社会关系的角度出发明确指出，法律并不是孤立存在于社会中，离开经济利益，人们的行为毫无意义，法律规定也就不具有实体意义。作为法律内核的法律思想历来都应该有两种不同的类型：一种是经验化的法律思想，另一种则是理性化的法律思想。前者是后者的基础，后者是前者的目的。两者始终呈现出相互并存和相互补充的关系。与之相对应，司法活动相应地被划分为经验性的司法和理性化的司法两类。司法活动除了具有经验性和理性化的划分标准之外，还存在着形式和实质上的划分标准。所以，司法活动最终被划分为形式理性的司法、形式非理性司法、实质理性司法和实质非理性司法四类。[①] 此外，以狄骥为代表的社会连带主义法学派基于社会连带关系理论将法律规范划分为"客观存在的法"和"实际表述的法"两种类型。前者是通过演进理性在人类社会中自然形成的，其是社会本身所孕育的并且具有实质意义的法律规范；而后者则是通过建构理性来对前者进行确认和表达，其只是法律规则的一种表达形式，但后者往往滞后于前者的发展变化速度。所以这也就导致了法律规则在具有一定的持久性的同时还具有多变性。[②] 再者，以哈耶克为代表的新自由主义法学派在谈论法律与自由和正义之间的关系时指出，法律应该被划分为"实质意义上的法律"和"形式意义的法律"两种类型。前者是一般性的抽象规则，后者是一种具体的命令工具，前者通过后者来保障自由的实现，二者同时存在，缺一不可。在此基础上，存在于人类社会中的秩序也相应地被划分为"自发秩序"和"人造秩序"两种。前者在演进理性的推动下而形成并具有实质的特性，而后者则是在建构理性的推动下而形成并具有形式的特性。就正义而言，其应该被划分为"实质正

[①] [德] 马克斯·韦伯：《论经济与社会中的法律》，张乃根译，中国大百科全书出版社1998年版，第64、200、238、347页。

[②] [法] 狄骥：《宪法学论》，钱克新译，商务印书馆1959年版，第64、82、146页。

义"和"形式正义"两种类型。前者是在为特定的个人分派特定的社会义务时所体现出来的实质正义,而后者则是对个人的行为规则加以界定而形成的形式正义。① 综合以上的阐述,我们不难发现,尽管灵活解释原则在当代大陆法系国家范围内总体上依旧占据着主导性的地位,但与以往相比而言,在法律解释的过程中非此即彼的特性逐渐被兼容并包的特性所取代。换句话说,以往那种单一主张主观主义或客观主义、形式主义或实质主义的法律解释原则逐渐被承认针锋相对的双方并将双方进行有效融合的法律解释原则所取代。

除了上述法学流派对法律解释学所产生的影响之外,自20世纪以来,大陆法系国家的刑法解释学在刑法学和解释学的迅猛发展的影响下迎来了前所未有的发展机遇。

首先,贝林格在1905年出版的《刑法纲要》一书中明确提出了犯罪构成要件理论。后经 M. E. 麦耶尔在1915年出版的《刑法总论》中对贝林格的犯罪构成要件理论进行完善和补充。自此,犯罪构成要件理论在大陆法系国家的刑法学中得以确立。② 随后,基于犯罪构成要件理论而展开的形式解释论与实质解释论之争便从未停止过。20世纪初,形式解释论与实质解释论之争呈现出非此即彼的特点。二者之间的争论点主要集中在构成要件符合性的认定中是否需要加入价值判断这一问题。在形式解释论看来,构成要件是与价值无涉、中性的记述要素,对其进行的认定应该是一种纯事实判断。而实质解释论则认为,构成要件符合性的认定不仅仅是事实判断,其还应该具有价值判断的属性。20世纪中后期以来,形式解释论与实质解释论之间开始呈现出融合的态势。在承认构成要件符合性认定需要加入价值判断的基础上,二者的争论焦点则转变为在对构成要件进行评价时如何运用价值判断。③

---

① Hayek, *Rules and Order*, *Law*, *Legislation and liberty*, Vol. 1, London, Routledge & Kegan Paul, 1973, pp. 132 – 138.
② [日] 小野清一郎:《犯罪构成要件理论》,王泰译,中国人民公安大学出版社2004年版,第7页。
③ [日] 前田雅英:《刑法学和刑事政策》,黎宏译,收入于谢望原、张小虎编《中国形势政策报告》第1辑,中国法制出版社2007年版。

其次，在形式解释论与实质解释论相互争论的影响下，罪刑法定原则的实质侧面被明确提出。自此，罪刑法定原则同时具有了形式和实质两个层面上的含义。① 然而，从罪刑法定原则实质侧面被提出的那一刻起，有关罪刑法定原则的形式含义和实质含义之间的争论始终没有停息。一方面，作为成文法的刑法规范本身具有一定的局限性，其不可能做到毫无遗漏的程度。为此，便会出现实质上应该科以刑罚而形式上却无处可寻的现象。另一方面，刑法条文对于不值得科处刑罚的行为给出了明确的处罚规定，而实质上该行为也的确不值得处罚。为了解决这两种冲突，众多学者开始进行不懈的研究和讨论。直到20世纪末至21世纪初，这种讨论基本上达成共识，针对第一种冲突，学界普遍认为在不违反民主主义与国民预测可能性的前提下，应对刑法作扩大解释。而针对第二种冲突，学界普遍认为应该通过实质的犯罪论来克服。② 显而易见，在调和形式解释论与实质解释论之争而产生的罪刑法定原则的实质含义同罪刑法定原则的形式含义之间的关系时依旧体现出相互认同并共同发挥作用的特点。

最后，20世纪六七十年代，以海德格尔和加达默尔为代表的哲学解释学与普遍解释学展开了激烈的争论。受此影响，刑法解释学范围内相应地形成了主观解释论与客观解释论之争的局面。以哲学解释学为理论基础的客观解释论认为，在解释的过程中，解释主体自身所固有的偏见是无法予以否认的，其应该是解释得以存在的前提和基础，而非一种解释障碍。所以，以普遍解释学为理论基础的主观解释论所追求的立法者的立法原意这一客观性根本就不可能存在，其也不可能真正地得以实现。③ 刑法解释所追求的客观性，从其真正意义方面来说应该是探求刑法条文客观上所表达出来的内在旨意，也即刑法解释

---

① 张明楷：《罪刑法定与刑法解释》，北京大学出版社2009年版，第49—60页；劳东燕：《刑法解释中的形式论与实质论之争》，《法学研究》2013年第3期。
② 张明楷：《罪刑法定与刑法解释》，北京大学出版社2009年版，第68—73页。
③ 魏东主编：《刑法解释》（第3卷），法律出版社2018年版，第56页。

所追求的是刑法规范在当下社会中应有的客观含义。① 随着争论的不断深入，20世纪末，法律经济学派的代表人波斯纳和法兰克福学派的代表人哈贝马斯分别提出了"交流意义上的合理性理论"和"交往行动理论"。受此影响，在刑法的主观解释论与客观解释论之争的范围内逐渐形成了"视域融合"的解释理论。② 尽管波斯纳的"交流意义上的合理性理论"同哈贝马斯的"交往行动理论"之间存有一定的差异。但是，二者都承认刑法解释所追求的客观性并不是自然科学所指称的那种绝对意义上的客观性，而是一种相对意义上的客观性。刑法解释主体都是带着自己的前见并从自己当时所处的情景去解释刑法规范文本所能体现出的含义。在这一过程中，解释主体的视域、当时情景的视域和文本的视域三者发生融合。很显然，刑法的主观解释论与客观解释论也经历了由针锋相对、非此即彼走向相互承认、对立共存的发展历程。

二 英美法系国家的刑法解释发展概况

与大陆法系国家相比，英美法系国家的法律解释发展明显地要落后于前者，并且在很大的程度上受到了前者的影响。此外，英美法系国家基本上都是以判例法为主，而有关成文法的解释文献则并不多见。鉴于此，在对英美法系国家的刑法解释发展状况进行梳理和考察的过程中，笔者通过与大陆法系国家的法律解释发展状况进行对比来对英美法系国家的法律解释的发展状况展开详细的介绍。

（一）古代英美法系国家的刑法解释

公元1215年，自由大宪章的颁布标志着真正意义上的法律解释在英国开始出现。③ 尽管从公元1215年开始，英国出现了对成文法进行

---

① ［德］加达默尔：《真理与方法》，洪汉鼎译，上海译文出版社1999年版，第228—235页。

② 姜福东：《法律解释的范式批判》，山东人民出版社2010年版，第49页。

③ Sir Frederick Pollock and Frederic William Maitland, *The History of English Law Before the Time of Edward*, I, Cambridge University Press, 1968, pp. 30 – 43.

解释的活动，但是通过先前的典型案例对待决案件进行解释的活动依然存在，并占据着主导性的地位。① 随着社会的不断发展，先前业已形成的判例法早已不能满足当时司法实践活动的需求。为此，在法律解释过程中，英国开始大量地借鉴大陆法系国家的相关理论和经验。由于该一时期内的大陆法系国家在法律解释的过程中所遵循的是评注法学派所极力倡导的灵活解释原则。受此影响，13世纪至17世纪上半叶的英国在法律解释过程中也遵循灵活解释原则。正如美国法学家E.博登海默所言："中世纪的英国，法规频繁地被扩大适用于他们不曾明确固定的情形。反过来讲，如果把一个措词含义太广的法规适用于某种特定的复杂事实情形，会产生困难或不公正现象，那么法官就可以自行决定，而毋须遵循该法规的语词含义。普通法法官在对待法规方面具有很大的自由，这种自由之大，乃至由司法机关对成文法进行实质性的修改，已属家常便饭。……当这种解释自由逐渐受到约束以及随意扩大适用成文规范渐渐被认为是不恰当的时候，日渐形成的法规的公平释义原则，却仍然准许按照法规之目的对法规作任意解释，并准许在适度的限制范围内运用类推方法。"②

（二）近现代英美法系国家的刑法解释

公元1640年，英国爆发了资产阶级革命，三权分立得以实现，立法权、司法权和行政权被严格分离开来。享有法律解释权的司法机关在适用法律的过程中只能按照立法机关所制定的法律来进行解释并适用。③ 可以说，13世纪以来，英国所遵守的灵活解释原则随着资产阶级革命的胜利、三权分立治理模式的确立而宣告终结，严格解释原则被确立起来。

18世纪以来，一方面，由于当时的成文法的数量十分匮乏，另一

---

① ［美］霍姆斯：《普通法》，冉昊、姚中秋译，中国政法大学出版社2006年版，第2—11页。

② ［美］E.博登海默：《法理学—法哲学及其方法》，邓正来等译，华夏出版社1987年版，第508页。

③ ［英］洛克：《政府论》（下篇），商务印书馆1964年版，第132页。

方面，已有的判例法已经无法适应当时的司法实践需要。据此，17世纪中叶以来所奉行的严格解释原则受到了冲击。法官在面对实际案件时开始根据自己的法学知识和法学素养来创造法律，灵活解释原则死灰复燃。① 然而，与英国相比，1776年《独立宣言》的发表标志着美国正式建立。为了尽快巩固资产阶级所取得的政权，建国伊始，美国在法律解释的过程中采用了严格解释原则，这与同一时期采用灵活解释原则的英国之间存在着明显的差异。正如美国法学家E.博登海默对美国早期的法律解释情况所谈到的那样："每当一条法规包含有一种背离普通法的立法性改革时，法院不仅可以拒绝将它作为类推推论的依据，而且还可以用最为狭义的和最具限制的方式解释该法规的术语。"②

19世纪以来，以英国法学家奥斯丁为代表的分析法学派在英美法系国家范围内盛行开来。分析法学派指出："法律解释的主要任务就是对成文法律进行客观分析。实在法是作为掌权者的资产阶级的一种命令，其含义是客观存在的，对其并不需要再进行应然性的思考。"③ "对法律概念的分析是值得研究的。判决可以从事先确定了的规则中逻辑地归纳出来，而无须求助于社会的目的、政策或道德。"④ "法律是一个封闭的体系，这个体系不利用其他学科的任何东西作为它的前提假设。存在一个合乎逻辑的内部一致的乌托邦，在这个乌托邦中，实在法应该被制定出来并得到服从。在解释成文法的时候，对法律的应然状态的考虑完全没有必要。司法判决可以从事先存在的前提中逻辑地演绎出来。确定性才是法律最为主要的目的。"⑤ "法官的目标乃

---

① [美] E.博登海默：《法理学—法哲学及其方法》，邓正来译，华夏出版社1987年版，第509页。

② [美] E.博登海默：《法理学—法哲学及其方法》，邓正来译，华夏出版社1987年版，第511页。

③ J. Austin, *Lectures on Jurisprudence*, London, 1911, p. 83.

④ H. L. A. Hart, "Positivism and the Separation of Law and Morals", Vol. 71, *Harvard Law Review*, p. 611.

⑤ R. S. Summers, "The New Analytical Jurists", *New York Univ. Law Review* (861), pp. 889–890.

是以法规所运用的语词中搜觅立法机关的意图，即使这种解释的后果是具有危害性的。"① 显而易见，严格解释原则在此一时期内的英美法系国家的法律解释活动中占据着主导性地位。

(三) 当代英美法系国家的刑法解释

20世纪以来，以霍姆斯为代表的现实主义法学派和以庞德为代表的社会学法学派在英美法系国家范围内开始盛行，进而导致灵活解释原则再次取代了严格解释原则在法律解释过程中的主导地位。现实主义法学派认为："概念的价值、含义、意义和真实性，并不取决于它们的由来，而取决于它未来的实际效果。"② "法学的目的是一种预测，即对公共权力通过法院的工具性活动产生影响的预测。"③ "不确定性才是法律的基本特点，而传统法学所认为的法律的稳定性和确定性则是一个基本法律神话。法官造法的机能在司法实践过程中必然是不可或缺的环节。"④ 与此同时，对主张严格解释原则的分析法学派进行严厉抨击的社会学法学派进一步地指出，尽管分析法学派从某种程度上可以促使法律更加严谨和精致，但其只是一味地机械化和被动地适用法律而不主动对法律的功能、目的和实施效果进行分析，这本身就与社会的发展和法律自身的发展相违背。法律并不是规则的简单罗列，其内部理应包含有法律原理和政策取向并且法律所追求的合法性这一价值目标的内涵是随着社会的发展变化而变化的，与其注重条文含义和逻辑体系还不如注重法律的灵活适用性。因为只有这样，法律才会在保有生命力的前提下推进社会的不断发展。为此，法官在法律解释的过程中就不应该墨守成规，相反，其要作出创造性的解释活动。⑤ 显而易见，同严格解释原则相比，灵活解释原则必定是当下英美法系国家在法律解释过程中所要坚守的原则。因为只有确立了灵活解释原

---

① ［英］丹宁勋爵：《法律的训诫》，杨百揆译，群众出版社1985年版，第11页。
② ［英］亚当·库珀、杰西卡·库珀主编：《社会科学百科全书》，上海译文出版社1989年版，第384页。
③ 张乃根：《西方法哲学史纲》，中国政法大学出版社1993年版，第285页。
④ 何勤华：《西方法律思想史》（第二版），复旦大学出版社2012年版，第289页。
⑤ ［美］庞德：《法律史解释》，曹玉堂译，华夏出版社1989年版，第12—15页。

则在法律解释过程中的主导地位，才会对因成文法不足所导致的弊端进行有效的规避，进而才会推进英美法系国家的法治进程。

三 我国刑法解释的发展概况
（一）中国古代的刑法解释

"诸法合体、民刑不分、以刑为主"是我国传统法律文化所具有的鲜明特点。从这一角度来说，对我国古代法律解释发展状况的梳理和考察其本质上就是对我国古代刑法解释发展状况的梳理和考察。[①] 此外，虽然学界通说认为公元前536年郑国执政子产所铸的刑鼎是我国最早的一部成文法典。但由于史料文献的缺失，我们对公元前536年至先秦以前这一时期内的法律解释发展状况不得而知。不过，根据1975年湖北省云梦山挖掘出土的《秦简》所记载的内容来看，《秦简·法律答问》应该是我们目前可以参考的有关中国古代法律解释发展状况的最早文献。[②] 据此，在对我国古代刑法解释的发展状况进行梳理和考察时，我们便只能以先秦为起始点来展开详细的介绍。

首先，从我国古代法律解释的指导思想和解释原则的发展状况来看，自秦孝公以来，带有极端严苛性的法家思想历来都是秦代（包括先秦）统治者所奉行的治国理政的核心理念。在此影响下，"以法为教，以吏为师"的法律解释原则最终在秦代的法律解释活动过程中被确立起来。[③] 西汉之初，为了休养生息来巩固新政权，当时的统治者抛弃了带有"严苛性"的法家思想，转而采用以"无为而治"为核心的黄老学说。到汉武帝时期，为了进一步开拓进取，在以董仲舒为代表的儒家学者的极力倡导下，当时的统治者改"无为"为"有为"。自此，儒家思想被奉为了立国和强国之本。而此一时期的法律解释指导思想也经历了由黄老学说向儒家思想的转变过程。在此背景下，借助于经派要义对《汉律》进行解读的"应合经义"的法律解释原则被

[①] 李希慧：《刑法解释论》，中国人民公安大学出版社1995年版，第1页。
[②] 周密：《中国刑法史》，群众出版社1988年版，第186页。
[③] 栗劲：《秦律通论》，山东人民出版社1985年版，第173页。

确立起来。① 两晋时期，以张斐为代表的儒家学者在对《晋律》进行解读时将当时比较盛行的玄学思想同儒家思想进行了融合。与此同时，以刘颂为代表的法家学者们则极力主张法家思想在法律解释过程中的重要作用。于是，源自于儒家思想的"应合经义"的解释原则、源自于玄学思想的"慎其变，审其理"的解释原则以及源于法家思想的"奉法循理"的解释原则同时对两晋时期的法律解释活动产生着不同程度上的影响。② 两晋之后至唐代，总体上来看，儒家思想逐渐又回归到正统地位，"应合经义"的解释原则继续发挥着主导作用。但是，法律解释指导思想和解释原则在此时期内还是相应地发生了变化，这其中以唐代最具代表性。一方面，儒家思想在唐代逐渐形成了一家独大的态势，其与当时的法律制度彻底地完成了融合和统一，其他学派的思想根本无法撼动儒家思想在法律适用过程中的主导性地位。另一方面，在吸取了隋朝灭亡的经验基础上，唐代初期大力提倡"民本思想"，在对当时社会的控制过程中采取了"德主刑辅、礼法并重"的统治策略，这直接导致了"一准乎礼"的法律解释原则的确立。③ 唐代以后至清代这一历史时期内的法律解释指导思想和解释原则的发展状况大体上可以被划分为两个阶段：第一阶段为唐代以后至五代十国，在该一阶段内，法律解释指导思想依旧是传统的儒家思想，法律解释原则则是以"一准乎礼"的解释原则为主；第二阶段为两宋时期至清代，该一阶段的法律解释指导思想逐步转变成为程朱理学，其法律解释原则则主要是以"严格解释"原则为主。④

其次，从我国古代法律解释主体与解释权限的发展状况来看，在法家"以法治国"理念的影响下，无论是在立法方面还是在司法方面，秦代的统治者（皇帝）都具有至高无上的权力。然则，皇帝并不会事必躬亲，而是由其指定的官员奉旨行事。据此，在对《秦律》进

---

① 陈锐：《两汉经学与汉代的法律解释》，《西南政法大学学报》2011 年第 6 期。
② 栗劲：《秦律通论》，山东人民出版社 1985 年版，第 173 页。
③ 俞荣根：《儒家法思想通论》，广西人民出版社 1992 年版，第 134 页。
④ 黄延廷：《清代刑事司法中的严格法律解释》，《中国刑事法杂志》2009 年第 2 期。

行解释时，只能由皇帝指定的通晓法律的司法官吏作出。此一时期内的私家释律（学理解释）被禁止。① 西汉时期，私家释律开始被官方所承认，其中西汉刀笔小吏杜周及其子杜延年，以及被后人称为泰山郑氏的泰山郑密兄弟对当时《汉律》所做的释义解读最具有代表性。② 东汉时期，私家释律更是得到了长足发展。以叔孙宣、郑玄、许慎等为代表的儒家学者对《汉律》所作出的解释就多达数十万言。然而，"言数益繁，览者益难。汉时律令错糅无常，后人生意，各为章句的局面出现。为此，东汉政府不得不出面下诏指定，'但用郑氏章句，不得杂用余家。'从此，郑玄为《汉律》所做的解释在得到皇帝的认可之后便具有了普遍的约束力。"③ 可见，在两汉时期的法律解释过程中逐渐形成了以私家释律为主，官方释律为辅的特点。④ 唐高宗时期，长孙无忌奉命对《永徽律》作出详细的解释，并在此基础上形成了律文释意的疏解。从此，律文与疏解进行了结合并一同昭告天下。并且在当时的司法活动中，律文与疏解具有着同等的法律效力。⑤ 很显然，官方释律在唐代的法律解释过程中占据着主导性地位。当然，这并不意味着学理解释在唐代就销声匿迹了。相反，学理解释在此时期内依旧得到了长足发展。在继承汉晋以来的经验和成果的基础上，唐代的学理解释开始注重比较型研究，其所形成的解释结论更加深入和周详，同时也更能体现出法学理论所独有的特点。⑥ 在清代，有权对法律进行解释的主体除了皇帝本人、刑部、都察院、大理寺等中央一级的机构和官员以外，其还包括州、县、府、司、督抚等行使司法审判权的地方机构和官员。⑦ 此外，当时的律学家、刑名幕友、讼师等也纷纷

---

① 睡虎地秦墓竹简整理小组：《睡虎地秦墓竹简·法律答问》，文物出版社1978年版，第109页。
② 陆心国：《晋书刑法志注释》，群众出版社1986年版，第46页。
③ 程树德：《九朝律考》（卷一汉律考八·律家考），中华书局2003年版，第175页。
④ 陆心国：《晋书刑法志注释》，群众出版社1986年版，第46—47页。
⑤ 李希慧：《刑法解释论》，中国人民公安大学出版社1995年版，第3页。
⑥ 张晋藩：《中国刑法史新论》，人民法院出版社1992年版，第248页。
⑦ 叶孝信：《中国法制史》，北京大学出版社1996年版，第325页。

对《大清律》作出解读，① 进而逐渐形成了辑注型、司法应用型、考证型、歌诀型和图表型五种学理解释类型。② 很显然，官方释律在清代的法律解释过程中依旧占据着主导性地位。而对于学理解释而言，清代在集历代经验之大成的基础上其业已达到了我国古代法律解释的鼎盛时期。③

最后，从我国古代法律解释方法的发展状况来看，其一，根据律文用语通常所使用的含义作出阐释和说明的文理解释在我国古代法律解释过程中普遍存在。比如，《秦简·法律答问》中提到："罪当重而端轻之，当轻而端重之，是谓'不直'；当论而端弗论，及易其狱，端令不致，论出之，是谓'纵囚'。"④ 唐代的《唐律疏议》中提到："谋反，谓谋危社稷。"⑤ 清代的《读律佩觿》中提到："以者，非直犯也。非真犯而情与真犯同，如真犯之罪罪之，故曰以。"⑥ 其二，扩大解释、限缩解释、类推解释、当然解释、历史解释、体系解释等各种论理解释方法也被广泛地运用到法律解释过程中。比如，《秦简·法律答问》在对"殴大父母，黥为城旦舂，今殴高大父母，可（何）论？"作出回答时指出："比大父母"。⑦ 这便是扩大解释的具体体现。比如，《唐律疏议》在对"诸残害死尸及弃尸水中者，各减斗杀罪一等。"内容进行解释时指出："若愿自焚尸，或遗言水葬及远道尸柩，将骨还乡之类，并不坐。"⑧ 这便是限缩解释的具体体现。比如，《大清律例集注》对"共谋为盗分赃"作出解释时指出："如谋系造意，不行非其本怀，或与事主识认，不便同往，约定在家等候分赃，或家

---

① 高浣月：《清代的刑名幕友研究》，中国政法大学出版社2000年版，第13—24页。
② 何敏：《清代私家释律及其方法》，《法学研究》1992年第2期。
③ 李希慧：《刑法解释论》，中国人民公安大学出版社1995年版，第6页。
④ 睡虎地秦墓竹简整理小组：《睡虎地秦墓竹简·法律答问》，文物出版社1978年版，第191页。
⑤ 张晋藩：《中国刑法史新论》，人民法院出版社1992年版，第252页。
⑥ 何敏：《清代私家释律及其方法》，《法学研究》1992年第2期。
⑦ 睡虎地秦墓竹简整理小组：《睡虎地秦墓竹简·法律答问》，文物出版社1978年版，第184页。
⑧ 《唐律疏议》，中华书局1983年版，第343页。

有上盗之械与他盗带去，如此等者，可与窝主同科；若谋非造意，悔而不行，他盗得财之后，分给赃物，照知强窃盗后分赃律。"① 这便是类推解释的具体运用。比如，《唐律·名例律》中规定："诸断罪而无正条，其应出罪者，则举重以明轻；其应入罪者，则举轻以明重。"② 这便是当然解释的具体运用。比如，《唐律疏议》中对"内乱"作出解释时指出："《左传》云：'女有家，男有室，无相渎。易此则乱。' 若有禽兽其行，朋淫于家，紊乱礼经，故曰'内乱'。"③ 这便是历史解释的具体体现。比如，《刑案汇览三编》（卷二十三）中对"奸所获奸奸夫逃走后撞遇将其杀死"一案所作出的处理结果就是刑部根据《大清律例》的上下文的关系而最终作出的裁判。④ 这便是体系解释的具体运用。其三，在法律解释过程中还存在以下我国古代所特有的解释方法：（1）修正解释。其意是指在原有的法律规范所规定的内容发生变化时，为了适应新情况，在原有法律规范的基础上进行适当的修改。比如，随着秦的不断发展壮大，《秦简·法律答问》将《秦律》中原有的"祀奉天地、名山大川、鬼神为'公祠'。"解释为"祀奉天地、名山大川、鬼神为'王室祠'。"⑤（2）经义训诂解释。其意是指通过"声训""形训""义训""互训"四种技巧来对经典文献进行全面解释。比如，《汉律》中就存在："齐人予妻妾奸曰姘。姘，除也。从女并声；盗，私利物也，从次皿。次，欲也。欲皿为盗；害，伤也。从宀口，言从家起也，丰声；律，法也。寸，法度也。"⑥（3）连事比附解释。其意是指在没有法律规范明确规定的情况下，通过援引相似的案件或某学派的学说理论所作出的解释。比如，董仲舒在对"殴父案"进行处理时则是援引了《春秋》中的"君子原心，赦而不诛"的

---

① 李希慧：《刑法解释论》，中国人民公安大学出版社1995年版，第10—11页。
② 《唐律·名例律》。
③ 《唐律疏议》，中华书局1983年版。
④ 沈家本：《刑案汇览三编》（卷二十三）。
⑤ 睡虎地秦墓竹简整理小组：《睡虎地秦墓竹简·法律答问》，文物出版社1978年版，第178页。
⑥ 黄侃：《文字声韵训诂笔记》，上海古籍出版社1983年版，第181页。

案例来对此案例进行解释，从而认定甲的行为不应该受到处罚。①（4）辩名析理解释。其意是指基于某一法律概念的内生逻辑从明确性、合理性、逻辑性和科学性四个方面对该法律概念进行解释和分析。② 比如，张斐在其所著的《注律表》中提到："其知而犯之谓之故，意以为然谓之失，违忠欺上谓之谩，背信藏巧谓之诈，亏礼废节谓之不敬，两讼相趣谓之斗，两和相害谓之戏，无变斩击谓之贼……"③（5）成案解释。其意是指在法律规范没有明确规定的情况下，经过皇帝的批准，将一些判例确立为具有普遍适用性的经典案例并被广泛地用于全国司法审判中的一种解释方法。④ 比如，乾隆十三年，原任安庆巡抚纳敏提议将"盗犯林正宗案"附请定例，当时刑部对此复议。后经官方多次对律法进行修改，该案最终被确定为典型案例编入到《大清律例通考》中。

（二）中国近现代的刑法解释

鸦片战争爆发以后，为了探寻救国图强之策，维新派竖起了"托古改制"的大旗，清末变法运动由此展开。以沈家本为代表的"法理派"（革新派）同以张之洞为代表的"礼教派"（保守派）展开了激烈的争论。"法理派"主张大量引进西方近代法学理论与制度，运用西方国家的"通行法理"来修订和解释律文。而"礼教派"则主张在修订和解释律文时要"浑道德与法律于一体"，不应偏离中国数千年相传的"礼教民情"。此争论最终以沈家本为代表的"法理派"取得胜利而告终。基于此，"参考古今，博稽中外"的法律解释指导思想也被正式提出。⑤ 此外，在革新派的极力倡导下，清政府也曾通过"仿行预备立宪"的诏令宣布仿照西方国家"三权分立"原则将刑部

---

① 《汉书·刑法志注释》，群众出版社1984年版，第53页。
② 刘笃才：《论张斐的法律思想——兼及魏晋律学与玄学的关系》，《法学研究》1996年第6期。
③ 房玄龄：《晋书·刑法志》，中华书局2000年版，第604页。
④ ［美］史蒂芬·J. 伯顿：《法律和法律推理导论》，张志铭、解兴权译，中国政法大学出版社2000年版，第49页。
⑤ 叶孝信：《中国法制史》，复旦大学出版社2002年版，第348—349页。

改为法部，专职司法行政。将大理寺改为大理院，将其作为国家的最高审判机关（司法独立的原则在清末开始出现。不过，此时的司法独立是在皇权之下的一种相对意义上的独立），并且还通过立法的形式明确规定了大理院具有统一解释法令的权力。① 再者，随着大陆法系国家刑法理论的不断引入（主要是日本的刑法学理论），具有现代法治理念特点的罪刑法定原则也曾被写入当时的刑法律文之中。不过，由于清末变法运动所产生的一系列举措已经从根本上威胁到了保守派们的利益。所以在残酷的镇压下，这些举措最终并没有得到真正的实施。但不可否认，在清末变法运动的影响下所产生的预备立宪、官制改革和司法革新等众多新举措为我国以后在刑法学和刑法解释学方面的研究奠定了一定的理论基础。②

清末以后，以孙中山先生为首的民主革命先驱建立起了带有资产阶级共和国性质的南京临时政府。由于南京临时国民政府在历史上仅仅存在三个月，所以，此时期的法律解释并未得到实质性的发展。但是以孙中山为代表的民主革命先行者在结合当时中国的实际情况和西方资产阶级政治法律学说的基础上所提出的治国方略和法律思想却为以后的法律解释发展奠定了基础。比如，南京临时政府以"三民主义"为基础，结合西方的"权能分治"理论，创制出以"五权宪法"为核心，立法、行政、司法三权分立，司法独立的国家组织机构形式。通过法律条文的形式明确规定司法部为最高的司法机关，行使法律解释权。除此之外，还通过法律条文的形式明确规定了"罪刑法定，不溯既往"的刑法原则。③ 对此，正如曾宪义教授所言："尽管南京临时政府在历史上仅仅存在三个月，但是其却开创了我国民主法制建设的先河，推进了中国法律近代化的发展，并开启了民主主义法治建设的新篇章。"④

---

① 曾宪义：《中国法制史》，高等教育出版社2013年版，第313页。
② 彭凤莲：《罪刑法定原则引入中国历程考》，《法学杂志》2007年第4期。
③ 李光灿：《中国刑法通史》（第八分册），辽宁大学出版社1987年版，第172页。
④ 曾宪义：《中国法制史》，高等教育出版社2013年版，第317页。

"南北议和"以后，以袁世凯为首的北洋军阀开始了历时 16 年的北洋政府主政时期。尽管从社会发展的角度来看，此时期体现出一种历史倒退的发展趋势。但是从法律解释的角度来看，北洋政府时期却是对清末以来所形成的法律解释成果进行了继承和巩固。此时期内曾对《大清新刑律》先后进行了两次修订。通过法律条文的形式明确规定了大理院为当时的最高司法机关，统一行使司法解释权，并且形成了极具特色的判例制度。比如，"为了解决当时司法实践中所出现的法律规范缺位的问题，北洋政府还将通过司法创制形式所确立的判例和解释例作为审判的依据。"[①] 而就当时所采用的法律解释方法而言，北洋政府依旧采用文理解释与论理解释的方法对当时的《民国暂行新刑律》《暂行新刑律补充条例》《惩治盗匪法》等大量的单行刑事法规中的总则和分则进行解释，其中扩大解释和限缩解释是最为常见的两种刑法解释方法。

对于以蒋介石为代表的国民党政府统治时期的法律解释发展状况而言，其在很大的程度上是清末、南京临时政府和北洋政府时期的一种延续和发展。[②] 首先，国民党政府时期将南京临时政府时期所提出的"五权宪法"为核心，立法、行政、司法三权分立，司法独立的国家组织机构形式变为现实，并通过《中华民国国民政府组织法》明确规定了中华民国的最高司法机关是司法院，由其统一行使法律解释权。此外，为了满足当时刑事司法实践的需要，作为最高司法机关的司法院作出了大量的刑法解释，同时还公布了大量的具有法律效力的刑事判例。再者，从国民党政府时期所采用的刑法解释方法来看，其依旧采用的是文理解释和论理解释并用的方式对成文刑法典的总则和分则以及单行刑事法律规范有关犯罪和刑罚的内容进行解释。其中扩大解释和限缩解释依旧是最主要的两种解释方法。最后，在国民党政府时期，学理解释较之前有了重大发展，逐渐地体现出较强的自觉性和论证性的特点，并在此基础上形成了众多具有很高理论水准的学理解释

---

① 曾宪义:《中国法制史》，高等教育出版社 2013 年版，第 347 页。
② 曾宪义:《中国法制史》，高等教育出版社 2013 年版，第 352 页。

著作，其中以王觐的《中华刑法论》和郗朝俊的《刑法原理》最具代表性。

(三) 中国当代的刑法解释

我国当代的刑法解释发展状况大体上可以被划分为1949年新中国成立至1979年刑法典颁布与实施以前和1979年刑法典颁布与实施之后至今两个历史发展阶段。其中对于第一阶段内的刑法解释发展状况而言，我们可以从以下三个方面来加以把握：

其一，1949年新中国成立至1979年刑法典颁布与实施以前，我国并不存在成文的刑法典。所以，在当时的刑事司法审判过程中便出现了以批复、决议、解释、法令、处理报告、函等为表现形式的单行刑事法律规范和相关的刑事政策并用的局面。而这一时期内的刑法解释指导思想和原则主要是以马克思主义的基本观点理论和相关的刑事政策为主。[1] 1979刑法典颁布和实施以后，当时的刑事司法审判过程中便出现了以"刑法典为主、刑事政策为辅"的适用局面。自此，马克思主义的基本观点理论、解释合法性、刑事政策一同被确立为刑法解释活动的指导思想和解释原则。[2]

其二，有权解释主体的权限在此一历史阶段内经历了由混乱到逐渐明确化和科学化的转变。在1954年颁布的《中华人民共和国宪法》中明确规定了全国人大常委会具有解释法律的职权。随后又在1955年颁布的《关于解释法律问题的决议》中明确规定："凡关于审判过程中如何具体应用法律、法令问题，由最高人民法院审判委员会进行解释。"[3] 1981年我国颁布和实施了《中华人民共和国人民法院组织法》，并在其第三十三条中明确规定："最高人民法院对于在审判过程中如何具体应用法律、法令的问题，有权进行解释。"同年，在全国人大常委会所颁布的《关于加强法律解释工作的决议》中明确指出：

---

[1] 北京大学法律系刑法教研室：《刑法参考资料选编》（三），第100—163页。

[2] 苏联科学院法学研究所编：《马克思列宁主义关于国家与法权理论教程》，中国人民大学出版社1955年中文版，第511—517页。

[3] 北京大学法律系刑法教研室：《刑法参考资料选编》（三），第100—163页。

"凡属于检察院检察工作中具体应用法律、法令的问题，由最高人民检察院进行解释。"①

其三，在该一发展阶段内，我国司法解释所涉及的范围明显地要广于当时的立法解释，从数量上来看，其也明显地多于当时的立法解释。② 此外，在当时的司法实践过程中，除了文义解释、扩大解释、限缩解释、体系解释等最常用的解释方法以外，补充解释和逻辑解释等一些新的解释方法开始被广泛地采用，并且类推解释在当时的刑事司法审判过程中也大量地存在。③ 再者，以1979年刑法典的颁布与实施为界限，我国的学理解释前后分别表现出了贫乏和逐渐繁荣的两种不同的发展态势。据统计，1979年刑法典之后所形成的解释类学术文章或著作几乎是以每年数千的速度在增长。④

对于我国当代刑法解释发展的第二个阶段而言，其可谓是我国刑法解释学发展的黄金时期。在这一发展阶段内，随着罪刑法定原则在1997年刑法典中的确立以及大陆法系国家的刑法学理论和刑法解释学理论对我国刑法学和刑法解释学产生的影响不断深入，我国的刑法解释研究领域内逐渐形成了主观解释论与客观解释论之争、形式解释论与实质解释论之争的局面。此外，保守的实质解释论、"三常"法治观解释论和人本主义解释论同样也在学界内引起了广泛的关注。

从整体层面上来看，我国当下刑法解释中的主观解释论与客观解释论之争是对大陆法系国家范围内的主观解释论与客观解释论之争所进行的创新性发展。⑤ 而从具体层面上来看，我国当下刑法解释中的主观解释论与客观解释论之争主要体现在以下四个方面：其一，大陆法系国家范围内的主观解释论与客观解释论之争主要围绕着刑法解释

---

① 《中华人民共和国法律规范性解释集成》（增补本），吉林人民出版社1991年版，第196—197页。
② 李希慧：《刑法解释论》，中国人民公安大学出版社1995年版，第15—22页。
③ 苏联科学院法学研究所编：《马克思列宁主义关于国家与法权理论教程》，中国人民大学出版社1955年中文版，第511—517页。
④ 李希慧：《刑法解释论》，中国人民公安大学出版社1995年版，第24页。
⑤ 许发民：《论刑法客观解释论应当缓行》，《刑法论丛》（第23卷），法律出版社2010年版，第165—190页。

客观性是否存在这一命题展开讨论。而当下我国刑法解释中的主观解释论与客观解释论之争则越过这一命题直接就二者是否合理以及如何做出选择展开讨论。① 其二，在划分的标准层面上，相比较大陆法系国家单一的刑法解释目的说这一标准而言，我国刑法解释中的主观解释论与客观解释论之间形成了刑法解释目的说、刑法解释立场说、刑法解释目的与立场并用说三种划分标准。② 其三，在主观解释论与客观解释论之外，我国刑法解释研究又形成了第三种理论观点，也即中国台湾学者林山田教授所主张的综合解释论。林山田教授认为，对于时间间隔不久的刑法规范来说，在对其进行解释的过程中应该采用主观说；而对于时间间隔较长的刑法规范而言，则"应注重客观意思，以为解释"。③ 其四，就主观解释论与客观解释论同形式解释论与实质解释论之间的关系而言，我国的刑法解释研究领域内形成了两种不同的观点。一种观点认为，两组刑法解释理论虽有交叉却不能完全等同。比如，陈兴良教授就曾言道："主观解释论与客观解释论同形式解释论与实质解释论这两组范畴虽有重合，但二者之间并没有一一对应的关系。前一范畴之争是在解决刑法条文的含义是否应该随着时局的变化而变化的问题。而后一范畴之争则是在解决刑法解释是否应该局限于字面含义的问题。"④ 另一种观点则主张，两组刑法解释理论之间是一一对应的关系，并无任何差别。⑤

从创新性的角度来看，"我国当下刑法解释中所形成的形式解释论与实质解释论之争是在相当意义上具有'中国特色的'刑法解释论

---

① 张明楷：《刑法学》，法律出版社 2011 年版，第 34 页；陈兴良：《形式解释论的再宣示》，《中国法学》2010 年第 4 期；

② 梁根林：《罪刑法定视域中的刑法适用解释》，《中国法学》2004 年第 3 期；陈兴良：《形式解释论的再宣示》，《中国法学》2010 年第 4 期；劳东燕：《刑法解释中的形式论与实质论之争》，《法学研究》2013 年第 3 期。

③ 魏东：《保守的实质刑法观与现代刑事政策立场》，中国民主法制出版社 2011 年版，第 18 页。

④ 陈兴良：《形式解释论的再宣示》，《中国法学》2010 年第 4 期。

⑤ 邓子滨：《中国实质刑法观批判》，法律出版社 2009 年版，第 11 页。

之争。"① 以张明楷教授、刘艳红教授、苏彩霞教授为代表的实质解释论阵营同以陈兴良教授和邓子滨教授为代表的形式解释论阵营始终存有争议。总体而言，两大阵营主要围绕着以下四个方面展开了激烈的争论：

其一，在罪刑法定原则的认知层面上，实质解释论者认为，形式解释论就是法条主义，它只是一种形式的、机械的解释，其只片面追求形式正义而忽略了实质正义。② 实质解释论事实上也是坚持罪刑法定主义的。只不过在实质解释论者眼里的罪刑法定，不仅具有形式的侧面，而且还具有实质的侧面。刑法在适用的过程中，不仅仅能实现形式正义，还必须实现实质正义。③ 而形式解释论者则认为，罪刑法定原则原本就只具有形式侧面的意义，无所谓的实质侧面这一说，实质的合法性原则同罪刑法定原则是完全相悖的。所以，实质解释论者通过实质判断，将实质上具有处罚必要性但又缺乏法律形式规定的行为作了入罪处理，这是对罪刑法定原则的严重践踏。④

其二，在文义解释的认知层面上，实质解释论者认为，形式解释论在进行解释时只是从条文的字面含义出发，并没有考虑到词语在特定语境和语用中可能蕴含的含义，也即形式解释论者并没有考虑到法律概念含义应有的射程范围。这种解释只是从形式上做到了对司法权的限制，并实现了人权的形式层面上的保障。但就其实质而言，它是在不当地扩大了刑罚处罚的范围，进而损害到了刑法正义，也即有损于实质意义上的人权和自由。⑤ 而形式解释论者则反驳道："实质解释论者在对刑法条文进行解释时虽然采用了归谬法，但其本身却是荒谬的。因为它把语义解释贬低为望文生义或者说文解字。"⑥

其三，在入罪和出罪的认知层面上，实质解释论者认为，当某一

---

① 魏东：《刑法理性与解释论》，中国社会科学出版社2015年版，第4页。
② 苏彩霞：《实质的刑法解释之确立与开展》，《法学研究》2007年第2期。
③ 张明楷：《罪刑法定与刑法解释》，北京大学出版社2015年版，第61页。
④ 陈兴良：《形式解释论的再宣示》，《中国法学》2010年第4期。
⑤ 劳东燕：《刑法解释中的形式论与实质论之争》，《法学研究》2013年第3期。
⑥ 陈兴良：《形式解释论的再宣示》，《中国法学》2010年第4期。

行为在实质意义上应该科处刑罚但刑法规范条文却没有明确加以规定时，解释主体完全可以在国民预测可能性的范围内采用扩大解释的方式来作出有罪的处理决定。对此，形式解释论者则认为，国民预测可能性的形成是以刑法规范用语的可能语义为前提，而刑法规范用语的可能语义则又是随着处罚必要性的增大而不断扩张的，其不确定性十分明显，所以基于可能的语义而形成的国民预测可能性是根本不可能存在的，进而实质解释论者所采用的扩张大解释其实是一种类推解释。此外，实质解释论者认为，某一行为从实质意义上是不应该科处刑罚的，但刑法规范条文却明确加以规定，此时就可以用实质解释将该行为作无罪处理。如果按照形式解释论者的主张，其结果往往会扩大了处罚的范围。对此，形式解释论者则指出，从有利于被告人的角度出发，实质解释论的观点同形式解释论的观点并不矛盾。尽管从符合构成要件的层面上来看该行为构成了犯罪，但还是可以通过违法阻却事由和责任阻却事由将其排除，这原本就是形式解释论应有之义。[①]

其四，在刑法漏洞以及如何对其进行补救的层面上，形式解释论者认为，只要经过形式解释得出的结论同实质合理性相矛盾，那么这种情况就是刑法漏洞的体现。对此，应该由立法来完成漏洞的弥补工作，而非解释活动的责任。当然，对于有利于被告人的刑法漏洞而言却是一个例外。而实质解释论者则认为，只要是解释能够解决的问题都不应该是刑法漏洞。解释之所以称为解释就在于其能够达到完善既有刑法规范不周全的效果。尽管立法在完善现有刑法规范漏洞上有其存在的必要性和必然性，但解释对于刑法漏洞的弥补功能却也不可加以否定。[②]

在主观解释论与客观解释论之争和形式解释论与实质解释论之争的基础上，魏东教授提出了保守的实质解释论。在魏东教授看来："合法性原则不足以成为否定任意解释的充足理由，其既不能成为否

[①] 陈兴良：《形式解释论的再宣示》，《中国法学》2010年第4期；张明楷：《刑法学研究中的十大关系论》，《政法论坛》2006年第2期。

[②] 劳东燕：《刑法解释中的形式论与实质论之争》，《法学研究》2013年第3期。

定任何意义上的刑法的客观解释与实质解释的依据,也不足以成为拒绝任何意义上的刑法的主观解释与形式解释的理由。法治理性中的客观性原则,反过来又很容易在客观解释与实质解释中被消解、被突破……同时,主观解释与形式解释尽管在相对意义上有利于实现客观性,但又难以充分自证其实质合法性与正当性。"[1] 为此,以罪刑法定原则和刑法谦抑性为基本要求,并且以刑事法治理性为法理基础的保守的实质解释论便被正式提出。正如魏东教授自己所言:"刑法解释的保守性其主要内容有三点:一是入罪解释的原则立场与出罪解释的常态化立场,即主张坚守刚性化、形式化的入罪底线的原则立场,准许有利于被告人出罪的客观解释、实质解释的常态化立场;二是入罪解释的例外方法,即主张谨慎地准许例外的、个别的且可以限定数量的客观解释与实质解释对被告人入罪;三是刑法漏洞的立法填补原则立场。"[2] 不可否认,对于魏东教授所提出来的保守的实质解释论而言,学界也不乏存有一些质疑的声音。陈兴良教授就曾指出:"魏东教授提倡单面的实质刑法观或者保守的实质刑法观,即在出罪时采实质解释论,入罪时采用形式解释论……如此一来,各取形式解释论与实质解释论之利而去形式解释论与实质解释论之弊,超然于上述两说之上,由此获得学术的正当性。其实,这一立场与我所主张的形式解释论是完全相同的,以为形式解释论只要形式判断不要实质判断,这纯粹是一种误解。"[3] 此外,劳东燕教授也曾指出:"魏东教授自称持保守的实质刑法观,但从其解读来看,既然保守的实质刑法观指的是坚守刚性化、形式化的入罪底线,仅在出罪的场合允许适用实质解释,同时坚持立法漏洞由立法填补的刑法漏洞补充原则,则实在很难说他与形式论者的立场有什么区别。然而,他将自己归入实质论的阵营,而不认同形式论者的标签。"[4]

---

[1] 魏东:《刑法理性与解释论》,中国社会科学出版社2015年版,第19—20页。
[2] 魏东:《刑法理性与解释论》,中国社会科学出版社2015年版,第44页。
[3] 陈兴良主编:《刑事法评论》(第28卷),北京大学出版社2011年版,第2—3页。
[4] 劳东燕:《刑法解释中的形式论与实质论之争》,《法学研究》2013年第3期。

以陈忠林教授为代表的一些学者以现代法治的实现为切入点提出了以常识、常理、常情为内核的"三常"法治观理论。随后，该种理论开始被引入我国的刑法解释范畴中。陈忠林教授认为："现代法治，归根结底应该是人性之治、良心之治，绝不应归结为机械的规则之治；作为现代法治灵魂的'常识、常理、常情'，是指为一个社会的普通民众长期认同，并且至今没有被证明是错误的基本的经验、基本的道理以及为该社会民众普遍认同与遵守的是非标准、行为准则；我们的法律是人民的法律，绝不应该对其作出根本背离老百姓所共同认可的常识、常理、常情的解释；我们的司法人员只能为了维护法律所保护的价值而维护法律的权威，而绝不能仅仅为了维护法律的权威而维护法律的权威。"① 此外，马荣春教授也指出："以特定时期社会的常识、常情、常理为标准展开刑罚的目的解释，能够让刑法所蕴含的最基本的是非观、善恶观和伦理道德在司法中得以实现，真正实现刑法人权保障和社会保护的目的。"② 再有，周国文教授更是明确地指出："'常识、常情、常理'就是刑法的解释论，包括刑法解释的立场与方法。无论是主观主义还是客观主义解释立场，无论是历史解释、文理解释、论理解释，还是扩张解释、限制解释或者类推解释、目的解释莫不以此为前提、为标准、为基础、为指导、为界限。"③ 当然，对于"三常"法治观而言，学界依旧存在质疑的声音。谢晖教授就曾指出："一方面，常识、常理、常情具有普适性，而另一方面，普适性又往往以主体的差异性为前提，这就必然涉及在特定的时空内、人群间属于常识、常理和常情，跨越这一时空或人群，则失去了常识、常理和常情的特征了。此外，通过常识、常理、常情来判定法律是否符合常识、常理、常情的标准的时候，其实是将这三者当做了逻辑大前提，那么我们怎么就判定常识、常理、常情就一定是大前提呢？'三常'

---

① 陈忠林：《"常识、常理、常情"：一种法治观与法学教育观》，《太平洋学报》2007年第6期。
② 马荣春：《论刑法的常识、常情、常理化》，《清华法学》2010年第1期。
③ 周国文：《刑罚的界限：Joel Feinberg 的道德界限与超越》，中国检察出版社2008年版，第158页。

理论的合理性在逻辑上岂不是出现了问题?"① 再者，有的学者还指出："同现实主义法学和日本式'利益衡量论'相比，'三常'理论更缺乏体系性，在模糊法律的清晰方面，比他们走的更远，带来更为严重的盲目司法后果。'常识论'最终决定法律内涵往往取决于'常识者'第六感觉的直观判断，这就会给法律的概念、体系带来颠覆性的冲击，带来碎片化、凌乱化的后果，导致法学价值方向不明，在方法论上的盲目飞行。"②

在"以人为本"的科学发展观的指引下，李龙教授率先在学界内提出了"人本主义刑法观"。"人本主义刑法观的基本理念和要求就是以刑法尊重人格、以刑法保障人权、以刑法发展人性、以刑法体恤人情、以刑法弘扬人道。"③ 在此基础上，"人本主义的刑法解释论"被正式提出。袁林教授认为，在以刑法规范的确定性为假设前提下，通过严格限制解释主体的任意解释权并以追求条文的立法原意为目的的规则主义解释是一种拘泥于文义的形式解释，其难免会走向机械主义，最终偏离了刑法解释的核心宗旨。并且根据哲学解释学的观点，立法原意是根本不存在的，这种追求立法原意的解释范式在现实社会中并无实际意义。其对于通过语词来表现的刑法概念所出现的语义歧义和文义射程范围的限定问题也都无法给出合理有效的解决措施。更为严重的是，规则主义解释将会导致人文关怀缺失现象的产生。相反，坚持"以人为本"为内核，从人自身的理性与非理性的角度出发，以刑法规范的非确定性为前提，以促进人的发展为解释目的，强调公众的认同感的人本主义解释理念在我国由来已久并一直发挥着积极功效。在该种解释理念的指引下，通过对解释方法的合理建构便会有效地化解当下我国刑法解释中所出现的分歧和冲突问题。更为重要的是，人本主义解释在人权保障、人格尊重、人道体现以及人情体恤等方面所

---

① 谢晖：《有关常识、常理、常情与司法的论辩》（上），http：//blog.sina.com.cn/s/blog_65f82df70100vze2.html，最后访问时间：2021年9月20日。
② 朱祖飞：《陈忠林先生"常识论"错在哪里》，http：//blog.sina.com.cn/s/blog_48f3c2a00100j4cv.html，最后访问时间：2021年9月21日。
③ 李晟：《人本法律观研究》，中国社会科学出版社2006年版，第279页。

发挥的作用更能迎合我国当下社会发展的需要。① 当然，人本主义解释论在我国学界内同样遭到了质疑。比如，有的学者指出人文主义、人本主义和人道主义是三个不同的概念，三者在各自的产生渊源和所强调的侧重点方面都存在着明显的差异。然而，主张人本主义解释论的学者在对其进行论述的过程中却并未对这三个概念进行区分，甚至将三者进行混同使用。所以，对于"人本主义解释"这一称谓是否妥当还有待进一步的商榷。② 此外，有的学者还指出："人本主义解释论对于人的非理性行为是给予肯定的。但同时其又对带有形式主义特点的规则主义解释论所强调的严格解释进行批判。那么，在以罪刑法定原则为核心解释原则的刑法解释过程中，人本主义解释论是否会导致任意解释现象的出现呢？对此，人本主义的刑法解释论并未对此作出明确合理的解答。"③

毋庸置疑，在该一发展阶段内，我国的刑法解释方法同样也迎来了发展的黄金时期。与以往相比，此一时期内的我国刑法解释方法不仅在种类上呈现出多样性和齐备性的特点，同时在研究范式上也更凸显出系统性、专业性、科学性和创新性等特点。从我国当下学界所形成的通说来看，具体的刑法解释方法可以被划分为文理解释和论理解释两种类型。其中文理解释又可以进一步地被划分为字面解释和语法解释两种具体类型。而论理解释中则具体包括了扩大解释、缩小解释、当然解释、体系解释、目的解释、比较解释、历史解释、补正解释、反面解释九种具体类型。在前述各种具体的刑法解释方法适用的过程中，文理解释要优先于论理解释。当运用论理解释方法得出相互冲突的结论时，则应该以目的解释作为最终判定的依据。同时，由于类推解释方法违背了罪刑法定原则，故其在刑法解释过程中被禁止适用，

---

① 袁林：《刑法解释观应从规则主义适度转向人本主义》，《法商研究》2008年第6期。

② 时光：《"人文主义"、"人本主义"及"人道主义"辩证——兼谈中国传统文化的基本精神》，《求索》1986年第6期。

③ 李晟：《人本法律观研究》，中国社会科学出版社2006年版，第129页。

但有利于被告人的类推解释则例外。① 此外，在刑法解释方法研究的范式上，张明楷教授则从罪刑法定原则的角度出发对通说中所认定的各种具体的刑法解释方法进行了全新的阐述。其所形成的理论观点不仅受到我国学术界和司法实务界的普遍关注，同时也极大地促进了我国刑法学和刑法解释学的快速发展。

四 刑法解释过程论命题的提出

基于上文的梳理和考察，我们不难发现，无论是从横向的维度进行比较还是从纵向的维度进行比较，中外刑法解释之间的发展状况以及各自内部的发展状况都存在着明显的差异。对于这些差异而言，在笔者看来，其无外乎都是一些外在表象层面上所体现出来的不同。当我们对这些外在表象的差异进行反思或进一步地探究时就会发现，一方面，中外的刑法解释都是一种人类的理性认知实践活动，而就该种理性认知实践活动的本质而言，其无非就是理性的人对刑法规范和案件事实所作出的阐释和说明的过程。另一方面，单从我国当代的刑法解释发展状况而言，其在很大的程度上借鉴了国外的发展经验和相关理论成果。而就这一现象背后的本质而言，其无非就是不同国家之间在刑法解释的某些方面上所体现出来的一种包含有参考、借鉴、改良或延续等行为的过程。据此，笔者认为，无论是国外的刑法解释还是我国的刑法解释无不以人类的认知实践过程的形式加以体现。换句话说，中外的刑法解释不仅都是一种带有各自鲜明特点的解释行为活动，同时它们又都更是一种带有共性的人类认知过程。也正因如此，笔者在对中外刑法解释的发展概况进行梳理和考察的基础上才提出了刑法解释过程论这一命题。

当然，某一命题被提出之后其必然要被加以证成，否则该命题即便被提出，其也是一个伪命题，也不会具有研究的价值。而所谓的命题的证成无非就是从理论意义与实践意义两个方面对某一新提出来的

---

① 李希慧：《刑法解释论》，中国人民公安大学出版社1995年版，第129—133页。

命题的必要性和合理性进行阐释和说明。据此，对于刑法解释过程论这一命题的证成，笔者将从以下四个方面来对其合理性和必要性展开详细的论述。

其一，从学界对刑法解释过程的认知状况来看，在已收集的文献资料基础上，笔者发现，有关刑法解释过程的专门性论述并不多见，并没有形成较为明显的研究发展态势。但不可否认，学者们在对刑法解释范畴内的其他相关问题进行研究和讨论时却又都已经认识到了刑法解释不仅是一种行为活动同时更是一种认知过程。换句话说，学者们在论述刑法解释范畴内的其他相关问题时都有意或无意地提出了刑法解释过程这一命题，并以这一命题的成立为前提而展开了相关内容的研究和讨论。比如，伽达默尔指出："理解和解释甚至根本不能被认为是一种主体性的行为，而要被认为是一种置身于传统过程中的行为，在这过程中过去和现在经常地得以中介。"[①] 海德格尔指出："解释按其任务就是要让事物得以理解。为了把握解释过程的统一，我们必然把理解是通过语言的中介而得到实现的视为理解和解释的基本现象。"[②] 德沃金指出："建设性解释的目的是构建一套过程理论，一套能为现有的政治、法律制度和实践的整体以及它的过去和未来提供最佳的说明、证成和依据的理论。"[③] 陈金钊教授指出："在研究法律解释的过程中，要站在坚持认识问题多元视角的立场上，承认相对主义的合理性，较为'全面'地揭示法律解释的过程。"[④] 周光权教授指出："在刑法解释的商谈、试错过程中，方法的采用有'各取所需'的特点。"[⑤] 齐文远教授和周详教授指出："在刑法解释过程中，适度的强调合法性基础上的合理性，强调法的客观、确定性基础上的灵活

---

① [德] 伽达默尔：《真理与方法》，洪汉鼎译，上海译文出版社1992年版，第372页。

② [德] 海德格尔：《理解和解释》，转引自洪汉鼎《理解与解释——诠释学经典文选》，东方出版社2001年版，第128页。

③ 陈弘毅：《当代西方法律解释学初探》，转引自梁治平《法律解释问题》，法律出版社1998年版，第16页。

④ 陈金钊：《法律解释（学）的基本问题》，《政法论丛》2004年第3期。

⑤ 周光权：《刑法解释方法位阶性的质疑》，《法学研究》2014年第5期。

性也是法治的应有之义。"① 马荣春教授指出:"刑法解释理性,是指刑法解释过程及其结论在体现对社会生活的规律性和刑法本身的规律性的充分尊重之中谋求刑法的目的性。"② 董邦俊教授指出:"从认知规律看,立法者的立法过程和解释者的解释过程都离不开理性的认识。"③ 可见,上述不同角度的论断都充分地证明了刑法解释过程论这一命题具有其存在的必要性和合理性。

其二,从法理学的角度来看,基于前文的介绍我们了解到,无论是国外还是我国,不同时期内所形成的相关法学理论都存在着产生和发展的过程,并且这些不同时期内的法学理论之间也并非是毫无关联性而各自存在的。后一法学理论的出现或是对先前法学理论的继承,又或是对先前法学理论所进行的批判。而这些继承或批判本身就是一种过程的体现。作为法学理论中的重要研究范畴,法律解释和刑法解释必然也会以一种过程的形式加以体现。此外,根据前文的介绍,我们还会发现,就中外刑法学理论之间的关系而言,二者往往会体现出相互借鉴、相互吸收的过程形式。而在这一过程中,中外的刑法解释之间的相互借鉴、相互吸收的关系同样也会以过程的形式加以体现。再者,当我们对法理学范畴内所讨论的法律运行这一理论问题进行分析时就会发现,中外任何时期内所适用的法律规范(包括刑法规范)都必然经历了产生、适用、修改、废除这一系列的过程。张文显教授对此就曾言道:"法律的产生和运行是一个从法律创制、实施到实现的过程。"④ 而法律解释和刑法解释作为法律规范运行中的一个必不可少的环节,其本身理应就是一种过程的体现。据此,我们不难发现,从法理学的角度对法律解释和刑法解释展开认知同样也能为刑法解释过程论这一命题成立的合理性和必要性寻找到充分的证明依据。

其三,从刑法解释的内涵角度来看,学界通说认为"所谓的刑法

---

① 齐文远、周详:《论刑法解释的基本原则》,《中国法学》2004 年第 2 期。
② 马荣春:《形式理性还是实质理性:刑法解释论争的一次深入研究》,《东方法学》2015 年第 2 期。
③ 董邦俊:《刑法解释基本立场之检视》,《现代法学》2015 年第 1 期。
④ 张文显主编:《法理学》(第五版),高等教育出版社 2018 年版,第 219 页。

解释就是解释主体对刑法规范的含义所作出的阐明。"① 而这种阐明具体是指一种阐释的行为还是一种阐释的过程却值得我们思考。首先，前述通说的观点为我们揭示出刑法解释中必然存在着解释主体和解释对象这两个要素，并且解释主体在作用于解释对象时必然也要通过阐释的行为加以完成。从这一点来看，如果将刑法解释只看作是一种主体作用于对象的行为的话，那么刑法解释中的主体要素和对象要素便被排除在刑法解释定义之外。而缺失了主体要素和对象要素的刑法解释又岂能形成？其次，尽管通说的观点中只是明确地提及到了解释主体、解释行为、解释对象这三个要素。但就刑法解释中的解释目的、解释原则、解释规则、解释方法这四个方面而言，通说的观点却无法予以否认。从这一点来看，如果将刑法解释只看作是一种解释行为的话，那么解释目的、解释原则、解释规则、解释方法这四个方面岂不也被排除在刑法解释之外？最后，虽然通说的观点中都没有对刑法解释的运作机理进行详细的阐述，但是我们却又不得不承认刑法解释运作机理的存在。就刑法解释的运作机理来看，其具体表现为：主体基于一定的目的，在一定的原则和规则的限制和影响下采用某些方法对刑法规范作出认知和说明的行为。从这一角度来看，刑法解释应该是一种由主体、行为、对象、目的、原则、规则、方法这七个要素所组成的动态认知系统，而绝非只是一种外在的行为表象。据此，笔者认为，刑法解释本身不应该只是一种认知行为的体现，其更应该是一种由解释主体、解释对象、解释行为、解释目的、解释原则、解释规则和解释方法所组成的动态认知过程的体现。对此，李希慧教授就曾言道："从动态方面而言，刑法解释是指一定的主体阐明刑法规定的含义的活动或过程。"② 此外，张明楷教授也曾指出："刑法的解释就是在心中充满正义的前提下，目光不断地往返于刑法规范与生活事实的过程。"③ 可见，对刑法解释的含义、构成要素以及运作机理等方面所

---

① 高铭暄、马克昌主编：《刑法学》，高等教育出版社2017年版，第22页。
② 李希慧：《刑法解释论》，中国人民公安大学出版社1995年版，第41页。
③ 张明楷：《刑法分则的解释原理》，中国人民大学出版社2003年版，第9页。

第一章　刑法解释过程的概念界定　35

展开的分析和讨论依旧可以为我们揭示出刑法解释过程论这一命题成立的合理性和必要性。

其四，从当下刑法解释理论的研究现状角度来看，无论是我国还是国外，就当下的刑法解释研究现状而言都体现出了理论观点繁多、争论不休且异常激烈的局面。对此我们不仅会问，是什么原因导致了这种局面的产生呢？不得不承认，由于研究者们所关注的问题以及所采用的分析角度和方法都各有所异，所以对于这个问题的回答也是千差万别。在这其中，以哈特和拉宾为代表的法律过程学派所主张的观点值得我们去进行深入的思考。面对法学范畴内所出现的现实主义与形式主义之争以及为了实现现代法治而展开的理性与非理性之争，以构建一种富有理性并能化解法学范畴内理论之争的过程体系为己任的法律过程学派指出："法学研究之所以杂乱无序的原因多数在于作为统一话语的法律过程的崩溃，以及对法律过程的崩溃负主要责任的学术运动之间的分歧。"[1] 很显然，在法律过程学派看来，法学研究范畴内之所以会出现观点林立、纷争不断的局面，其最主要的原因就在于研究者们在对法律展开认知和运用中缺失了一种客观存在、普遍认同却又被忽视掉的法律统一话语模型和分析模型，该种法律统一话语模型和分析模型就其本质而言就是一种人类对法律规范所展开的认知过程。[2] "作为法律认知和运用中的重要组成部分，法律解释本身就是一种认知活动，其必然要具有认知活动的特性。"[3] 而对于认知活动而言，心理学家J.皮亚杰曾言道："认知起因于主客体之间的相互作用，这种作用发生在主体和客体之间的过程中。"[4] 根据以上的阐述，我们便可以得出如下结论：首先，从法律过程学派的理论出发，就当下刑法解释中所出现的理论纷争的局面而言，在很大程度上是由于过程意

---

[1] ［美］爱德华·L.拉宾：《新法律过程、话语综合和制度微观分析》，王保民、刘言译，《地方立法研究》2018年第2期。

[2] 刘翀：《美国法律过程学派对现实主义法学挑战的回应》，《西安电子科技大学学报》（社会科学版）2014年第2期。

[3] 李宏勃：《成文法解释的客观性：标准及其途径》，《法律方法》2004年第00期。

[4] ［瑞士］J.皮亚杰：《发生认识论原理》，王宪钿等译，商务印书馆1981年版，第21页。

识思维在刑法解释中缺失所导致的。这也就表明，过程意识思维在刑法解释中具有不可或缺和不可替代的地位。进而在对刑法解释进行研究和讨论时，过程意识思维必然要被加以明确和使用；其次，既然刑法解释中必然存在着过程意识思维并发挥着积极功效，那么作为人类的一种认知活动的刑法解释其必然也会受到过程意识思维的影响和制约。所以，刑法解释作为一种认知活动的同时，其更应该被看作是一种认知过程的体现。以上的论述不仅为刑法解释过程这一命题的提出指明了理论依据，同时更加充分地证明了刑法解释过程这一命题具有其存在的合理性和必要性；最后，以法律过程学派理论为基础并具有充分的合理性和必要性的刑法解释过程命题的提出不仅为我们客观地去了解和评析当下刑法解释中所出现的理论问题提供了一种全新的研究范式，同时也在很大的程度上填补了刑法解释理论层面上的空白，进而对刑法解释理论的完善和发展起到了巨大的推动作用。这也充分地体现出刑法解释过程论这一命题的提出具有着非常重要的现实意义。

第二节　过程论概述

在刑法解释过程论这一命题的合理性和必要性得以证成的基础上，我们接下来自然要对刑法解释过程的相关内容展开详细的阐述。然则，从哲学的视角来看，刑法解释过程毕竟是过程中的一种类型，二者之间具有着个别与一般的逻辑关系。据此，笔者认为，在对刑法解释过程的相关内容展开论述之前，我们有必要先对过程进行详细了解。

一　过程思想理论的发展

有关过程的论述最早可以追溯到古希腊时期的赫拉克利特的"流变说"。[①] 赫拉克利特认为："万物皆流，无物常驻。我们的世界就像

----

① ［德］黑格尔：《哲学史讲演录》，贺麟、王太庆译，商务印书馆1997年版，第394页。

一条河流一样，永远处于发展变化过程中。人不可能两次踏入同一条河流，因为无论是这条河还是这个人都已经不同。"① 在赫拉克利特的基础上，康德提出了"二律背反"的过程思想理论。康德认为："在人类所生存的环境内存在着四组违反人类逻辑学原理的悖论。它们具体表现为：时间与空间有无限制的矛盾关系、事物是否可以被无限可分的矛盾关系、自由意志与决定论之间的矛盾关系以及唯理论与经验论之间的矛盾关系。尽管这四组悖论内部都呈现出了相互矛盾的现象，但这些矛盾却又共同存在于同一个人类理性认知过程中。"② 随后，费希特从人的理性角度出发提出了"行动哲学"过程思想理论。在费希特看来："人类的历史发展就是'世界计划'实现的过程。而'世界计划'的内容就是人类自由地按照理性建立自己的一切关系，因而整个人类历史就是理性不断摆脱本能、权威等外在的统治，而最终获得一种客观自由的过程。"③ 此外，谢林从人与自然之间的关系出发提出了"自然哲学"过程思想理论。在谢林看来："自然与自我从本性上应该是一致的，二者具有绝对的同一性。自然与精神二者彼此之间往往经历着向对方进行发展的过程。自我意识的寻求要以自我直观活动不断得到提高为依据。而自我直观活动的提高是一种由最初级的自然中的自我到最高级的自我意识的发展过程。"④ 不可否认，赫拉克利特的"流变说"过程思想理论在很大的程度上体现出了原初性、朴素性和僵硬性的缺陷。而对于康德的"二律背反"过程思想理论、费希特的"行动哲学"过程思想理论和谢林"自然哲学"过程思想理论而言，尽管他们克服了赫拉克利特过程思想理论中所存在的缺陷，但他

---

① 北京大学哲学系外国哲学史教研室编译：《古希腊罗马哲学》，生活·读书·新知三联书店1957年版，第20页。
② [德]康德：《纯粹理性批判》，邓晓芒译，人民出版社2004年版，第361、366、374、390页。
③ 李秋零：《德国哲人视野中的历史》，中国人民大学出版社1995年版，第200页。
④ 黄振地：《谢林"绝对同一"自我的建构过程》，《广西师范大学学报》2012年第6期。

们同时却又在不同的程度上体现出了形而上学的机械主义的弊端。①

  正是由于上述有关过程的思想理论存在着这样或那样的缺陷,所以,黑格尔从人类认知历史的角度出发提出了"历史过程论"。首先,黑格尔明确地提出了"绝对观念"这一概念,并对其解释道:"在自然界和人类社会出现以前,就客观地存在着一种精神,该种精神不是某个人的精神,而是宇宙间万事万物的精神,并且其就是世界的本质所在。"② 此外,黑格尔指出:"现实的东西是在理性的支配之下进行运动的,而理性的实现就是一个过程的体现,这个过程体现为该现实的东西的过去、现在和将来的连续性。世界上的任何事物都不是永久存在的,都有其各自产生、发展和灭亡的历史。无论是自然界还是人类社会历史都是一个不断向前发展和运动的过程。"③ 最后,黑格尔又进一步地指出:"人类的认识活动如同自然界和人类社会那般,同样是一种过程的体现,这种过程表现为思维和存在二者之间的矛盾转化。思维和存在并不是静止不变的,相反,二者的同一转化则是由相对走向绝对的发展过程。"④ 不可否认,黑格尔所提出的"历史过程论"的确在很大的程度上规避了上述有关过程思想理论的弊端与不足,对过程思想理论的发展起到了巨大的推动作用。⑤ 然而,当我们对黑格尔所提出的"历史过程论"进行深入剖析时就会发现,作为"历史过程论"逻辑起点的"绝对观念"不仅明显地暴露出其客观唯心主义所具有的缺陷。同时,从概念到概念、从理论到理论的论证方式也充分地暴露出其思辨的局限性和客观实践的缺乏性等特点。⑥

---

  ① 北京大学哲学系外国哲学史教研室编译:《古希腊罗马哲学》,生活·读书·新知三联书店1957年版,第21页。
  ② [德]黑格尔:《小逻辑》,贺麟译,人民出版社2009年版,第42页。
  ③ 沈顺详:《黑格尔历史过程论思想的方法论及其当代启示》,《甘肃社会科学》2009年第4期。
  ④ 霍桂恒:《黑格尔、马克思和怀特海——从"过程"所体现的西方哲学思维方式的转变看科学与人文之间的冲突》,《江苏行政学院学报》2006年第5期。
  ⑤ [德]恩格斯:《路德维希·费尔巴哈和德国古典哲学的终结》,人民出版社1997年版,第36页。
  ⑥ 孙正聿:《历史唯物主义的真实意义》,《哲学研究》2008年第1期。

随后，马克思在黑格尔的基础上提出了"实践过程论"。马克思认为，无论是自然和社会还是人都应该是一种实践活动的过程。在这一实践过程中，自然界中的某一特定之物的存在必定会导致该特定物以外的对象得以产生。因为所谓的存在一定是一种对象性的存在。如果对象性关系被予以否认的话，那么存在之物就是虚构出来的，其应该被称为非存在之物才对。而我们所谈论的社会历史是人为了实现自己特定的目的，通过实践活动将理想的世界转化为现实的过程。在对自然和社会进行认知的过程中，作为一种认知活动的对象，无论是自然还是社会都只能是在某一特定的认知过程中才能被称其为对象。① 此外，马克思还进一步指出，作为认知对象的世界万物而言，其都是在一定的时间和空间内得以外化，一成不变的事物根本不存在。而时间与空间对客观事物的限制就表现为过程。为此，在对生生不息的认知对象的本质进行认知时，我们需要将其放置在由特定的时空所组成的过程中进行。② 据此，我们不难发现，马克思的"实践过程论"是从客观唯物主义的角度出发并以人的社会实践为其研究内核，将自然、社会和人统一地纳入人类认知实践这一过程中加以讨论。其不仅有效地规避了上述所有过程思想理论中所存在的缺陷或弊端，同时其也明确地指出，"人在认知自然、社会以及自身的过程中，过程本身才是人类认知的核心和焦点，认知的目的就是过程而要实现的目的。"③

与此同时，怀特海从机体发生学的角度提出了"机体过程论"。怀特海指出："世界是一个存在一定条件下由性质和关系所构成的'机体'。而机体的根本特征就是活动，活动表现为过程。过程本身应该是机体各个因子之间的内在联系、持续创造性活动。世界就是由一些事件流构成的过程。而过程就是实在，实在就是过程。这里存在着

---

① 《马克思恩格斯选集》（第42卷），人民出版社1979年版，第116—131页；闫顺利：《论马克思社会实践过程辩证法的确立》，《哈尔滨工业大学学报》（社会科学版）2009年第5期。
② 张远新：《马克思主义哲学过程论初探》，《东岳论丛》1994年第4期。
③ 贺来：《辩证法与过程哲学的对话——科布教授访谈录》，《哲学动态》2005年第9期。

从状态到状态的生长，存在着整合与再整合的过程。自然、社会和思维都是由永恒的创造和进化过程所构成的历史轨迹。任何东西只要在主体身上能够唤起某种特定的活动，它就构成认识的客体。也就是说，客体是在认识的过程中生成的，是与主体现实地发生关系的客观对象。这样一来，在认识过程现实地发生之前，根本无所谓主体和客体之分，二者是在实际存在物的相互作用过程中逐渐生成的，主体与客体的关系以及主体对客体的认知也是一个渐进生成的过程。"① 据此，我们不难发现，怀特海的"机体过程论"同马克思的"实践过程论"一样也有效地规避了以往过程思想理论中所存在的弊端，同时也主张将主体与客体以及二者之间的关系纳入过程中加以认知。不同的是，怀特海的"机体过程论"是从发生学的角度出发并以动态机体为研究内核对人类的认知实践过程展开了详细的讨论。而马克思的"实践过程论"则是从客观唯物主义的角度出发并以人的社会实践为其研究内核，将自然、社会和人统一地纳入人类认知实践这一过程中加以讨论。② 不可否认，马克思的"实践过程论"与怀特海的"机体过程论"的提出不仅促使了过程思想理论的科学化和规范化发展范式的形成，同时也为笔者在对过程和刑法解释过程的相关内容展开认知时提供了科学、合理的理论依据。

二 过程的内涵与本质

关于过程的含义，马克思指出："过程是指一个事物发生、发展和灭亡的历史。"③ 怀特海指出："过程是有机体各个因子之间的内在联系的、持续的创造活动。它就是实在，实在就是过程。"④ 此外，我国学者闫顺利教授认为："所谓的过程就是指，物质由于其内部矛盾所推动和外部条件所制约而呈现的运动、变化、发展的次序，是事物

---

① ［英］怀特海：《过程与实在》，杨富斌译，中国城市出版社2003年版，第21、73、89、406、564页。
② 闫顺利：《哲学过程论》，《北方论丛》1996年第3期。
③ 《马克思恩格斯选集》（第4卷），人民出版社1972年版，第240页。
④ ［英］怀特海：《过程与实在》，杨富斌译，中国城市出版社2003年版，第21页。

发展阶段性和连续性相统一的存在状态，表明发展的动力、状态和趋势。"① 张远新教授认为："所谓过程是事物发展在时间上的持续和空间上的延伸，表明事物有产生、发展和灭亡的历史。"② 再者，过程一词在《辞海》中被明确地定义为："事物产生、发展、灭亡所经历的程序或阶段。"③ 除了上述哲学层面上的表述以外，过程一词同时也被不同的具体学科加以界定。"在热力学中，过程是指热力学体系状态的变化；在经济学中，过程是指输入转为输出的系统；在管理学中，过程是指一组为了完成一系列事先指定的产品、成果或服务而需执行的互相联系的行动和活动；在信息技术学中，过程是指组成各个单元的模块之间的调取使用的函数关系；在心理学中，过程是指人类在对客观事物进行信息加工出来的一种由表及里、由现象到本质的反映客观事物特征与内在联系的心理活动。"④

基于以上有关过程含义的介绍，我们不难发现，对于过程的含义而言，根据其所适用的学科范畴的不同会呈现出不同的表述形式。而从哲学层面上的相关表述形式来看，过程的含义基本上并无太大的差异，完全可以用《辞海》中所表述的形式来一言以蔽之。此外，由于本文讨论的是刑法解释过程这一命题，而就这一命题所隶属的学科范畴而言，其必定要被归属到人文社会科学这一学科范畴内。所以，在对过程的含义进行明晰时我们必然要从哲学的层面来对其加以界定。那么，本书中所谓的过程就是否如同《辞海》中所表述的那样，是指事物产生、发展、灭亡所经历的程序或阶段呢？对此，笔者认为，尽管哲学层面上对过程的含义大体上已经达成了共识，但这一共识的含义却是站在物质或事物本身的角度加以阐释和描述的，其对人类的认知过程本身而言则不能完全适用。众所周知，物质或事物是一种客观存在的实体，其具有有形性、实体性和物化性的特点。而人类的认知

---

① 闫顺利：《哲学过程论》，《北方论丛》1996年第3期。
② 张远新：《马克思主义哲学过程论初探》，《东岳论丛》1994年第4期。
③ 《辞海》（第六版），上海辞书出版社2010年版，第789页。
④ 过程的认知，https://baike.baidu.com/item/%E8%BF%87%E7%A8%8B/8386928?fr=aladdin，最后访问时间：2021年10月21日。

活动并不具有这三种特点。同时，根据上文的介绍，我们也了解到，人类的认知活动同样也表现为一种过程，该过程同样也是一种客观存在，只不过该种客观存在是一种带有无形性、非实体性和非物化性特点的存在。这样看来，哲学层面上有关过程含义的表述必定就存在概念不周延这一逻辑缺陷。为此，当我们在对过程的含义进行明确时就必须将物质本身的描述角度和作为认知主体的人自身的描述角度进行融合，也即将作为认知主体的人和作为认知客体的物化存在和非物化存在统一到人的认知实践中加以界定，只有这样才可以避免概念不周延这一逻辑缺陷。此外，根据马克思的"实践过程论"，过程必定是在一定的时空范畴内得以形成，是特定时空外化的集合体。据此，笔者认为，所谓的过程就是指，在特定的时间和空间范畴内，作为主体的人在对物化和非物化的客观存在展开认识实践活动时所经历的产生、发展和灭亡的程序或阶段。

从笔者所给出的过程的含义来看，过程的本质应该是一种程序或阶段。对于过程的这一本质认知而言，其是否具有科学性和合理性呢？在回答这一问题之前，我们不妨先对以上所有有关过程本质的描述进行一番归纳总结和评析。通过上文的详细介绍，我们不难发现，过程可以被看作是一种行为或活动，过程也可以被看作是一种历史的变化发展历程，过程还可以被看作是一种关系的演变，过程更可以被看作是一种程序或阶段。[①] 从这些有关过程本质的描述来看，就其所使用的词语含义之间似乎并没有任何的关联性。但是，当我们根据马克思的"实践过程论"和怀特海的"机体过程论"对它们进行深入剖析时就会发现，这些不同的有关过程本质的描述背后却存在着极为密切的联系。甚至可以说，它们之间都可以被某一本质所同化或吸收。首先，当过程的本质被看作是一种行为或活动时，那么该种行为或活动毫无疑问必定是一种人类的认知实践行为，并且由于受到特定时空域的影响和制约，人类的这种认知实践行为必然就会体现出阶段性的特点。

[①] 刘曙光：《社会发展过程与自然发展过程》，《北京大学学报》2001年第3期。

其次，当过程的本质被看作是一种历史的变化发展历程时，那么该种发展历程必然体现为一种在社会发展规律和人类认知实践活动的共同作用下所形成的由低级向高级的发展过程，而对于这些低级或高级的人类历史文明而言，其毫无疑问又都在各自所处的特定时空范畴内体现出明显的阶段性特点。最后，当过程的本质被看作是一种变化关系时，那么在这一种变化关系中的不同种关系的形成都必然是人类认知实践活动的产物，并且每一种关系之间也必然会呈现出各自所具有的阶段性特点。① 综合以上的分析，我们不难发现，就过程的本质而言，其无论是被看作是一种行为或活动，还是被看作是一种历史的变化发展历程，更或者被看作是一种变化关系，其最终都可以通过程序或阶段加以表现出来。基于此，前文所提出来的问题不仅得到了准确的回答。同时，从这一角度也充分地验证了笔者所给出的过程的含义具有科学性和合理性。

三 过程的表现形式

基于上文的论述来看，就一般意义上的过程而言，其就是认知实践主体在特定的时空域中对物化或非物化的客体所展开的认识实践活动所经历的产生、发展和灭亡的程序或阶段。从这一内涵出发，我们无法否认，过程的表现形式必然摆脱不开认知实践主体与认知实践客体之间的关系的影响。可以说，主体通过认知实践行为作用于客体所呈现出来的形式必然是一种主客间的形式。然而，由于认知实践客体具有物化和非物化的形态，并且他人的认知实践过程作为一种非物化的客体同时也可以成为自己的认知实践客体。继而，过程在体现出了主客间这一表现形式之余又体现出了主体间的表现形式。

（一）过程的主客间表现形式

在对过程的主客间表现形式进行论述之前，我们有必要先对"主客间性认知研究范式"和"主客间表现形式"这两个概念进行明确的

---

① 李忠杰：《坚持马克思主义的过程论思想》，《北大马克思主义研究》2011年第00期。

区分。"主客间性认知研究范式"是研究者在对主体与客体之间的关系进行哲学层面反思的基础上再结合库恩的"范式理论"而最终明确的一个概念，其是指研究者在对主体与客体之间的关系进行研究时所采用的一种固化、公认的研究模型或模式，其往往是从研究行为的角度来加以界定的。① 而本书中所采用的"主客间表现形式"则是指过程本身在其展开时所体现出来的外在表象，其是从过程的角度来加以把握和界定的。可见，本书中所采用的"主客间表现形式"同学界中所出现的"主客间性认知研究范式"是两个完全不同的概念。尽管如此，二者之间依旧存在着密切的关联性。"主客间表现形式"是"主客间性认知研究范式"得以形成的前提和基础。换句话说，研究者们先是注意到了过程的"主客间表现形式"，进而在对主体与客体之间的关系研究层面上提出了"主客间性认知研究范式"。据此，在对过程的主客间表现形式进行认知时，我们便可通过主客间性的研究范式来加以把握。

　　就主客间性认知研究范式而言，学界先后经历了古希腊时期以普罗泰格拉为代表的"唯心主义的主客二分模式"、17世纪以费尔巴哈为代表的"旧唯物主义的主客二分模式"和"马克思主义的主客二分模式"三个发展阶段，并形成了三种不同的认知观点。② 其一，"唯心主义的主客二分模式"主张把作为主体的意识同作为客体的意识活动相分离，作为客体的意识活动对于作为主体的意识本身而言其并不是先在和既有的存在，其是由作为主体的意识的创造性活动产生的。③ 很显然，在"唯心主义的主客二分模式"下所形成的过程的主客间表现形式可以概括为：认知的主体是意识，认知的客体是意识的活动，尽管二者被分离开来，但客体却来源于主体，客体是主体的一种产物。其二，"旧唯物主义的主客二分模式"主张把作为主体的人同作为客

---

① ［美］库恩：《科学革命的结构》，金吾伦、胡新和译，北京大学出版社2004年版，第158页。

② 周海涛：《知识与知识对象关系上的主客间性》，《西北人文科学评论》2008年第00期。

③ 北京大学哲学系编：《西方哲学原著选读》，商务印书馆1983年版，第54页。

体的人以外的存在相对立,作为客体的人以外的存在是先在和既有的真实存在。作为主体的人在对作为客体的人以外的存在进行认知时仅仅是一种单向的支配或控制作用。很显然,在"旧唯物主义的主客二分模式"下所形成的过程的主客间表现形式可以概括为:认知的主体是人,认知的客体是人以外的其他存在,主体与客体各自相互独立并真实存在,主体对客体具有绝对的支配和控制作用。其三,"马克思主义的主客二分模式"则主张作为主体的人是通过实践来作用和认知作为客体的人以外的存在,这一作用和认知的形式是一种过程的体现。在认知实践过程中,主体一方面能动地反映客体并受到客体的限定与制约。另一方面,主体通过不断提升自身的能力来打破客体对其所产生的限定,进而促使主体与客体共同得到改造和发展。显而易见,在马克思主义的主客二分模式下所形成的过程的主客间表现形式概括起来就是主体与客体都是相互独立存在的,但二者之间却体现为一种相互作用、相互影响的关系。[1]

通过以上的梳理和分析,我们便会得出如下结论:首先,就主体与客体之间的关系所形成的过程的主客间表现形式而言,学界早已展开了详细的讨论。尽管学者们所选取的角度有所不同,进而所形成的有关认知结论也大相径庭,但可以肯定的一点就是,主客间的表现形式必定是过程最基本、最重要、最常见的一种表现形式。其次,"唯心主义的主客二分模式"下的主客间表现形式是以唯心主义的视角对主体与客体展开讨论所形成的结论,其将客体完全看作是主体主观意识的活动,把客体的产生和存在完全当作是主体的附属之物。这样一来,客体的独立性或相对独立性便丧失殆尽,主体在整个过程中起到了主宰一切的作用。毫无疑问,这不仅否认了客体在过程中必备构成要素的地位,同时更与我们当下所主张的科学认识论相违背。再次,"旧唯物主义的主客二分模式"下的主客间表现形式虽然是以唯物主义的视角对主体与客体之间的关系展开讨论,并且也克服了"唯心主

---

[1] 陈枢卉:《马克思的新唯物主义与"主客二分"的思维方式》,《福建论坛》2008年第11期。

义的主客二分模式"所产生的缺陷,但是,其又主张只有当主体对客体进行认知,客体才会有存在的价值和意义。显而易见,此种主客间表现形式又在很大的程度上体现出了机械唯物主义的绝对静态性、僵硬性和单向性的缺陷。最后,"马克思主义的主客二分模式"下的主客间表现形式在承认主体与客体彼此都相对独立存在的前提下,将二者之间的相互作用与相互影响当作二者共同发展的动力,最终以实践为中介将主体与客体辩证统一地融合到同一过程中。可以说,此种主客间的表现形式完全规避了上述两种有关主客间表现形式所体现出来的局限性,其所体现出来的科学性和合理性毋庸置疑。据此,笔者认为,过程的主客间表现形式必定存在,并且这种表现形式也必然是"马克思主义的主客二分模式"下的主客间表现形式。①

(二) 过程的主体间表现形式

如同前论,在对过程的主体间表现形式进行讨论之前,我们也有必要对"主体间性认知研究范式"和"主体间表现形式"这两个概念进行明确的区分。"主体间性认知研究范式"是相对于"主客间性认知研究范式"而被提出的一个概念,就其本质而言,其依旧是从认知研究行为的角度而形成的一种人们对主体与客体之间的关系进行认知研究时所形成的认知研究模型或模式。而"主体间表现形式"这一概念则是指人们的认知实践过程本身在展开时所表现出来的外在形式。二者是两个不同层面上所形成的概念。即便如此,二者之间也依旧存在着密切的联系,这种密切的联系具体而言就是:"主体间表现形式"是"主体间认知研究范式"得以形成的前提和基础,而"主体间性认知研究范式"则是"主体间表现形式"的一种外化形式。研究者先是注意到了过程的"主客间表现形式",进而在对主体与客体之间的关系研究层面上提出了"主体间性认知研究范式"。据此,对于过程的主体间表现形式的认知,我们依旧可以通过主体间性的认知研究范式来加以把握。

---

① 杨军:《马克思的主客二分模式及其理论变革意义》,《河北科技学院学报》2009年第2期。

20世纪30年代,胡塞尔从现象学的角度出发对主体与客体之间的关系展开分析时指出:"主体的意识总是关于某物的意识,或者说主体的意识总是在构成着他的对象(客体)。这样看来,主体客观地认识客体则就不现实了。"① 换言之,在认知主体对认知对象进行认知和研究的过程中,认知主体的主观性必然渗透到认知对象中,这必然会导致有关认知对象的认知结论在很大的程度上蕴含了认知主体个人的主观意识,所谓的对象客观性在此过程中进而消失殆尽。所以,在主客间性认知研究范式下研究者根本无法对认知对象形成客观、正确的认知结论。据此,胡塞尔提出了主体间性认知研究范式。在胡塞尔看来:"主体间性就是指纯粹的自我意识如何在自身的意识经验中构造出他人,从而解决认识的客观性问题。"② 随着哈贝马斯的"交往行动理论"和波斯纳的"交流意义上的合理性理论"的提出,主体间性认知研究范式得到了创新性发展。在哈贝马斯和波斯纳看来,认知过程中的客体的客观性是一种相对意义上的客观性而非绝对意义上的客观性。这种相对意义上的客观性形成则是人与人之间在相互交往过程中逐渐形成的一种约定或共识。或者说,认知过程中的客体的客观性是多种视域进行融合所形成的一种相对意义上的客观性。③

通过上文的介绍,我们不难发现,首先,主体间性认知研究范式最初是基于对认知客体的客观性进行否定进而才被正式提出。其一经提出便对主客间性认知研究范式形成了致命的打击。那么,这是否就意味着过程的主体间表现形式就完全取代了过程的主客间表现形式呢?或者说过程的主客间表现形式从此就不再存在了呢?对此,笔者认为,认知研究范式是研究者们在对研究对象进行研究时所采用的一种具有极大主观选择性的研究模型或方式,其具有可变性。所以,主体间性

---

① 倪梁康:《现象学及其效应——胡塞尔与当代德国哲学》,生活·读书·新知三联书店1996年版,第146页。
② [德]胡塞尔:《生活世界现象学》,倪梁康、张廷国译,上海译文出版社2002年版,第153页。
③ 李隽、乔瑞金:《主体与实践的逻辑关系探析——兼论西方马克思主义对马克思主义哲学的重建路径》,《理论探索》2019年第5期。

认知研究范式的提出就意味着主客间性认知研究范式的衰落。但是认知研究范式并不等同于过程的表现形式。无论是主客间表现形式，还是主体间表现形式，对于过程而言都是客观存在的，它们并不能因为研究者所采用的认知研究方式的改变而发生变化。从这一层面来说，过程在体现出主客间表现形式的同时也必然体现出主体间表现形式。二者都是过程本身所表现出来的外在形式。其次，从过程的运作机理角度来看，某一认知主体在对物化或非物化的客体进行认知时其必然体现为一种过程的展开。当该一认知实践过程走向完结之时其也必然会形成一定的认知实践结论。而正是这一认知实践结论的形成才为其他人的认知实践过程的开启奠定了一定前提条件。这样看来，先前的认知实践过程本身必然会成为后一认知实践过程中的认知实践客体。这也正如恩格斯所言："世界不是一成不变的事物的集合体，而是过程的集合体。"① 显而易见，此时的过程应该是一种复合过程的体现，也即过程中包含有过程。而对于内部的单一过程而言，其体现为主客间的表现形式，而对于外部的复合过程而言，其则表现为主体间的表现形式。最后，最初的主体间性认知研究范式试图通过对认知实践客体的客观性进行否定来证明自身的成立，进而否定主客间性认知研究范式成立的合理性。就这一证明的过程本身而言就存在着一定的逻辑问题。在现实的人类世界中，过程并非是单一过程这样简单，其绝大多数都是复合过程的体现，过程中的过程是人的认知活动，难道它不是其他人的认知实践客体吗？如果不是的话，那么否认主客间的关系而承认主体间的关系所形成的主体间的表现形式便也就不会存在。或许正是因为存在这样的逻辑问题。所以，哈贝马斯和波斯纳才分别提出了各自的交往理论。而从哈贝马斯和波斯纳的交往理论来看，认知实践客体的客观性是一种视域融合的结果，而该种视域融合是结合了认知实践主体、认知实践客体、其他认知实践主体多方的认知角度。这无疑为我们揭示出认知实践客体的客观性是存在的这一命题是成立

---

① 《马克思恩格斯选集》（第4卷），人民出版社1972年版，第239页。

的，只不过其是一种相对意义上的客观性罢了。进而也充分地证明了主客间的表现形式和主体间的表现形式都是过程的一种表现形式。

四 过程的构成要素

通过上文的介绍，我们了解到，认知实践主体在对物化或非物化的客体进行认知实践时形成了过程，并且其又以主客间和主体间两种形式加以外化。那么，这是否就意味着当认知实践主体、客体和行为具备时，过程就得以产生了呢？在笔者看来，答案并非如此。一方面，根据马克思的"实践过程论"和怀特海的"机体过程论"来看，任何一种认知实践过程的启动和展开都必然表现为一种复杂的系统，而在这一复杂的系统中除了认知实践主体、客体和行为之外还都必然存在着其他要素的参与；[①] 另一方面，由于受到主客间和主体间两种表现形式的影响，过程可以被划分为单一过程和复合过程两种类型，而从这两种过程的运作机理来看，除了认知实践主体、客体和行为是二者共有的要素之外，其他必备要素的参与也都是必不可少的因素。

所谓的单一过程是指，某一认知实践主体在对物化或非物化的客体展开最原初的认知实践活动时所经历的程序或阶段，其内部并不包含有他人的认知实践过程。从马克思的"实践过程论"和怀特海的"机体过程论"来看，客体在主体的认知实践行为过程中得以形成，主体在客体的对象化认知实践过程中得以确立。主体与客体通过人类的认知活动以辩证统一的姿态体现在同一过程中。毫无疑问，主体、客体和认知行为必定是所有过程不可或缺的构成要素。[②] 那么是否在具备了这三个构成要素之后，过程就可以顺利地形成和展开了呢？很明显，答案并非如此。当我们再一次对马克思的"实践过程论"和怀特海的"机体过程论"进行深入剖析后就会发现，任何一种过程的启动和展开都会体现为一套完整的体系流程，该体系流程具体表现为：

[①] ［英］怀特海：《过程与实在》，杨富斌译，中国城市出版社2003年版，第21、73、89、406、564页。

[②] 陆云彬：《关于"过程"问题的研究简述》，《国内哲学动态》1984年第6期。

人们基于所处的客观环境产生了某种特定的需要，在这种特定需要的支配之下针对所选定的认知实践对象从主观层面上就会形成一种特定的预设目的。为了实现此种特定的预设目的，过程的启动主体必然要在行为作出之前确立起明确的指导性原则，并通过对该指导性原则的具体化形式来形成某些特定的行为规则。进而在原则与规则的共同制约之下，主体采用了多种具体方法和技巧来充分、合理地实现预设的目的。① 显而易见，任何一种单一过程都应该是由认知实践主体、认知实践对象、认知实践行为、认知实践目的、认知实践原则、认知实践规则、认知实践方法这七大要素所构成。其中，认知实践主体毫无疑问就是指具有主观能动性的人。认知实践对象是指认知实践主体在主观能动性的支配下通过认知实践行为所作用的客观存在，它既可以以客观物化的形态存在，又可以以客观的非物化的形态存在。认知实践行为是指认知实践主体作用于认识实践对象的主观意识活动和客观外化的举动。认知实践目的是指形成并存在于认知实践主体的主观层面并急需加以客观外化的一种需要。认知实践原则是指为了实现某种特定的目的而对认知实践主体的行为从宏观层面上所确立的一种带有抽象性、概括性和间接性的指导思想或观念。认知实践规则是指为了实现某种特定的目的而对认知实践主体的行为从微观层面上所明确的具体操作细则，该种具体的操作细则是认知实践原则的具体化结果，其具有具体性、直接性和可操作性的特点。认知实践方法是指认知实践主体为了达到某种特定的认知实践目的而采用的具体方式和技术手段。

所谓的复合过程是指，认知实践主体将他人的认知实践过程及所形成的认知实践结果当作自己的认知实践客体加以认知所形成的过程。简而言之，复合过程就是一种由多种过程所组成的集合体。基于上文我们了解到，单一过程的启动与展开必然脱离不开认知实践主体、客体、行为、目的、原则、规则和方法这七种必备构成要素的参与，那

---

① [英]怀特海：《过程与实在》，杨福斌译，中国城市出版社2003年版，第22—35页；叶敦平主编：《马克思主义哲学原理》，高等教育出版社2003年版，第88—90页。

第一章 刑法解释过程的概念界定

么，在复合过程中是否依旧如此呢？从马克思的"实践过程论"和怀特海的"机体过程论"来看，人类在对外在世界进行认知实践时必然是通过过程与过程的结合来完成既定的认知实践目的以实现自身的发展需要。而每一个认知实践主体的目的和需要往往又存在一定的差异，所以在认知实践的原则、规则和方法方面就会出现很大程度上的差异，从而也就形成了众多不同的认知实践结果。可以说，在整个人类的认知实践活动中，单一过程的数量明显地要比复合过程的数量要少得多，毕竟每一个认知实践主体的认知实践活动都要借鉴于先前和现有的认知实践经验和理论并受其影响。这也正如恩格斯与列宁和毛泽东同志在对人类的认知实践过程进行阐述时所提到的那样："世界不是一成不变的事物的集合体，而是过程的集合体。"① "要认识世界上一切过程的'自己运动'、自生的发展和蓬勃的生活，就要把这些过程当做对立面的统一来认识。"② "统一的物质世界是一个发展的过程，要把世界当做过程去考察。"③ 据此，我们不难发现，人类的认知实践活动并非呈现出一种单一的线形发展轨迹。一种特定过程展开的同时，另一种特定过程正在酝酿；一种特定过程的结束，另一种特定过程继而衔接。这种周而复始、前赴后继的过程到过程的演化正是人类世界不断向前发展的真实写照。④ 概而言之，人类的某一特定的认知实践过程中包含了另外一种或多种认知实践过程，同时该种认知实践过程也包含在其他的人类认知过程中。由主体、行为、对象、目的、原则、规则、方法这七大要素所构成的过程同样也可以成为另外一个由此七大要素所构成的过程的认知实践的对象。当然，由于受到不同学科之间的众多差异影响所致，过程的这七大构成要素在每一具体学科中往往也会产生明显的差异。这也正是马克思主义哲学中所提及的一般与个别哲学思想的具体体现。

---

① 《马克思恩格斯选集》（第4卷），人民出版社1972年版，第239页。
② 《列宁选集》（第2卷），人民出版社1972年版，第712页。
③ 《毛泽东选集》（第1卷），人民出版社1991年版，第294页。
④ 李忠杰：《坚持马克思主义的过程论思想》，《北大马克思主义研究》2011年第00期。

五　过程的基本特征

在对过程的内涵、本质、表现形式以及构成要素进行了解的基础之上，笔者认为，过程必然会体现出主观性、客观性、时间性、空间性、有限性、无限性、承继性、建构性这八种基本的特征，并且在这八种基本特征的内部，主观性与客观性、时间性与空间性、有限性与无限性、承继性与建构性两两之间又存在着辩证统一的逻辑关系。[1]

（一）过程的主观性与客观性

主观性是指认知实践主体的主观意识性、主观能动性、主观目的性和主观动机性的统称。[2] 其具体包含了认知形式的主观性、认知对象的主观性、认知过程的主观性和认知结果的主观性四个方面的内容。[3] 其一，就认知形式的主观性而言，为了实现自身生存和发展的需要，区别于动物的人类在基于其特有的主观意识和主观动机所产生的主观能动性得以发挥的前提下逐渐实现着主观目的。从这一形式来看，人类认知实践的内容毫无疑问是来自客观世界，但这种认知实践的形式则在客观的人类世界中却并非是一种物化的、可以摸得着看得见的客观实在，其只能是认知实践主体的一种主观创造；其二，就认知对象的主观性而言，认知对象并非是一种原始自在状态下的客观事物或客观实在。根据马克思的"实践过程论"和怀特海的"机体过程论"来看，认知对象必然是与认知实践主体发生对象性关系的那一部分客观存在。这一部分的客观存在是在认知实践主体的主观意识、主观能动性、主观动机、主观目的的共同影响下被明确。也即根据认知实践主体个人的需求，自在状态下的一部分客观存在进行了"主体化"的转变，进而认知对象也就具有了主观性的特征；其三，就认知过程的主观性而言，认知过程绝非机械的、照镜子式的被启动和展开，

---

[1] 雷璟忠：《论过程的基本属性》，《毛泽东邓小平理论研究》1986年第2期。
[2] 王玉樑：《实践性、客观性、主观性与主体性》，《人文杂志》1993年第1期。
[3] 董建新：《论认识的客观性与主观性》，《暨南学报》（哲学社会科学版）1995年第3期。

第一章 刑法解释过程的概念界定　53

其无一例外的是在认知实践主体的主观目的的指引下而开启的一种创造过程。这一创造过程必然脱离不开认知实践主体的主观意识、主观动机和主观能动性的影响和制约，并且其在很大的程度上具有着超越性的特征，进而认知过程也就被赋予了主观性的特征；其四，就认知结果的主观性而言，其必然是认知形式的主观性、认知对象的主观性和认知过程的主观性的集中体现。认知活动所形成的认知结果也绝非是认知主体大脑对客观存在的简单、机械化的重复，其必然是一种重构的过程。在这种重构的过程中，不同的主体以及同一主体在不同的境遇中所形成的认知结果往往都会出现这样或那样的差异。这也无疑证明了认知结果的主观性特征的存在。[1]

基于以上有关过程和主观性的相关内容的介绍，我们可以从以下四个方面来把握过程的主观性这一特征：其一，从主观性的内容方面来看，认知过程的主观性作为主观性的内容之一必然为我们揭示出人类的认知实践过程必然具有着主观性的特征。其二，从过程的表现形式来看，无论是在主客间表现形式中，还是在主体间表现形式中，认知实践主体的主观意识、主观能动性、主观目的和主观动机在过程中都发挥积极功效，这也充分地证明了过程的主观性特征的存在。其三，从过程的构成要素方面来看，人作为过程的启动主体，其区别于动物之处在于人是具有理性和意识的，而动物是不具有的。在人的理性和主观意识的基础上，人的主观能动性得以产生。进而在主观能动性的支配之下，人们开始选择被认知和实践的对象，形成认知和实践的目的，制定认知和实践的规则，选取和采纳认知和实践的方法，以及预测认知和实践的结果。这些过程的构成要素最初都是在人们的主观意识层面上形成和完善起来的。即便在过程启动之后展开进行中，人的主观能动性依旧影响着过程中的每一个要素。可见，过程中的每一个构成要素都在不同程度上体现出主观性的特征。[2] 其四，从过程的运作机理方面来看，某一特定过程总是在人的主观能动性的作用下，为

---

[1] 刘永富：《主体性与主观性、客体性与客观性辨析》，《人文杂志》1991年第5期。
[2] 《马克思恩格斯选集》（第5卷），人民出版社1972年版，第208—210页。

了实现人们的某种目的而被启动的。在该一过程启动之后的展开程序或阶段中，人的主观意识和意志都会始终对正在进行的过程产生绝对性影响和作用。如果出现了一些阻碍过程向前展开的因素时，启动该过程的主体往往会根据自身的需要从主观意识层面上进行权衡，最终形成一种新的目的或新的实施方案。如果阻碍因素并没有出现，那么该过程会在人们预先所形成的主观目的的指引下一直进行，直至过程走向完结。① 可见，从过程的启动和发展流程来看，人的主观因素所产生的影响和制约作用始终伴随着过程左右。换句话说，过程的每一个环节都充分地体现出主观性这一特征。

客观性作为与主观性相对应的概念，其在学界中形成了不同的认知结论。亚里士多德认为，客观性就是人类认知实践客体本身所体现出来的客观存在性。② 弗朗西斯·培根认为，客观性就是一种消除掉认知主体主观偏见带有中立性和超然性特点的价值无涉性。③ 康德认为，客观性是一种可以被人们所认知的由诸如时间和空间这样先验的条件所反映出来的特性。④ 黑格尔认为，客观性应该具有三种含义：其一，客观性就是指客观实在存在的意义。也即我们通常所知悉的"不以人的意志为转移"的含义；其二，客观性是指符合思维规律的普遍性和必然性；其三，客观性是指自我主观思想以外的其他主观思想存在的意义。⑤ 胡塞尔认为，客观性就是主观意识发挥作用后所产生的结果所带有的确定性和合理性。⑥ 内格尔认为，客观性就是指作

---

① 闫顺利：《马克思实践过程辩证法视野中的发展哲学》，《社会科学家》2008年第6期。
② [美]阿契·J.巴姆：《科学的问题和态度》，王毅译，《世界科学》1991年第1期。
③ [德]马丁·卡里尔：《科学中的价值与客观性：价值负载性、多元主义和认知态度》，钱立卿译，《哲学分析》2014年第3期。
④ [意]保罗·帕里尼：《交叉于康德主义、现象学及新经验主义路径的先天、客观性和判断：向朱利奥·普雷蒂致敬》，萧俊明译，《第欧根尼》2017年第1期。
⑤ [德]黑格尔：《小逻辑》，贺麟译，人民出版社2009年版，第74页。
⑥ [德]胡塞尔：《现象学与哲学的危机》，吕祥译，国际文化出版公司1988年版，第28页。

为认知主体的人在理解事物的过程中所采用的一种认知方式。① 哈贝马斯认为，客观性就是一种来自人们交往中所达成的共识。② 桑德拉·哈丁认为，客观性是一个复杂多义的概念，在不同的情况下至少应该有四种使用含义：其一，客观性是某些人或某些团体所具有的属性；其二，客观性是指在特定的语境中知识的假设或陈述自身所具有的属性；其三，客观性是一种人们用来判断公平与否的方法或习惯所体现出来的属性；其四，客观性是一些探索知识的共同体所具有的结构属性。③ 基于以上的论断，笔者认为，所谓的客观性应该具体体现在以下四个方面：其一，从本体论层面来看，所谓的客观性就是指人类的认知实践活动所触及到的认知对象本身所体现出来的客观存在性、相对稳定性、价值无涉性和可知性；其二，从认识论层面来看，所谓的客观性是指人类认知实践逻辑思维所体现出来的科学性和精准性；其三，从方法论层面来看，所谓的客观性是指人类认知实践方法和手段所体现出来的开放性和建构性；其四，从社会效果层面来看，所谓的客观性是指人类认知实践主体在借助于科学理论的同时通过特定的认知实践方法和手段作用于认知对象后形成的认知实践结果本身所体现出来的正当性、合理性、有效性和普遍可接受性。其中认识论层面上的客观性、方法论层面上的客观性和社会效果层面上的客观性又可以进一步地概括为价值指向层面上的客观性。因为从这三个层面所形成的客观性含义所体现出来的现实意义来说，它们都是从认知实践活动最终所要实现的客观价值取向这一角度而形成的认知结论。

基于以上对客观性的认知，我们首先可以从以下六个方面对过程的客观性加以把握：其一，在主客间表现形式下，人作为过程的启动主体，其必然是真实客观存在的高级生物体。而在主体间表现形式下，此中的认知实践主体以及其所启动和展开的过程还可以成为其他认知

---

① ［美］T.内格尔：《理性与客观性》，赵雄峰译，《世界哲学》2003年第3期。
② ［德］哈贝马斯：《交往与社会进化》，张博树译，重庆出版社1989年版，第22页。
③ ［美］桑德拉·哈丁：《科学的文化多元性——后殖民主义、女性主义和认识论》，夏侯炳等译，江西教育出版社2002年版，第171—172页。

过程的客体，而作为其他认知过程的客体的人和其所启动和展开的过程同样也具有着客观存在性。其二，无论是在主客间表现形式下还是在主体间表现形式下，构成过程的客体要素都是相对于主体而独立存在的，并且在主体对其进行认知实践之前都必然要予以明确化。其三，某一过程之所以会被启动，其原因来源于认知实践主体的一种客观现实需要，而现实需要又受限于人们所处的客观环境。为了能够实现这一现实需要，认知实践主体的目的、认知实践行为、认知实践原则、认知实践规则和认知实践方法又必然无一例外地会受到此种客观环境的制约和限制。其四，认知实践主体为了能够顺利地展开认知实践过程，一方面必然会采用合理有效的认知实践原则、规则和方法，另一方面，必然也会广泛地将已有的认知实践经验和理论纳入自己的认知实践过程中，这又充分地体现出开放性和建构性的特征。其五，在认知实践过程的展开过程中，往往会遇到一些阻碍过程得以继续展开的情形，在此种情形出现时，认知实践主体必然会改变原有的认知实践原则、规则和方法，转而采用更为有效和精准的认知实践原则、规则和方法。其六，在科学、有效的认知实践原则、规则、方法和行为的共同作用下，认知实践主体必然要考虑其所形成的认知实践结果在当时的客观实际环境下所产生的积极意义，在这其中就必然包括其所形成的认知实践结论是否与社会大众的可接受程度相匹配的问题。[①] 显而易见，通过以上六个方面的阐述，我们不难发现，无论是从过程的构成要素角度来看，还是从过程的运作机理角度来看，不同层面上的客观性的含义都在过程上有所体现，这也就充分地证明了客观性如同主观性那样必然也是过程的一种基本特征。

此外，当我们将认识论层面上的客观性、方法论层面上的客观性和社会效果层面上的客观性进行综合考量之后便会发现，这三个层面上的客观性无非都是在谈论过程的价值指向这一问题时所形成的认知结论。而所谓过程的价值指向是指被人类所启动和展开的过程本身所

---

① 《马克思恩格斯选集》（第1卷），人民出版社1972年版，第18—20页；闫顺利：《马克思实践过程辩证法视野中的发展哲学》，《社会科学家》2008年第6期。

要实现的终极价值目标的外化形式。对于这一终极价值目标的外化形式而言，杨仁寿先生认为，人类基于客观现实产生了一种需要，该种需要在人类的主观层面上形成了某种特定的目的，为了实现该种目的，在人类自身主观能动性的作用之下，某一认知实践过程得以启动和展开。从人类的认知层面来看，过程必定为人们去认知客观世界提供了一种系统化和规范化的认知模型。从人类的实践检验的层面来看，过程必定又为人们去检验业已形成的认知实践结果提供了一种系统化和规范化的检验模型。而就过程所形成的这两种模型而言，其无非都是在为人类的认知实践活动客观性的充分实现提供着一种有利的保障。概而言之，过程之所以被启动和展开，其必然是以追求和实现客观性为己任，对于客观性的追求与实现一直以来都是过程的价值指向。[1] 显而易见，从过程的价值指向这一角度来看，过程的客观性这一特征同样也必然得以证成。

通过以上的论述，我们不难发现，无论是从表现形式的角度来看，还是从构成要素以及运作机理的角度来看，基于人们某种客观需要而被启动和展开的过程本身必然具有着主观性和客观性的特征。而对于过程的主观性和客观性这两个特征之间的关系而言，一方面，我们不能因为过程是在人的主观意识、主观能动性、主观动机以及主观目的的影响和支配之下启动和展开从而就否定过程客观性的存在。另一方面，我们也不能因为过程具有着客观存在性和客观的价值指向从而就否定过程主观性的存在。可以说，主观性和客观性必定同时存在于同一过程中，二者之间必然体现为辩证统一的逻辑关系。

（二）过程的时间性与空间性

关于时空与时空性的认知，胡塞尔和海德格尔都明确地指出，时空与时空性是两个不同的概念，前者是时间与空间的集合体，这种集合体是一种用来衡量客观世界发展过程的标准和尺度，而后者则是基

---

[1] 杨仁寿：《法学方法论》，中国政法大学出版社2013年版，第44—46页。

于时间和空间所产生的时间性与空间性这两种特性的集合体。① 显而易见，尽管时空与时空性在含义层面上存有差异，但不可否认，时空必然是时空性得以产生并被人们所知悉的本体来源。而所谓的本体，在成中英先生看来："本是根源，是历史性，是内在性，是时间性；体是整体，是体系，是外在性，是空间性。本体应该是包含一切客观存在及其发生的宇宙系统，其更体现在客观存在发生转化的过程之中。② 据此，在对过程的时空性进行认知时，我们必然先要对时空形成正确的认知。

"在对时间与空间的认知层面上，人类逐渐形成了不同种类的时空观。而所谓的时空观是指人类对实践活动中的时空现象所作出的高度概括和总结，其是关于时间与空间所形成的根本观点和看法的总称。"③ 从学界的研究发展状况来看，在自然科学领域中所形成的自然时空观先后出现了亚里士多德的朴素时空观、牛顿的绝对时空观和爱因斯坦的相对时空观三种不同的理论观点。亚里士多德认为，空间就是一种不会灭亡并可以容纳事物的容器。而时间则是一种用来描述或度量实际运动的计数标准。时间与空间都具有不可归属于事物的客观存在性。牛顿认为，尽管时间与空间是宇宙与自然界中的一切现象和事件得以存在和运动的前提和基础，但时间与空间却完全独立于客观存在而存在。由此所形成的时间性和空间性就是一种绝对、永恒不变性的综合体现。④ 爱因斯坦则认为，时间与空间是通过客观存在本身的运动来加以表现，脱离了客观存在的运动是不可能真正地对时间与空间产生正确的认知的。在此基础上所形成的时间性与空间性则具体是指时间和空间在客观存在的运动中彼此所呈现出的结构相对性以及

---

① ［德］海德格尔：《存在与时间》，陈嘉映、王庆节译，商务印书馆1996年版，第268—317页。
② 成中英：《本体与诠释》，生活·读书·新知三联书店2001年版，第5页。
③ 中国社会科学院马克思主义研究网：《时空观辞条的解释》，http://myy.cass.cn/file/200512176618.html，最后访问时间：2021年10月19日。
④ 胡化凯：《亚里士多德时空观与牛顿时空观比较》，《科学技术与辩证法》2003年第2期。

时间与空间之间所具有的不可分割的内在关联性。①

与此同时，哲学范畴内也展开了有关时间和空间的讨论，并逐渐形成了主观唯心主义时空观和辩证唯物主义时空观两种理论。主观唯心主义时空观认为，时间和空间都是一种主观意识的产物，二者都是人类先天感性的直观形式，它们与客观存在的运动之间并无任何关联性。由此而形成的时间性与空间性并不具有客观层面上的意义，时间性与空间性在很大的程度上就是一种主观意识性的体现。② 而对于马克思所提出来的辩证唯物主义时空观而言，其内部又具体包含了辩证唯物主义自然时空观和社会时空观两种理论。其中辩证唯物主义自然时空观认为，时间和空间都是一种反映和考量自然物质运动发展的外部参量，二者既是相对的存在也是绝对的存在，二者辩证统一地内化在自然物质的运动发展活动之中。相对于辩证唯物主义自然时空观而言，社会时空观则认为，人类生存发展的客观世界中存在着自然物质和人类社会两种不同的运动发展形式。尽管时间和空间都辩证统一地存在于这两种运动发展形式之中，但由于人类社会运动发展形式带有极强的社会实践性，并且始终都要受到人类社会中的政治、文化、历史、经济、规范、风俗、习惯等多种社会组成因素的影响。所以人类社会运动发展形式必然要与自然物质运动发展形式有着本质上的区别，进而用以衡量这两种运动发展形式的时间和空间也就理所应当会有所不同。存在于自然物质运动发展形式中的时空是一种自然时空，其是自然时间和自然空间的结合体。而存在于人类社会运动发展形式中的时空则是一种社会时空，其是社会时间与社会空间的结合体。从社会时空与自然时空之间的相同点角度来看，"时间的空间化"和"空间的时间化"都蕴含在这两种不同的时空中。从二者之间的差异角度来看，由于社会时空是对人类社会的运动发展形式加以衡量和检测，所以其带有鲜明的社会实践性、历史性、可持续发展性以及可调控性等

---

① Einstein A., *The Relativity, the Special and General Theory*, Princeton University Press, 1952, pp. 30-31.

② 曾庆发：《马克思主义时空观刍议》，《湖北师范学院学报》2004年第3期。

多种人类社会发展属性，而自然时空性则对此并不具有。这也就意味着，基于自然时空所形成的辩证唯物主义自然时空观对于自然物质运动发展形式的考量实有必要并且也无任何被质疑之处。然而，辩证唯物主义自然时空观对于人类社会运动发展形式而言则缺乏有效的解释力。换言之，辩证唯物主义自然时空观在很大的程度上限制或影响了我们对人类社会发展的正确认知。① 这也正如哲学家普罗诺沃斯特所言："作为社会的组成元素，人类有自身的历史，因为人类必须创造自己的生活。人们切断了自己对于自然的直接依赖关系，同时也就摆脱了自然时空对他们的直接制约，而愈来愈受到社会时空的影响。"②

在结合前文有关过程的内容和各种时空观介绍的基础上，我们不难发现，对于过程的时空性这一特征的认知而言，社会时空观必然是我们所要采用的认知角度。据此，笔者认为，在社会时空观视域下，所谓的过程的时空性就是指存在于人类社会实践过程之中的社会时间和社会空间在对人类的社会实践过程本身产生影响和制约作用时所体现出来的社会时间性和社会空间性的综合体现。对于这一概念而言，我们可以从以下两个方面加以把握：

首先，从人类社会实践过程与社会时空性之间的关系角度来看，在人类社会运动发展过程中，时间与空间都必然存在于其中并发挥着积极功效。恩格斯就曾明确指出："世界始终处于不断变化的过程中，世界不是既成事物的集合体，而是过程的集合体。"③ 从这一论断出发，我们便可以得知，世界上所有的客观存在始终都是处于不断运动变化之中，而这些不断运动变化的客观存在却又都是以某种特定的过程形式加以体现。此外，恩格斯又明确指出："一切存在的基本形式是空间和时间，时间以外的存在和空间以外的存在，同样是非常荒诞

---

① 高鸿：《近年来马克思社会时空观研究综述》，《教学与研究》2003年第10期。
② [捷克] 菲利普佐瓦：《社会与时间概念》，鲁辉译，《国际社会科学杂志》1987年第1期。
③ [德] 恩格斯：《路德维希·费尔巴哈和德国古典哲学的终结》，人民出版社1997年版，第36页。

的事情。"① 而从这一论断出发,我们又可以得知,人类世界中的一切客观存在都是通过时间和空间加以表现并通过时间和空间来对自身的存在加以证成。一旦脱离了时间与空间的考量,那么所谓的客观存在便不再是一种真实的客观存在,其必然是一种虚构并值得我们去怀疑的客观存在。结合恩格斯以上两个论断,我们不难发现,客观存在必然要通过过程形式加以体现,而客观存在之所以为真,其必然又要在特定的时间和空间维度内加以证成,所以,以过程形式加以外化的客观存在也必然要在特定的时间和空间维度内方可被加以证成。无可厚非,作为一种客观存在的形式,人类的认知实践过程本身必然具有着时空性这一特征。

其次,从人类社会实践过程的时空性的表现形式来看,人类的社会实践过程本身从某种程度上完全可以被看作是一种人类自我选择行为所经历的程序或阶段。而就这一自我选择行为所经历的程序和阶段中出现的主客体以及行为而言,一方面,人类在作出自我选择之前其必然要以自我的存在和被选择对象的存在为其前提和基础。自我的存在是过程得以启动和展开的主体要素,被选择对象的存在则是过程的客体要素。作为过程的必备构成要素,主体与客体的形成都必然会受到当时客观境况的影响和制约。而这种客观境况又无非是人类社会中的政治、文化、经济、历史、法律规范等多种社会因素在特定时空维度内所形成的综合体。从这一角度来看,人类认知实践过程本身所具有的时空性便体现出了社会实践性、社会文化历史传承性、社会发展的可持续性以及可调控性等具体形式。另一方面,人类在作出自我选择的过程中首先必然要通过感知将被选择的对象内化为观念,然后再通过人类的理性作出分析、判断、推理和论证等一系列复杂的认知选择活动。而就这些分析、判断、推理和论证等一系列复杂的认知选择活动本身而言,其无非就是认知实践主体在特定的社会时空维度内对已有的政治、文化、经济、规范等多种社会组成因素所进行的筛选过

---

① [德]恩格斯:《反杜林论》,人民出版社1970年版,第20页。

程。从这一角度来看，人类认知实践过程的本身不仅体现了时空性，同时该种时空性依旧体现出了社会实践性、社会文化历史传承性、社会发展的可持续性和可调控性等多种具体表现形式。①

综上所述，过程的存在意味着时间和空间的存在，过程的展开就是时间和空间的具体体现。过程在时间与空间中得以产生，时间与空间在过程中加以证成，进而，基于时间和空间所形成的时空性便在过程之中得以体现。②此外，从社会时空观的角度来看，人类的认知实践过程必然不同于自然物质运动发展过程，前者具有着社会实践性、社会文化历史传承性、社会发展的可持续性以及可调控性等特点。

（三）过程的有限性与无限性

基于过程时空性的讨论，我们了解到，过程必定是在时间和空间内得以启动和展开。而根据辩证唯物主义时空观来看，时间与空间在面对某一特定的客观存在时其又体现出了有限性和无限性的特征。据此，作为一种客观存在，过程也必然具有着有限性和无限性的特征。③此外，正如前文所言，世界是一个过程的集合体，它体现的是过程与过程之间的有序衔接。每一过程又经历了从启动到展开再到结束的发展历程。一种特定过程展开的同时，另一种特定过程正在酝酿；一种特定过程的结束，另一种特定过程继而衔接。这种周而复始、前赴后继的过程到过程的演化正是人类世界不断向前发展的真实写照。④这也就充分地表明，过程与过程之间体现为一种无限性，而过程自身则体现为一种有限性。换句话说，从过程的整体层面来看，有限性与无限性必然是过程所特有的属性。

某一特定的过程都是在特定的时空域内得以形成并展开。在该特

---

① 周书俊：《自我选择的客观物质性奠基——时间和空间》，《宁夏党校学报》2007年第3期。
② 鞠德峰：《辩证唯物主义时空相对性观点辨析》，《青岛大学师范学院学报》1997年第1期。
③ 张奎良：《马克思主义时空观新论》，《江海学刊》2004年第1期。
④ 李忠杰：《坚持马克思主义的过程论思想》，《北大马克思主义研究》2011年第00期。

定的时空域内，过程必然会受到认知实践主体自身认知能力和客观实际情况的影响和制约。身处于一种特定的客观实际情况中的人们基于自身利益的实现产生了某种需要，在此基础上启动了特定的过程。但是，人们的认知能力以及客观的实际情况是否会为该一过程的顺利展开提供必要的条件则要另当别论。如果人们自身的认识实践能力与客观实际情况都在一定的程度上满足了某种需要得以实现的条件，那么这一种过程必然会走完启动、展开、结束整个历程，此时体现出某一过程的有限性。如果当人们自身的认识实践能力与客观实际情况二者之间有一个或者二者都无法满足某种需要得以实现的条件，则该一过程从一开始便无法被启动，那么此时也就无所谓有限与无限了。再者，在某一过程被启动之初，无论是人们自身的认知能力还是客观实际情况都已满足了条件，但是随着主客观因素的不断发展与变化，最初满足过程先前发展的条件向相反的方向发生了变化，进而促使该特定过程无法继续前行，那么，此时过程就此终结。这也是过程有限性的具体表现。① 可见，有限性必然是过程自身所具有的特性之一，只不过过程有限性的存在往往是针对某一单一过程而言的。

与过程有限性产生的机理相同，在我们认识过程的无限性时也要从人的认识实践能力和客观实际情况二者之间的适合度展开讨论。当某一特定的过程在人的认知实践能力和客观实际情况都达到使其顺利完成启动、展开、结束这三个阶段后，该一特定过程宣告终结。但这并不代表着作为世界整体这一大的过程就会走向完结。随着人们认知实践能力的提高以及客观实际情况的不断改善，新的需要便会产生，在这一新的需要激励之下，人们会基于前一过程而启动一个全新的过程。这便是过程无限性的一种体现方式。当人的认知实践能力和客观实际情况二者之一或全部在最初或在过程进行中出现了无法满足特定过程的启动或展开之时，人们便会更换思考问题的角度和操作方案转而去启动一种新的过程。从这一层面来看，作为世界整体的表现形式

---

① 王效民：《论人的有限性与无限性——兼论哲学的根本问题》，《理论学刊》2005年第3期。

的过程依旧会体现出无限性的特征。① 这也正如马克思"实践过程论"哲学思想理论和毛泽东的实践论所言:"我们在认识一个事物时要坚持从感性到理性、再从理性到实践的多次反复,才能达到对一个事物比较正确的认识,从而更好地去指导实践。"② "实践、认识、再实践、再认识,这种形式,循环往复以至无穷。"③ 可见,作为过程所具有的特性之一,无限性的存在往往是针对过程与过程之前的关系而言,换言之,是从宏观的角度或者是复合过程的角度对过程所形成的一种认知。

从过程的有限性和无限性的关系来看,正如黑格尔所言:"真正的无限毋宁是'在别物中即是在自己中'或者说从过程方面来表述,就是在别物中返回到自己。"④ "有限性只是对自身的超越,所以有限性中也包含无限性,包含自身的他物。同样,无限性也只是对有限性的超越,所以它本质上也包含它的他物。"⑤ 可见,作为过程的特征,有限性与无限性之间存在着相互转化、相互交融的关系。"有限性是无限性发展全过程中的阶段,是小过程。而无限性是由有限性这一基础单位所组成,二者之间的辩证统一关系显而易见。"⑥

(四)过程的承继性与建构性

当我们在过程的主观性与客观性、时间性与空间性、有限性与无限性这三组基本特性的基础上对过程的展开形式进行反思时,过程的承继性与建构性便会很自然地进入到我们的研究视野中。⑦ 换言之,过程的承继性与建构性是过程的主观性与客观性、时间性与空间性、有限性与无限性在过程展开形式层面上自然衍生出来的特性。所谓过程的承继性就是指存在于前后不同社会时空维度内的过程之间所体现

---

① 林绍春:《"认识全过程"新解》,《学术论坛》1992年第2期。
② 《马克思恩格斯选集》(第4卷),人民出版社1995年版,第332页。
③ 《毛泽东选集》(第1卷),人民出版社1991年版,第296页。
④ [德]黑格尔:《逻辑学》,梁志学译,人民出版社2002年版,第207页。
⑤ [德]黑格尔:《逻辑学》,梁志学译,人民出版社2002年版,第207页。
⑥ 刘国强:《有限与无限之界定分析》,《商丘师范学院学报》2004年第4期。
⑦ 刘延勃:《哲学词典》,吉林人民出版社1983年版,第233页。

出来的传承性和吸收性。而所谓过程的建构性则是指存在于前后不同社会时空维度内的过程之间所体现出来的批判性和创新性。

处于特定时空域中的人作为认知实践过程启动的主体,其认知实践能力并不是先天就具有的,往往都是在后天有限的时空域中通过学习前人的经验和知识逐渐形成的。这无疑是人类文明传承的体现。此外,任何一个过程最终都会呈现出两种不同限度的结果,并体现出不同境遇下的承继性:其一,在特定的时空域中,当主客观因素完全具备并始终处于一种充分的状态时,认知实践主体所开启的过程必然会经历启动、展开和顺利结束这三个阶段,并且通过这三个阶段,认知实践主体可以顺利地将预期所设定的目的进行现实性的结果转化。在此种境遇的基础上,由于先前过程形成的结果所处的特定时空域中的主客观因素在后一被启动的过程所处的特定时空域中并未发生改变,为此,后续过程的启动主体便会对之前过程所形成的结果进行全盘吸收和采纳并继续延用。就这一形式而言,其无疑就是过程承继性的具体体现。[1] 其二,在特定的时空域中,由于主客观因素在过程启动之后出现了不充分或欠缺的状况时,由认知实践主体所开启和展开的过程就不会走完全部阶段,并且预期所设定的目的最终也并没有得到现实的转化。但不得不承认,此时的过程依旧是一种完结的体现。在面对此种境遇时,认知实践主体会在之前没有完成的过程基础上,通过对之前过程相关要素的甄选和吸收后开启一个新的过程来继续推进之前未完结的过程,直至实现先前过程所设定的目的。之所以会出现如此的发展形式,其原因就在于,先前处于特定时空域中的不能为预期目的得以实现提供充分条件的主客观因素在后续过程所处的特定时空域中得到完善。很显然,这一种境遇下的发展形式也必然是过程承继性的具体体现。[2]

正如上文所言,认知实践的主体所具备的认知实践能力必然脱离

---

[1] 赵明仁:《对"过程"认识的过程及其意义——重读〈反杜林论〉中关于过程的思想》,《中共贵州省委党校学报》2004年第6期。

[2] 刘志忠、李毅:《过程转化论》,中国展望出版社1988年版,第32页。

不开对前人经验和知识的学习和吸收。而就这一过程而言，在笔者看来，其在体现出认知实践过程承继性的同时也必然会体现出过程建构性这一特征。换句话说，过程的传承必定会为以后过程的创新性发展打下坚实的基础。而对于过程的建构性特征的体现而言，其依旧是从过程最终所形成的两种不同限度的结果方面加以体现的：其一，在特定的时空域中，当主客观因素完全具备并始终处于一种充分的状态时，认知实践主体所开启的过程必然会经历启动、展开和顺利结束这三个阶段，并且通过这三个阶段，认知实践主体可以顺利地将预期所设定的目的进行现实性的结果转化。在此种境遇的基础上，由于先前过程形成的结果所处的特定时空域中的主客观因素在后一被启动的过程所处的特定时空域中发生了巨大的改变，后一过程的启动主体为了能够实现新的预设目的，其必然会对之前过程所形成的结果进行批判进而开启一种新的过程。毫无疑问，就这一形式而言，其必定是过程建构性或创新性的具体体现。① 其二，在特定的时空域中，由于主客观因素在过程启动之后出现了不充分或欠缺的状况，由认知实践主体所开启和展开的过程就不会走完全部阶段，并且预期所设定的目的最终也并没有得到现实的转化。但不得不承认，此时的过程依旧是一种完结的体现。在面对此种境遇时，后一过程的启动主体会在之前没有完成的过程基础上，通过对之前过程相关要素的甄选后放弃原有的过程，转而开启一个与之前完全不同的全新过程。之所以会有这样的反应，其原因在于处在特定时空域未能促使过程得以完成所有阶段的主客观要素在后人所处的特定时空域中彻底失去了其存在的必要性。就这一形式而言，其也必然体现过程的建构性或创新性。②

概括而言，由于过程的主观性和客观性、时间性和空间性、有限性和无限性之间体现出辩证统一的逻辑关系。所以，由这些特性所延伸出来的过程的承继性与建构性二者之间依旧呈现出辩证统一的特性。

---

① 赵明仁：《对"过程"认识的过程及其意义——重读〈反杜林论〉中关于过程的思想》，《中共贵州省委党校学报》2004 年第 6 期。

② 刘志忠、李毅：《过程转化论》，中国展望出版社 1988 年版，第 32 页。

除此之外，过程的启动主体由于所处的时空域、自身的主观认知能力和所掌控的客观因素都各不相同，对于过程展开和过程后续的反应自然也会有所不同。并且这些不同的反应都是来源于先前早已存在的客观存在，并受到先前早已存在的客观存在的普遍影响。据此，同样也可以充分地证明过程的承继性与建构性之间的确存在着辩证统一的逻辑关系。正所谓："入乎其中方能出乎其外"。没有承继性便没有建构性。建构性来源于承继性，继承性是建构性的基础，建构性是承继性的一种延伸。承继性与建构性之间必然共存于人类文明社会的发展过程中。

第三节 刑法解释过程的内涵、本质与表现形式

一 刑法解释过程的内涵

通过上文的介绍，我们了解到，所谓的过程，简而言之就是认知实践主体对物化或非物化的客观存在所展开的认知实践行为活动所经历的程序或阶段，是人类认知实践行为活动的一种动态表现形式。然而，就该种人类认知实践行为活动而言，其内部除了解释行为以外还包含着推理和论证两种行为种类。进而，人类的认知实践过程也就可以被划分为解释过程、推理过程和论证过程三种类型。此外，根据解释行为所针对的对象来看，解释行为又可以被继续划分成以下三种类型：其一，针对客观社会中所出现的某种现象而作出的阐释和说明；其二，针对多个事物或多件事务之间的因果关系而进行的阐释和说明；其三，针对人类社会中所存在的法律规范或规则所作出的阐释和说明。很显然，刑法解释行为必然是解释行为中的第三种类型，而第三种解释行为却又是认知行为中的一种。所以，刑法解释行为也就必然要归属到认知行为的范围内。进而，刑法解释过程随即也就归属到了认知过程的范围内。这样看来，刑法解释过程相对于认知过程而言应该是

认知实践过程范围内的二级子分类。所以，刑法解释过程与一般意义上的过程之间便形成了个别与一般的逻辑关系。而根据马克思唯物辩证法原理来看，一般来源于个别，前者是对后者所共有的相同特性所作出的归纳和总结，后者又在一定的程度上有别于前者。① 所以，作为一般意义过程中的二级子分类的刑法解释过程也必然具有一般意义过程所描述的共性。这一点在刑法解释过程的含义层面上依旧如此。

从上文所给出的一般意义上的过程含义来看，毋庸置疑的一点就是，凡是过程都必然是在特定的时间域和空间域中形成并存在的。刑法解释过程当然也不例外。此外，基于前文的介绍，我们还要了解到，过程是一种由主体、行为、对象、目的、原则、规则、方法这七大要素所组成的集合体。而作为过程中的一种，刑法解释过程也必然是一种由一系列的构成要素所组成的集合体。然而，从刑法解释过程的构成要素来看，刑法解释过程的这些构成要素都在某种程度上体现出了鲜明的特点。比如最为明显的就是刑法解释过程的原则构成要素。在罪刑法定原则的影响下，刑法解释过程中的解释原则这一构成要素就充分地凸显出刑法解释过程的特殊性。再者，从刑法解释过程的运作机理角度来看，任何一种刑法解释过程的开启和展开都必须是基于一定的目的而进行的。而这种特殊的目的在通常情况下表现为对刑法规范含义的真实表述。在罪刑法定原则的严格制约下，刑法解释主体为了实现解释目的必然要采用一定的方法，而对于刑法解释过程中所采用的方法而言其却又与人类认知过程中的其他种类的过程中所采用的方法存在着明显的差异。比如扩大解释、限缩解释、反面解释、体系解释、当然解释、目的解释等。其中类推解释在法律解释范围内更是彰显出刑法解释过程同其他部门法解释过程之间的明显差异。综合以上阐述，笔者认为，所谓的刑法解释过程就是指，在特定的时间域和空间域范围内，刑法解释主体为了实现某种特定的刑法解释目的，在遵循特定的解释原则和规则的前提下，通过采用特定的刑法解释方法

---

① 叶敦平主编：《马克思主义哲学原理》，高等教育出版社2003年版，第76页。

对刑法解释对象进行阐释和说明时所经历的一种认知实践程序或阶段。

二 刑法解释过程的本质

正如前文所介绍，在不同的学科范畴内，就过程的本质而言，其有时可以被看作是一种有关客观存在的发展和变化的行为或活动，有时又可以被看作是一种有关客观存在的历时性发展变化历程，有时还可以被看作是一种有关客观存在间的关系演变。尽管在不同学科范畴内有关过程本质的描述多有差异，但可以肯定的一点就是，这些有关过程本质的多种认知最终都可以统一用程序或阶段来加以统摄。那么，作为过程中的一种特殊类型，刑法解释过程的本质是否就可以被认为是一种程序或阶段呢？根据马克思辩证唯物主义原理，刑法解释过程的本质毫无疑问也应该体现为一种程序或阶段。然而，刑法解释过程毕竟不同于一般意义上的过程。从宏观层面上来说，刑法解释过程的本质的确是一种程序或阶段，但是从微观层面上来说，刑法解释过程所体现出来的程序或阶段同时还具有其自身的特殊性。

首先，由刑法解释过程所反映出来的程序或阶段同社会发展需要之间具有着紧密的关联性，这种关联性体现为一种既充分又必要的逻辑特性。从中外的法律解释或刑法解释的发展历程来看，每一时期或每一阶段内的法律解释或刑法解释都是在特定的社会背景下被启动和展开的。由于受到当时社会中所存在的价值观变化的影响，为了迎合社会发展需要，作为人类社会规范中的一种，包含刑法规范在内的法律规范必然要为此作出必要的回应。而对于这种回应而言，其中必然会关涉到法律解释过程或刑法解释过程的开启和展开。与此同时，面对一些需要法律规范调整的社会问题时，如果当时的法律规范对其进行规制出现了乏力的现象，从节省立法成本的角度出发，能够通过法律解释的途径加以解决的便不会动用立法手段。[①] 从这一层面来说，法律解释或刑法解释对于社会发展需要而言又是一种充分条件的体现。

[①] 张文显主编：《法理学》（第五版），高等教育出版社2018年版，第279—284页。

所以，由刑法解释过程所反映出来的程序或阶段具有满足社会发展需要的客观现实性。

其次，刑法解释过程所反映出来的程序或阶段同法学、刑法学和解释学的发展之间具有着紧密的关联性，这种关联性具体表现为一种相互影响、相互促进的特点。从中外的法律解释或刑法解释的发展状况来看，每当法学领域、刑法学领域或解释学领域中理论观点发生变化时，在司法实践的领域中都会引起极大的反响。这其中就包括对法律解释或刑法解释的影响。与此同时，在发生改变的相关理论的指引之下，司法实务界通过法律解释或刑法解释的手段对现有的法律规范或刑法规范进行阐释和说明，以此来解决现实的社会问题。而在这其中，人们所开启的法律解释过程或刑法解释过程便又反过来对法学、刑法学和解释学领域中所发生变化的相关理论进行检验。[1] 不得不承认，由刑法解释过程所反映出来的程序或阶段同法学、刑法学和解释学之间的确存在着相互影响、相互促进的关联性。这也充分地证明了刑法解释过程这一特定的程序或阶段具有着特定的学科属性的特点。

最后，刑法解释过程所反映出来的程序或阶段体现出了严格性。作为社会规范的一种，刑法规范具有着极强的强制性。这种强制性不仅反映在立法和修改的层面上，同时还反映在刑法规范的实施层面上。在刑法规范的实施过程中，刑法解释是一个必要的环节。在对刑法规范进行解释的过程中，并非任何人或组织都有法律所赋予的权力对其进行解释。即使社会大众私自对刑法规范进行解释，其解释的结论也未必会具有法律效力。此外，在有权解释的过程中，解释主体也必须按照法律所规定的程序来进行，一切违反法定程序所作出的刑法解释都是无效的。再者，作为刑法的基本原则，罪刑法定原则在整个刑法解释的过程中发挥着绝对性的影响和制约作用。这些都促使了刑法解释过程所反映出来的程序或阶段必然会体现出严格性的特点。[2]

综合以上阐述，笔者认为，从宏观的层面上来看，刑法解释过程

---

[1] 陈金钊主编：《法律解释学》，中国政法大学出版社2006年版，第54—56页。
[2] 张明楷：《罪刑法定与刑法解释》，北京大学出版社2009年版，第74页。

的本质同一般意义上过程的本质一样都表现为一种程序或阶段。但是从微观层面上来看，刑法解释过程所反映出来的这种程序或阶段又具有客观现实性、学科归属性和严格性的特征。概而言之，刑法解释过程的本质是一种带有客观现实性、学科归属性和严格性的法律解释行为所经历的程序或阶段。

三 刑法解释过程的表现形式

前文论及到，一方面，过程的产生和展开必然摆脱不开认知实践主体与认知实践客体之间的关系影响，进而导致了过程的主客间形式的产生。另一方面，由于认知实践客体具有物化和非物化的形态，并且他人的认知实践过程作为一种非物化的客体同时也可以成为自己的认知实践客体，进而过程在体现出了主客间这一表现形式之余又体现出了主体间的表现形式。据此，我们不可否认，作为过程中的一种特殊类型，刑法解释过程必然也具备着主客间和主体间这两种表现形式。但由于刑法解释过程的含义与本质都在一定的程度上与一般意义上的过程存有差异。所以，就刑法解释过程的主客间和主体间这两种表现形式而言，其必然也会在一定的程度上有别于一般意义上过程的表现形式。

（一）刑法解释过程的主客间表现形式

通过前文的介绍，我们了解到，就主体与客体之间的关系研究而言，其先后经历了"唯心主义的主客二分模式""旧唯物主义的主客二分模式"以及"马克思主义的主客二分模式"三个历史发展阶段，并形成了主客间性认知研究范式。受此影响，诠释学范畴内随即也展开了相应的"主客间性"的解释范式研究。从诠释学的发展历程来看，早期的诠释学则是发端于西方的解经学。当时的解经者在对《圣经》进行解释时除了能够采用语义学中的相关解释技巧之外便无其他任何可以利用的解释理论。然而，一方面，《圣经》中的篇章内容是来源于不同的作者，如果严格按照语义学中的解释技巧对其进行解读便会出现在《圣经》的不同篇章之间相互矛盾的现象。另一方面，在对某一特定的篇章内容进行解释时，如果严格按照语义学的解释技巧对其进行解读时同样也会在现有的教义与传统的教义信仰之间产生相互矛盾的现象。① 为了解决这些困境，诠释学的创始人，施莱尔马赫提出了"作者中心论"这一解释理论。在施莱尔马赫看来，只有找寻到作者的原意才能够解决掉文本之间以及文本与教义之间的相互矛盾问题。而作者的原意就是文本的意义，它是独立存在于读者意识之外的客观存在，解释者的任务就是运用一系列的解释方法将其进行还原。② 不可否认，施莱尔马赫所提出来的"作者中心论"这一解释范式就是诠释学中有关主客间表现形式的最初原型。随着诠释学对法学的不断影响和渗透，主客间性的解释范式开始在法律解释学领域中受到高度重视。进而在传统的刑法解释中解释主体往往会以主客间的解释范式对刑法规范进行解释。正如前文所述，刑法解释中的"主客间性"的解释范式并不完全等同于刑法解释过程的"主客间表现形式"。前者是指解释主体在对刑法规范进行解读时所采用的一种公认的解释模型或模式，其往往是从刑法解释行为的角度来加以界定的。③ 而后者则是指刑法解释过程本身所体现出来的外在表现形式，其是从刑法解释过程本身的角度来加以界定的。尽管刑法的"主客间性"解释范式与刑法解释过程的"主客间表现形式"之间存在着如此明显的差异，但不可否认，二者之间依旧存在着密切的关联性。这种关联性具体表现为：刑法的"主客间性"研究范式正是在刑法解释过程的主客间表现形式的基础之上被明确地提出。换句话说，解释主体正是注意到了刑法解释过程本身具有着主客间这一表现形式，进而在对刑法规范进行解释时才采用了"主客间性"这一解释范式。④ 可见，研究者们早

---

① ［德］狄尔泰：《诠释学的起源》，洪汉鼎译，东方出版社2001年版，第90页。
② ［德］施莱尔马赫：《诠释学演讲》，洪汉鼎译，东方出版社2001年版，第55—57页。
③ ［美］库恩：《科学革命的结构》，金吾伦、胡新和译，北京大学出版社2004年版，第158页。
④ 聂立泽、庄劲：《从"主客间性"到"主体间性"的刑法解释观》，《法学》2011年第9期。

已注意到了刑法解释过程本身具有着主客间这一表现形式，只不过该表现形式并没有在学界内引起高度的重视。相反，研究者们却将他们的目光集中到了基于主客间表现形式所引发的主客间性解释范式这一问题层面上来。

此外，就刑法解释过程的主客间表现形式而言，我们还可以从以下三个方面进行认知：首先，解释主体通过解释行为作用于解释对象便是刑法解释过程最为直观的体现形式。而就这一直观的形式的本质而言，其就是主客间形式的具体体现。其次，刑法解释主体中既有立法解释主体又有司法解释主体，两种解释主体所面对的解释对象是存有差异的。立法解释主体所面对的解释对象通常是自己先前所制定的刑法规范，而先前所制定的刑法规范本身所具有的含义必定是立法者在制定该刑法规范时所形成的主观意志的体现，尽管这种主观意志的体现并不是一种物化的存在，但其所具有的含义却在立法者内心中是真实客观存在的，这便是立法解释主体的解释客体。相对于立法解释主体而言，司法解释主体所面对的解释对象除了业已形成的刑法规范之外，其还要对客观的案件事实进行解释。一方面，司法解释主体在对刑法规范进行解释时必须极力地还原立法者的原意，同时还不得超出刑法用语的射程范围。从这一角度来说，司法解释主体的解释过程中必然也存在着固定的解释客体。另一方面，司法解释主体在对案件事实进行解释时，其不仅要对物化的客观存在进行解释，同时还要对法律关系这一类非物化的客观存在进行解释。从这一角度来说，由司法解释主体所启动的解释过程中也必然存在着解释客体。可见，从刑法解释主体与解释对象的关系层面来看，刑法解释过程本身依旧会体现出主客间的表现形式。最后，罪刑法定原则不仅是刑法中的基本原则，同时其也是刑法解释过程中刑法解释主体必然遵守的基本原则。在罪刑法定原则的要求下，解释主体必须严格按照刑法规范的含义对案件事实作出解释。而所谓的"严格按照刑法规范的含义作出解释"，其在很大的程度上就已经为我们揭示出了刑法解释过程必然具有着主客间这一表现形式，即严格按照刑法规范对解释客体进行解释，并且

"严格按照刑法规范"这一用语同样也表明了对刑法规范本身进行解释，其同样也说明了刑法解释过程中必然存在着解释客体这一问题。可见，无论从刑法解释过程最直观的形式来看，还是从刑法解释过程中的解释主体和解释对象来看，更或是从刑法解释过程中所要遵守的罪刑法定原则来看，刑法解释过程本身必然会体现出主客间这一表现形式。

（二）刑法解释过程的主体间表现形式

基于前文的介绍，我们了解到，胡塞尔从现象学的角度出发指出了主客间性认知研究范式存在的弊端，进而提出了主体间性认知研究范式。在此基础上，海德格尔将主体间性认知研究范式引入到了诠释学范畴中，进而导致人们在对解释活动进行认知时放弃了先前的主客间性范式转而采用了主体间性范式。受此影响，在刑法解释范畴内，研究者们所采用的研究范式也随之由主客间性解释范式转向为主体间性解释范式。在主体间性解释范式下，研究者们认为，刑法规范本身并不具有客观真实的含义，其所具有的含义无非就是立法者自己主观意识的体现，包括司法解释主体在内的其他解释主体在对刑法规范进行解读时其本质上就是对立法者本人主观意识的解读。而这一过程完全就是从主体到主体的体现。20世纪末，随着哈贝马斯的"交往行动理论"和波斯纳的"交流意义上的合理性理论"的提出，主体间性认知研究范式得到了创新性发展，一种来源于主体间性认知研究范式却又与之不同的视域融合认知研究范式得以形成。视域融合认知研究范式指出，人类的认知研究行为的展开是认知研究主体的视域、当时情景的视域和认知对象的视域三者进行融合的过程。[①] 在其影响下，刑法解释范畴内的主体间性认知研究范式也随之转变为视域融合的认知研究范式。在这种认知研究范式下，刑法解释被界定为读者与刑法规范文本制定者之间的商谈过程，刑法规范的意义就是在商谈中达成的共识。显而易见，在刑法解释中主客间性解释范式逐渐被主体间性解

---

① 姜福东：《法律解释的范式批判》，山东人民出版社2010年版，第49页。

释范式所取代。那么，这是否就意味着刑法解释过程的表现形式就只有主体间这一种形式呢？或者说，刑法解释过程的主客间表现形式从此就被主体间表现形式所取代了呢？如同前文所言，答案并非如此。一方面，刑法解释范式的形成是基于刑法解释过程本身所具有的表现形式而被提出。所以，当刑法主体间性解释范式被明确提出时，我们便可以得知，主体间表现形式必然是刑法解释过程的表现形式之一。另一方面，解释范式不同于解释过程的表现形式，前者是一种带有极强主观意志性的公认模型或模式，而后者则是一种客观存在的外化形式。尽管前者来源于后者，但前者的消失和改变并不能代表着后者就一定会消失和改变。所以，刑法解释过程在具有了主客间表现形式的同时又具有着主体间表现形式这一论断自然也就有其存在的合理依据。

此外，就刑法解释过程的主体间表现形式而言，我们依旧可以从以下三个方面进行认知：首先，作为刑法解释过程中的客体要素之一，刑法规范必定是通过语言的形式来加以体现。而刑法规范在司法实践过程中通常又会表现出两种不同的境遇，其中一种境遇便是，用来表述刑法规范的法律用语清楚明确，并不会导致司法主体在适用刑法规范时产生模棱两可的情形，此时的司法主体所作出的行为其本质上是一种法律发现的活动。另外一种境遇就是，当刑法规范用语表述并不是十分明确时，司法实践主体便会结合自己对刑法规范的解释以及自己当时所处的境况对刑法规范作出创造性的解读，此时的司法主体所作出的行为实际上是一种刑法规范意义的重构活动。正是这一境遇下的重构活动从一定的程度上就体现出了刑法规范适用主体与立法主体之间就刑法规范意义的视域融合表现形式。[①] 其次，作为刑法解释过程中的一种客体要素，案件事实的确定也必然需要解释主体对其进行解读。而在对案件事实进行解读的过程中，解释主体必然要根据罪刑法定原则从犯罪构成要件的角度对案件事实加以认定，从而对案件事实中所涉及的行为作出罪与非罪、此罪与彼罪的确认。根据刑法学理

[①] 张文显主编：《法理学》（第五版），高等教育出版社2018年版，第271—275页。

论来看，对某一行为作出罪与非罪、此罪与彼罪所基于的犯罪构成要件的本质而言，其无非就是一种社会价值观念的综合体现，这种社会价值观念的综合体现是通过立法者的立法行为来加以实现的。① 这样看来，在对案件事实进行认定时，只有当司法解释主体视域中的社会价值观念与立法主体视域中的价值观念完全吻合时，该案件事实方可被纳入犯罪领域中加以考量。而这一过程恰恰就是刑法解释过程的主体间表现形式的具体体现。最后，从刑法解释过程的宏观角度来看，任何一个解释主体所开启的解释过程必然会成为其他解释主体所开启的解释过程的解释客体。而就每一个刑法解释过程又都是针对具有非物化特性的刑法规范和案件事实所作出的解释活动，其在一定的程度上都是解释主体主观层面上的认知。这样看来，在复合型的刑法解释过程中，被包含的刑法解释过程的启动主体与包含的刑法解释过程的启动主体之间便形成了必要的视域融合。② 这无疑就是刑法解释过程的主体间表现形式的具体体现。

综上所述，刑法解释过程的表现形式与刑法解释范式之间既有区别又有联系。从二者之间的区别来看，前者是指刑法解释过程本身所体现出来的一种客观外化的形式，而后者则是指研究者在对刑法解释活动进行研究时所采用的一种公认的模型或模式。从二者之间的联系来看，前者是后者得以形成的前提和基础，后者则是前者的外化体现。而对于刑法解释范式而言，尽管学界普遍认为，"主体间性"的解释范式应该取代"主客间性"的解释范式。但在解释范式发生转变的情形下，刑法解释过程的表现形式却并不会因此就发生改变。从刑法解释过程整体的现实运作情形来看，作为一种客观真实存在的现象或表征形式，主客间形式和主体间形式都必然是刑法解释过程的表现形式，二者之间并不像刑法解释范式那样存在着不可调和的矛盾关系。

---

① ［日］小野清一郎：《犯罪构成要件理论》，王泰译，中国人民公安大学出版社2004年版，第7页。

② 聂立泽、庄劲：《从"主客间性"到"主体间性"的刑法解释观》，《法学》2011年第9期。

第二章　刑法解释过程的构成要素

基于前文有关过程的相关介绍，我们了解到，根据过程的展开形式，过程可以被划分为单一型过程和复合型过程两种类型。而就这两种过程内部的构成要素来看，无论是单一型过程还是复合型过程都必然是由主体、客体（对象）、行为、目的、原则、规则和方法这七种要素所组成。只不过就这两种过程的构成要素的内容而言，单一型过程与复合型过程在客体这一要素方面略有差异。换句话说，复合型过程的客体要素是以单一型过程的叠加来加以体现的。可见，尽管在客体要素的内容上，单一型过程和复合型过程之间略有差异，但就构成要素的整体而言，二者之间其实并无实质性的区别。而作为过程中的一种类型，刑法解释过程也必然存在着单一型刑法解释过程和复合型刑法解释过程这两种类型。从这两种类型的刑法解释过程的构成要素的整体来看，刑法解释过程本身必然也是由这七种要素所构成。然而，从学界对刑法解释的研究现状来看，研究者们往往都会基于解释的立场和解释的角度来展开相关问题的讨论。这又不难看出，对于刑法解释过程这一特殊类型的过程而言，其在具备了主体、客体、行为、目的、原则、规则和方法这七种构成要素之余，立场和角度同样也是刑法解释过程得以形成的不可或缺的构成要素。

第一节　刑法解释过程的主体、立场与角度要素

一　刑法解释过程的主体要素

从刑法解释过程论的角度来说，所谓的刑法解释主体就是指刑法解释过程的启动者和展开者。那么，刑法解释过程的启动者和展开者究竟是谁呢？对于这一问题的回答，笔者认为，我们可以从以下三个方面加以把握：

首先，我们需要对"刑法解释过程的主体是谁？"和"谁有权进行刑法解释？"这两个问题展开详细的讨论和区分。对于前一个问题而言，其实质上是在追问在对刑法解释对象进行解释时，哪些主体可以开启并展开刑法解释过程。对于后一个问题而言，其实质上是在追问哪些主体被法律赋予了开启和展开刑法解释过程的权力，以及这些被赋予法律权力的主体在刑法解释过程中所形成的解释结论是否具有法律约束力。显而易见，这是两个完全不同的问题。但是，就学术界对刑法解释所作出的种类划分来看，这两个原本不相同的问题之间却又产生了极为密切的关联性。按照解释的效力分，刑法解释可以分为有权解释和学理解释两种。有权解释是指立法机关和司法机关依据宪法和法律所赋予的权力对刑法解释对象所作出的解释，其解释的结论具有当然的法律效力。而学理解释则是指专家、学者、社会大众以及社会组织对刑法解释对象所做的解释，其解释结论不具有当然的法律效力。[①]可见，从有权解释与学理解释的定义来看，包含了立法解释和司法解释的有权解释与学理解释在回答了"刑法解释过程的结论效力如何"这一问题的同时又都给出了"刑法解释过程的主体是谁"这一问题的答案。这也就是说，刑法解释过程的主体不仅包括了立法机

[①] 高铭暄、马克昌主编：《刑法学》，高等教育出版社2017年版，第23—24页。

关和司法机关，同时还包括了专家、学者、社会大众、社会组织。有权解释中的解释主体与学理解释中的解释主体都可以开启并推动刑法解释过程，只不过他们所作出的解释结论在法律效力层面上是存在着明显的差异的。

其次，基于前文对中外刑法解释历史发展概况的介绍，有权解释与学理解释之间大体上体现出了从相互对立、相互冲突逐渐走向相互并存、相互影响的发展趋势。而这种发展趋势的形成无外乎就是受到人们客观实际的需要以及刑法解释过程发展本身所具有的内在规律性所导致的。尽管有权解释所得出的结论具有当然的法律效力，而学理解释所得出的结论不具有当然的法律效力，但这并不能否认学理解释存在的必然性和必要性。毕竟存在与否的问题与效力的有无的问题是两个不同的问题。从中外实际的法律适用情况来看，学理解释往往扮演着有权解释的有力补充的角色，甚至在很大的程度上，学理解释所形成的结论往往会对有权解释产生决定性的影响。针对这一点而言，中外刑法解释的发展概况早已给出了明确、肯定性的回答，并且也得到了学术界的普遍认同。可见，从学理解释与有权解释二者之间的关系这一层面来看，尽管学理解释的主体同有权解释的主体在法律认可层面上存在着明显的差异，但是就学理解释的主体同有权解释主体在刑法解释过程中所发挥的作用以及二者所具有的地位而言，则并不存在优劣和高低之分，且对于刑法解释过程的启动和展开而言，二者缺一不可，不可相互替代。[①] 这也充分地说明，刑法解释过程的开启者和推动者不仅仅就是立法机关和司法机关，作为学理解释主体的专家、学者、社会大众以及社会组织也必然包括其中。

最后，从上文有关过程相关内容的介绍来看，过程之所以被开启和展开，其原因无非就是为了满足认知主体去认知外在的客观存在这一需要。然而，不同的认知主体的客观需要往往又都是各不相同的。所以，只要认知主体自身具备了一定的认知能力和认知水平，那么为

[①] 牛克乾：《反思我国刑法解释的范畴及其体系》，《政治与法律》2014年第3期。

了实现各自的需要，众多不同的认知过程就可以被开启和展开。作为过程的一种，刑法解释过程也是基于这样的一种原理而被开启和展开的。在法治文明社会中，包括刑法在内的一切法律规范都是为实现人们的合法利益。为此，一切法律法规在被制定出来之后其必然要让社会中的所有的主体所知悉，否则，必定是对法治的违背。正如哈耶克所言："法治意味着，政府除非实施众所周知的规则，否则不得对个人实施强制。"[①] 而这一知悉的过程就是社会主体对法律法规所展开的认知和解释的过程。由于社会主体自身的需要以及自身所具备的认知能力都有所不同，进而导致该解释过程也就具有了多样性。换言之，在法治文明社会中，社会中的认知主体在具备了一定认知水平和能力的基础上，为了实现自身的需要都可以对刑法解释对象展开解释过程，而至于解释出来的结论是否能够得到法律层面上的认可则并不在此讨论范围内。此外，作为有权解释的主体，立法机关与司法机关之所以享有法律所认可的解释权，前提也是因为二者具备了对刑法解释对象进行解释或认知的能力和水平。可见，从过程运作的机理角度来看，只要认知实践主体对刑法解释对象具有一定的认知能力和水平，那么这类认知实践主体就可以启动和展开刑法解释过程。换言之，无论是有权解释主体还是学理解释主体都应该是刑法解释过程的启动者和展开者。[②]

概而言之，在刑法解释过程论视域下所讨论的"刑法解释主体是谁"这一问题，实际上就是对"刑法解释过程的启动者和展开者是谁"这一问题所展开的讨论。从这一角度出发，我们不难发现，无论是从刑法解释的理论分类所形成的有权解释和学理解释二者之间的关系层面来看，还是从刑法解释过程的运作机理层面以及法治要求层面来看，刑法解释过程的主体都必然指向了有权解释主体和学理解释主体，二者一同构成了刑法解释过程中的解释主体这一要素。换言之，从过程论的视角来看，刑法解释过程的主体既包括了有权解释主体，

[①] ［英］哈耶克：《自有秩序原理》，邓正来译，生活·读书·新知三联书店1997年版，第260页。

[②] 袁林：《公众认同与刑法解释范式的择向》，《法学》2011年第5期。

也包括了学理解释主体,我们不能将刑法解释过程的主体仅仅地限定在有权解释主体中的立法机关和司法机关这一层面上。

二 刑法解释过程的立场要素

在明确了刑法解释过程的主体是谁这一问题之后,我们接下来要讨论一下刑法解释过程的立场要素。也即刑法解释主体在刑法解释过程中所站的立场为何?之所以会对刑法解释立场进行讨论,其原因在于,在现实的刑法解释过程中,刑法解释主体在对刑法解释对象进行解释时必定会站在一定的立场上进行。正是由于刑法解释主体与刑法解释立场之间具有着这样的关联性,在现实的刑法解释过程中,人们往往就会将刑法解释主体与刑法解释立场进行混同。这种现象在众多学者的相关论述中也是普遍存在的。在笔者看来,刑法解释主体和刑法解释立场应该是两个既有联系又有本质区别的不同概念。为了说明这一点,我们不妨先了解一下"立场"这一语词的含义。立场,是指人们在认识和处理问题时所处的地位和所持有的态度,是处在某一特定位置看一个事物、事件、问题等。立场问题来自人们认识事物时的价值评价,其总是站在一定人们的利害层面进行评价的。因此,立场,就是一定人们,就是我们看问题、想事情、做事情时的利益目标人群。可见,立场就是认知主体在对认知对象进行认知的过程中所处的利益目标人群。那么何谓刑法解释立场呢?笔者认为,立场是刑法解释立场的上一位阶概念,从哲学的角度来说,二者之间体现为一般与特殊的逻辑关系,或者说二者之间是一种包含与被包含的逻辑关系。[①] 所以,刑法解释立场与立场从概念的本质上必然具有同一性。也就是说,刑法解释立场的本质也是一种利益目标人群。据此,我们便可以推知,所谓的刑法解释立场就是指刑法解释主体在对刑法解释对象进行解释时所处的利益目标人群,也即刑法解释主体应该站在哪一种利益目标人群中对刑法解释对象进行解释。可见,刑法解释立场并不等同于刑

[①] 雍琦:《法律逻辑学》,法律出版社2016年版,第41页。

法解释主体。但不可否认,刑法解释立场的出现是随着刑法解释主体的出现而出现的。简而言之,刑法解释立场源自于刑法解释主体但又不同于刑法解释主体。基于以上的论述,我们不难发现,本书中所指称的刑法解释立场同目前学界中研究者们所使用的刑法解释立场的含义之间还是存在着本质上的区别的。比如,学界中经常会使用到"立法者的解释立场"和"司法者的解释立场"这两个概念。对于这两个概念而言,笔者认为,无论是"立法者的解释立场"还是"司法者的解释立场",它们的含义要么是在指称立法解释主体和司法解释主体,要么就是在指称立法者和司法者的解释角度。无论是哪一种指向,它们都已经脱离了"立场"这一语词原本的含义。可见,"立法者的解释立场"和"司法者的解释立场"这两个概念在语词表达和使用的场面上还有待商榷。

既然刑法解释立场是刑法解释主体对刑法解释对象进行解释时所处的利益目标人群,那么在刑法解释过程论视域下,刑法解释立场究竟又会指向何处呢?换言之,什么才是刑法解释过程中的解释立场呢?对于这一问题的回答,我们首先需要明确的一点是,刑法解释立场在整个刑法解释过程中并不是一成不变的,它是随着认知主体的主观因素和认知主体以外的客观因素的变化而变化的。可以说,这是刑法解释活动作为一种过程所具有的特性使然。从中外刑法解释过程的发展状况来看,封建社会中的刑法解释主体所处的立场往往指向的是对社会具有控制权的统治阶级或贵族。也即在封建社会中,刑法解释立场所指称的利益目标群体是具有社会统治权的统治阶级或贵族这一类群体。而随着法治文明的不断推进和发展,刑法解释立场在法治文明社会中发生了变化,包括有权解释主体和学理解释主体在内的刑法解释主体在对刑法解释对象进行解释时其所处的立场无不是以社会民众这一群体为其利益目标人群。这样看来,在当下的法治文明社会中,刑法解释立场必定指向了社会民众这一利益目标群体。[①] 换句话说,无

[①] 袁林:《以人为本与刑法解释范式的创新研究》,法律出版社2010年版,第1—5页。

论是有权解释主体，还是学理解释主体，他们在对刑法解释对象进行解释时所体现出来的解释立场应该是具有同质性的。也即立法者、司法者、专家、学者、社会大众以及其他社会组织的解释立场都是以社会大众这一利益目标群体为指向。①

当然，对于上述有关刑法解释立场的论述和介绍，我们必然要给出充分的合理依据。对此，笔者认为，从法的产生和发展以及法治文明的发展进程来看，法治社会中的法就是一种社会大众基于某些相同的客观需要从而在整体主观上产生某种相同的动机，在该种动机的支配下，通过代表民众意志的国家机关的行为，最终实现某种特定目的的社会规范。② 不难看出，社会大众在对刑法解释对象进行解释时其必然会站在社会大众整体的立场，也即社会大众是将自己所处的利益群体作为解释刑法的利益目标人群。而对于当下法治文明社会中的立法者和司法者而言，他们的立场绝不可能脱离社会大众这一利益目标群体而将自身所处的职业角色范围内的特定专业人群作为利益目标群体，其依旧是要以社会大众这一利益目标人群作为刑法解释时的立场。因为只有这样才不会与当下法治文明相违背，立法者和司法者所作出的刑法解释才会被社会大众所认同。③ 否则，二者所作出的解释毫无意义。更何况，立法者与司法者也是社会大众这一利益目标人群中的一部分。概而言之，在刑法解释过程论视域下，无论是有权解释主体还是学理解释主体，其所处的解释立场应该都是一致的，他们都是站在社会大众这一利益目标人群的立场上展开刑法解释过程。

三 刑法解释过程的角度要素

在对刑法解释主体问题进行讨论的过程中，除了刑法解释立场这一问题是研究者们无法予以回避的问题之外，有关刑法解释主体在进

---

① 陈忠林：《"常识、常理、常情"：一种法治观与法学教育观》，《太平洋学报》2007年第6期。
② 张文显主编：《法理学》（第五版），高等教育出版社2018年版，第150—159页。
③ 俞小海：《刑法解释的公众认同》，《现代法学》2010年第3期。

行刑法解释时所选取的角度问题也同样是需要研究者们予以正视的问题。毕竟处于一定解释立场上的刑法解释主体在对刑法解释对象进行解释时必然会在解释的角度上作出这样或那样的选择。那么刑法解释立场与刑法解释角度之间的关系如何呢？笔者认为，在回答这一问题之前，我们不妨先了解一下"角度"的含义。关于"角度"的解释，从《辞海》中可以查到的含义有两种："其一，角度一词是数学中的一个概念，其具体含义是指两条并不平行的直线在叠合时必须转动的量的量度；其二，角度一词在汉语言学中被指称为认知主体在观察或认知事物或事情时的出发点或切入点。"[1] 很明显，本书中所讨论的"角度"是《辞海》中的第二种含义。从第二种含义来看，"通常情况下，主体对自然事物进行观察和认知时多是以方位和距离的远近作为切入点。从方位和距离来说，角度通常被分为上下、左右、正反、高低、远近等类型。而针对于人类社会生活中的事务进行观察和认知时便多会以其性质和特点作为出发点。从其性质和特点层面来说，角度又可被分成政治的、经济的、法律的、社会的、哲学的、心理的等类型。而在使用角度这一概念时，由于主体自身所具备的知识、能力和素养的不同，主体所处的位置和环境的不同以及主体所要实现的目的的不同就会导致角度的选择层面上呈现出多样化的特点，进而其所形成的结论也大相径庭。"[2] 换句话说，认知主体或观察主体在各自的知识背景、认知能力、所处的位置和社会文化环境以及不同的主观目的的影响下对角度会作出不同的选择。尽管人们对于角度给出了众多的类型划分。但是，就角度的本质而言，其无非是一种观察和认知客观事务的出发点或切入点。那么，刑法解释角度的含义和本质又是什么呢？在笔者看来，角度与刑法解释角度之间的关系如同立场与刑法解释立场之间的关系，二者从哲学层面上来看依旧体现为一般与个别的

---

[1] 角度的认知：https://cihai.supfree.net/two.asp？id=294499，最后访问时间：2021年10月20日。

[2] 尹均生主编：《中国写作学大辞典》（第1卷），中国检察出版社1998年版，第36页。

关系，也即包含与被包含的逻辑关系。据此，我们便可以推知，所谓的刑法解释角度就是指刑法解释主体在自身所具备的知识背景、认知能力、所处的职业角色和社会文化环境以及所要实现的解释目的的影响下对刑法解释对象进行解释时所选取的出发点或切入点。显而易见，刑法解释角度与刑法解释立场是两个完全不同的概念。尽管二者都同刑法解释主体具有着紧密的联系，但是刑法解释角度指称的是一种认知的出发点或切入点，而刑法解释立场则是在指某一利益目标人群。

在了解了刑法解释角度的含义与本质，以及其与刑法解释立场之间的区别之后，接下来我们便要讨论一下在刑法解释过程中众多的刑法解释主体在解释的角度上又会作出怎么样的选择这一问题。

从整体层面来看，首先，基于刑法解释主体自身所具备的知识背景以及认知解释能力的不同，众多刑法解释主体在解释角度的选择上必定会形成一定的差异。有权解释主体中的立法者和司法者，以及学理解释中的专家和学者往往都具有较强的法学专业知识背景和较强的专业能力，他们在面对刑法解释对象时便会很自觉地运用自身所掌握的法学知识进行解释。而相比之下，社会大众在专业知识背景和解释能力方面就略显不足。这样一来，在进行刑法解释角度的选择上就会出现偏差，一方是专业解释角度的体现，另一方则是非专业解释角度的体现；其次，基于刑法解释主体自身所从事的职业以及所扮演的社会角色的不同，众多刑法解释主体在解释角度的选择上也会形成明显的差异。有权解释主体中的立法者与司法者分别代表着国家来行使立法权和司法权。所以，立法者和司法者在解释的角度上往往会体现出一种法定的职权性和权威性的特点。而学理解释主体中的专家、学者以及社会大众并不具有法定的解释职权，通常情况下，他们会从学术理论或社会道德情感方面对刑法解释对象进行解释。所以，他们在解释角度的选择上往往会体现出一种非法定的随意性和非权威性的特点；[①] 最后，由于刑法解释主体在对刑法解释对象进行解释的过程中

---

① 张志铭：《法律解释原理》，《国家检察官学院学报》2007年第6期。

所要实现的目的有所不同，所以众多刑法解释主体在解释角度选择上也会出现不同程度上的差异。立法者与司法者在对刑法解释对象进行解释的过程中所要追求和实现的目的更多是为了保证一个国家的法律普遍性的实现和社会整体利益的实现。而社会大众则往往关注的是个人利益的实现和保障。所以，在解释的角度选取方面便产生了不同。简而言之，一方选择的是社会整体利益的解释角度，另一方则选择的是社会个体利益的解释角度。而相较前两者所选取的解释角度而言，专家和学者所选取的解释角度则往往会在整体利益的解释角度和社会个体利益的解释角度之间进行徘徊。

  从有权解释内部来看，尽管立法者和司法者在刑法解释角度层面上存在着诸多的相同点，但是二者之间的差异也是非常明显。首先，在法律运行过程中，立法者与司法者基于各自的职业所扮演的角色不同，二者在刑法解释角度的选择上产生了差异。立法者在法律运行过程中扮演着法律制定者的角色，而司法者则扮演着法律适用者的角色。所以，在对刑法解释对象进行解释的过程中，一方是立法者的解释角度，另一方则是用法者的解释角度。其次，立法者与司法者在对刑法解释对象进行解释的过程中所运用的逻辑思维的不同导致了选取的解释角度也不尽相同。立法者的逻辑思维通常表现为一种归纳逻辑思维，通常情况下，立法者会对社会中普遍存在的社会问题进行归纳总结，经过分析之后寻找解决对策，最终将该对策上升为法律。一旦被制定出来的法律规范在现实社会中出现了问题并需要进行解释时，归纳逻辑思维便在立法者身上得到充分的体现。而司法者则恰恰相反，在面对客观社会问题时，司法者通常采用的是一种演绎逻辑思维，也即我们通常所说的三段论逻辑思维。这也就意味着，司法者会在作为大前提的法律规范和作为小前提的案件事实之间进行往返比对，最终作出裁判结论。而这一往返比对的过程就是司法者作出司法解释的过程，毫无疑问，其必定是一种演绎逻辑思维的体现。概而言之，由于立法者与司法者在对刑法解释对象进行解释的过程中所采用的逻辑思维有所不同，所以，二者所选取的解释角度便也会有所差异。一方是归纳逻辑思维的解释角度，另一方是演绎逻辑思维的解释角度。① 最后，从解释的目的方面来看，法律规范一旦被制定出来，随着社会的不断发展，法律规范基于稳定性要求使然，其必将会产生滞后性、僵硬性、漏洞性等缺陷。作为立法者而言，要想使得该法律规范能够继续发挥功效，其必然要作出解释。可以说，立法者所作出的解释是为了实现有法可依这一法制要求，或者说是在阐明法律规范的应然性。而司法者则是在法律规范的具体含义并不明确或出现歧义的情形下，为了能够对案件作出公正的裁判而不得不对法律规范进行解释。可以说，司法者所作出的解释是为了实现违法必究这一法制要求，或者说是在将应然性的法向实然性的法进行转变。② 据此，在解释目的的方面上，立法解释主体与司法解释主体在选取解释的角度上必然也会有所不同。一方体现为有法可依的解释角度或应然性的解释角度，另一方则体现为违法必究的解释角度或实然性的解释角度。

第二节 刑法解释过程的对象要素与目的要素

一 刑法解释过程的对象要素

在刑法解释过程论的视域下对刑法解释对象展开讨论时，有两个问题是我们无法予以回避的。第一个问题就是刑法解释对象的本体是什么？或者说，刑法解释行为对什么进行解释？第二个问题就是为什么第一个问题中所给出的答案就是刑法解释行为所要解释的对象？对于这两个问题而言，第二个问题的提出其实质上是对第一个问题所展开的进一步追问。在回答了刑法解释对象的本体是什么这一问题的同时其实就已经回答了刑法解释对象的原因问题。因为对刑法解释对象的本体是什么这一问题所展开的讨论过程必然是刑法解释对象原因问题的体现。

---

① 王瑞君、贾文超：《刑法解释的司法逻辑》，《法律方法》2017年第2期。
② 利子平：《论刑法司法解释的概念和特征》，《南昌大学学报》2009年第5期。

刑法解释对象究竟是什么呢？对于这一问题，学界一直以来都存有争议。根据笔者所查阅的文献资料来看，关于刑法解释对象的界定大体上有刑法规范说、刑事法律说、刑法规定说、刑法文本说、刑法文本与事实说五种观点。其中以高铭暄和马克昌先生为代表的刑法规范说认为："刑法解释的对象应该包括刑法规范的含义、所使用的概念、适用的原则等方面的内容。"[①] 以陈兴良和杨春洗先生为代表的刑事法律说认为："刑法解释的对象不仅仅包括刑法规范的相关内容，除此之外还应包括刑事诉讼法和刑事执行法两方面的内容。"[②] 以李希慧教授为代表的刑法规定说认为："刑法解释的对象应该是规范性规定和包含了刑法的任务、立法根据、立法目的的非规范性规定。"[③] 以梁根林先生为代表的刑法文本说认为："刑法解释的对象应该是立法者为了实现立法目的在特定的法律程序中按照一定的体例运用法律术语和逻辑思维而创制出来的文本。"[④] 以吴丙新和陈金钊先生为代表的刑法文本与事实说认为："刑法解释的对象应该包括静态的刑法文本与动态的案件事实两个部分。"[⑤] 就以上五种观点而言，学界也是褒贬不一。比如赵秉志教授就认为："刑事法律说、刑法规定说、刑法文本说这三种观点过于笼统，在对这三种观点中所认定的刑法解释对象的含义上并不是十分清楚和准确。"[⑥] 李希慧教授认为："将刑法解释对象限定为刑法规范或刑事法律都是不准确的。其中刑法规范说由于受到苏联法学理论的影响，将法律与法律规范进行了混淆。而刑事法律说则在无形之中扩大了刑法解释对象的范围。"[⑦] 张志铭教授认为：

[①] 高铭暄、马克昌：《刑法学》（第八版），北京大学出版社2011年版，第21页。
[②] 陈兴良：《形式解释论与实质解释论：事实与理念之展开》，《法制与社会发展》2011年第2期；杨春洗、张文：《对我国刑法学研究对象及其体系的探讨》，《北京大学学报》1987年第3期。
[③] 李希慧：《刑法解释论》，中国人民公安大学出版社1995年版，第44页。
[④] 梁根林：《罪刑法定视域中的刑法适用解释》，《中国法学》2004年第3期。
[⑤] 吴丙新：《修正的刑法解释理论》，山东人民出版社2007年版，第107页；陈金钊：《法律解释（学）的基本问题》，《政法论丛》2004年第3期。
[⑥] 赵秉志：《刑法解释研究》，北京大学出版社2007年版，第334页。
[⑦] 李希慧：《刑法解释论》，中国人民公安大学出版社1995年版，第44页。

"刑法规范说中所指称的刑法规范并不是刑法解释对象,其应当属于刑法解释的目标。"① 李运才教授认为:"刑事法律说、刑法规定说、刑法文本说将刑法作为一个整体界定为刑法解释的对象,无外乎是为了避免刑法解释成为咬文嚼字的游戏。"② 陈金钊教授认为,在对刑法解释对象是什么这一问题进行讨论时,我们需要先界定一下刑法解释的范围问题。而这一范围就是有权解释。在有权解释的范围内,刑法解释主体的目光始终都是往返于刑法文本与法律事实之间的,为此,刑法文本与事实说要比其他四种观点更为合理。③

不难看出,上述五种观点之间之所以会出现分歧,原因在于研究者们所选取的解释角度和所界定的解释范围各有不同。据此,当笔者选取了刑法解释过程论的视角对刑法解释对象进行讨论时,对于刑法解释对象是什么这一问题的回答自然也就会与上述五种观点存在着不同程度上的差异。在笔者看来,刑法解释过程论视角下的刑法解释对象应该是刑法文本与案件事实,其中刑法文本中包括刑法概念和刑法条文两个内容。也就是说,刑法解释过程论视角下的刑法解释对象是刑法概念、刑法条文以及案件事实。

从法律规范内在的逻辑结构角度来看,"任何一个部门法的形成都是在法律概念的基础上通过一定的逻辑命题(语句)加以表现。"④ 具体而言,法律概念组成了法律命题(法律条文),众多的法律命题又组合而成一部完整的部门法。作为一个独立的部门法,刑法规范依旧如此。所以,人们在对刑法规范进行解释的过程中其不仅仅是对条文本身进行解释,同时还对刑法概念进行解释和说明。仅就对刑法文本这一层面上的刑法概念和条文进行解释的原因而言,通常情况下,人们会认为是由于刑法概念和刑法条文的含义并不清晰或并不明确才导致了刑法解释过程的产生。对此,德国法学家拉伦兹则认为:"假

---

① 张志铭:《法律解释原理》,《国家检察官学院学报》2007 年第 6 期。
② 李运才:《刑法解释方法的界定—基于刑法解释对象的考察》,《上海政法学院学报》2018 年第 4 期。
③ 陈金钊:《法律解释的哲理》,山东人民出版社 2000 年版,第 55 页。
④ 张大松、蒋新苗:《法律逻辑学教程》,高等教育出版社 2009 年版,第 164 页。

使认为，只有在法律文字特别'模糊'、'不明确'或相互矛盾时，才需要解释，那就是一种误解，全部的法律文字原则上都可以，并且也需要解释。解释本身并不是一种最后就借助尽可能精确的措词来排除'缺陷'，只要法律、法院的判决或契约不能全然以象征性的符号语言来表达，解释就始终必要。"[1] 很显然，在拉伦兹看来，刑法解释过程之所以产生并不仅仅是由于以文字的形式所表现出来的刑法概念和条文出现了模糊性，只要刑法概念和条文在文字表述上出现了不周延性的特点时，刑法解释过程就必然会出现。对拉伦兹的观点而言，笔者十分认同。前文曾谈到，无论是有权解释主体还是学理解释主体在刑法解释过程论视角下都是刑法解释的主体，每一个人或组织都可以对刑法概念和条文进行解释。而对于这些解释过程而言，其同时又是一种概念和条文含义的认知转化过程。由于认知主体在知识储备和认知能力上是不可能完全相同的，再加之在解释角度的选择上有所差异，那么在面对原本被认为毫无模糊性的刑法概念和条文时，这种认知转化过程依旧会被启动。

此外，从法律规范适用的过程角度来看，其内部也存在一定的逻辑关系。这一逻辑关系具体表现为：案件事实的发生—对案件事实进行的认知过程—法律条文的寻找和发现过程—法律条文与案件事实结合过程。其中在对案件事实展开的认知过程中必然包含了对案件事实的解释行为。而在对法律条文的寻找和发现过程中也必然包含了对法律条文的解释行为。[2] 换言之，当现实社会中发生了一定的案件事实后，人们便会对其展开认知。在对案件事实进行整体上的认知过程中，人们发现其对社会法益造成了一定的危害时，人们便会从法律层面上对其进行评析。此时就需要开启法律寻找的过程。在寻找到相适应的法律条文之后通过人们的解释行为将其同案件事实进行比对最终在法律层面上得出对该案件事实的认定结果。可见，"法律与事实是密不可分的，在法律适用的过程中解释主体对事实的识别过程其实就是对

---

[1] [德] 拉伦兹：《法学方法论》，陈爱娥译，商务印书馆2003年版，第85—86页。
[2] 张文显主编：《法理学》（第五版），高等教育出版社2018年版，第272—287页。

案件事实进行解释的过程,是根据法律对案件中所发生的一切事实进行判断和取舍,并阐发其中的法律意义的过程。"① 这也正如德国法学家拉伦兹所言:"在解释规范时,同时也必须考虑其与此法律规范有关的社会事实。这已是自明之理。"② 同理,刑法条文的适用过程依旧如此。当现实社会中发生了一起严重危害社会法益的案件时,人们首先会依据刑法对该案件中的行为进行罪与非罪的追问。在确定了该案件中的行为为犯罪的基础上,人们会继续对此罪和彼罪这一问题进行追问,从而最终确定罪名、刑事责任、刑罚。毫无疑问,在这两个追问的过程中,既存在对刑事案件事实的解释也存在对刑法文本的解释。

综上所述,由法律概念和法律条文所组成的法律规范在现实的司法实践活动中往往都需要适用者对其进行解释。而在这一解释的过程中,解释主体又必然会结合业已发生的案件事实对法律概念和法律条文进行解释。这样看来,解释主体所启动和展开的法律解释过程便不仅仅是对法律概念和法律条文所展开的解释过程,其更应该是一种解释主体的解释目光往返于法律规范与案件事实之间的阐释过程。这对于刑法解释过程而言依旧如此。据此,对于刑法解释过程中的解释对象而言,其必然也就包含了刑法概念、刑法条文和案件事实这三个方面的内容。

二 刑法解释过程的目的要素

所谓目的就是指,"主体基于自身的需要,借助于意识和观念的作用,通过行为将主观设想予以实现的目标和结果。目的反映了主体对客观对象的实践关系。目的是人的实践活动的依据,并且贯穿于实践过程的始终。"③ 那么作为刑法解释过程的必备构成要素,并且贯穿

---

① 魏胜强:《论事实作为法律解释权的对象》,《铁道警官高等专科学校学报》2008 年第 1 期。
② [德] 拉伦兹:《法学方法论》,陈爱娥译,商务印书馆 2003 年版,第 13 页。
③ 目的的认知:https://baike.so.com/doc/6101030-6314141.html,最后访问时间:2021 年 10 月 22 日。

于整个刑法解释过程始终的刑法解释目的又是什么呢？笔者认为，在对这一问题进行回答之前，我们有必要对刑法目的与刑法解释目的进行区分。

正如德国法学家耶林所言："目的乃系一切法律的创造者。"① 这也就是说，"法律在很大程度上是国家为了有意识地达到某个特定目的而制定的……目的是法律控制的驱动力……目的是全部法律条文的创造者。每条法律规则的产生都源于一种目的，即一种实际的动机。"② 作为一个独立的部门法，刑法目的也必然如此。那么何谓刑法目的呢？简而言之，刑法目的就是指，"国家制定刑法和适用刑法主观上所希望达到的结果。"③ 刑法目的是在人们还没有启动具体的刑法制定过程和实施过程之前就得以产生，并在其产生之后开始指引着刑法的制定与实施行为的一种主观预设想法。可以说，刑法目的具有全局性和整体性的特点。此外，作为认知主体主观意识和观念层面上的产物，刑法目的应该是刑法的任务和功能在规范层面上的一种应然性的体现。应然性必定要通过一定的方法向实然性进行转化。否则，这种带有应然性的实体也就失去了它存在的意义。那么，带有应然性的刑法目的又该如何在现实的社会中得以实现呢？毫无疑问，众多的刑法解释方法必然是刑法目的得以实现的工具。在这些刑法解释方法中，目的解释通常扮演着解释结果发生争议时的最终权衡的角色。这也就是说，刑法目的解释只是一种实现具有应然性的刑法目的的重要解释方法。概言之，刑法目的是刑法目的解释方法存在的前提和归属，刑法目的解释是刑法目的得以实现的具体方法。

反观刑法解释目的，其就是指刑法解释主体通过刑法解释行为作用于刑法解释对象所要达到的一种主观预设的结果。④ 就刑法解释目

---

① 杨仁寿：《法学方法论》，中国政法大学出版社 2013 年版，第 172 页。
② ［美］E.博登海默：《法理学：法律哲学与法律方法》，邓正来译，中国政法大学出版社 1999 年版，第 109 页。转引自于牛忠志《刑法目的新论》，《云南大学学报》2006 年第 5 期。
③ 曲新久：《刑法目的论要》，《环球法律评论》2008 年第 1 期。
④ 陈金钊：《法律解释（学）的基本问题》，《政法论丛》2004 年第 3 期。

的产生的时间和其所作用的过程阶段来看,刑法解释目的是在人们针对特定的刑法解释对象进行解释之前所形成的一种主观预设想法,在其产生之后开始对解释主体所启动的解释过程进行指引。而解释过程却又是刑法适用这一过程中的一个分支过程。这样看来,刑法解释目的所作用的过程阶段只是刑法目的所作用的过程阶段中的一部分。可见,刑法目的产生于刑法解释目的之前,刑法目的的存在并作用于刑法的制定和适用这两个过程。而刑法解释目的则存在并作用于刑法适用过程中的解释过程这一分支环节。如果从逻辑关系的角度来说,刑法目的与刑法解释目的应该体现为一种包容关系,也即刑法解释目的包含在刑法目的之中。[①] 如果从二者所存在的过程之间的存续关系角度来说,刑法解释目的应该是刑法目的在刑法实施过程中的一种延续和确保刑法目的得以实现的具体化形式。此外,作为目的这一范畴内的一个分支,刑法解释目的的本质和特点如同刑法目的一样,其亦是认知主体在主观意识和观念层面上所形成的一种预设想法,同时也带有应然性的特点。为此,在应然性向实然性进行转化的过程中,作为刑法解释方法的一种,刑法目的解释同样也必然会在刑法解释目的的实现过程中扮演着转化工具的角色。

基于上述的论述,我们发现,刑法目的与刑法解释目的之间存在着密切的联系。这些密切的联系从一定的程度上为我们揭示出了二者之间所存在的差异。那么除了这些差异之外,刑法目的与刑法解释目的之间还具有哪些明显的差异呢?笔者认为,二者之间最为明显的差异应该是二者的具体内容。换句话说,刑法目的的内容与刑法解释目的的内容是完全不同的。同时,当我们将刑法目的的内容和刑法解释目的的内容通过比较的方式进行明确的阐述后,对于该部分一开始所提出来的刑法解释目的是什么这一问题自然也就进行了回答。

就刑法目的的内容而言,学界形成了众多不同的观点。以高铭暄和马克昌先生为代表的双重目的说认为:"惩罚犯罪与保护人民是制

[①] 雍琦:《法律逻辑学》,法律出版社2016年版,第41页。

定刑法的目的的两个方面,这两个方面是密切联系,有机统一的。"[1]以何秉松教授为代表的统一目的说认为:"刑法目的是惩罚犯罪与保护人民的统一。"[2] 以张明楷教授为代表的法益保护说认为:"刑法的任务与目的是保护法益。"[3] 以周光权教授为代表的相对规范维护说认为:"刑法目的具有相对性,可能在法益保护和规范维护之间转换。稳定规范,确保规范的适用是刑法的现实目的。保护法益则是刑法的最终目的。"[4] 以罗翔教授为代表的犯罪人权利保护说认为:"刑法的根本目的是对刑罚权的限制。"[5] 以周少华教授为代表的刑法目的区分说认为:"刑法目的包括根本目的和直接目的;根本目的是维护社会基本秩序,直接目的则包括保护法益、预防犯罪、确认刑罚权和限制刑罚权。"[6] 以彭辅顺教授为代表的保护与保障双重目的说认为:"刑法具有保护法益和保障人权的双重目的。"[7] 很明显,在不同的时空域中,由于认知主体的认知角度不同,就刑法目的的内容而言,学界尚未形成统一的观点。不过,在笔者看来,这些不同观点的形成恰恰又都证明了刑法解释过程论下刑法目的并不是一成不变的,其应当随着刑法理论和客观社会的实际发展需要的变化而不断变化。正如张明楷教授所言:"任何一个刑法条文都是立法者在特定目的指导下形成的,但时过境迁,即使法条文字没有变化,法条目的也可能改变。"[8]

反观刑法解释目的的内容,学界目前所形成的观点无非集中在刑法主观解释论与客观解释论之争这一层面上。有关刑法主观解释论与客观解释结论的理论内容介绍在上文已经进行过阐述,本部分就不再赘述。此处仅就刑法主观解释论和客观解释论中有关刑法解释目的的内容展开讨论和再认知。从刑法主观解释论与客观解释论所主张的观

---

[1] 高铭暄、马克昌:《刑法学》,北京大学出版社2000年版,第10页。
[2] 何秉松:《刑法教科书》,中国法制出版社2000年版,第17页。
[3] 张明楷:《刑法目的论纲》,《环球法律评论》2008年第1期。
[4] 周光权:《论刑法目的的相对性》,《环球法律评论》2008年第1期。
[5] 罗翔:《刑法目的的新表述》,《黑龙江省政法管理干部学院学报》2004年第2期。
[6] 周少华:《刑法的目的及其观念分析》,《华东政法大学学报》2008年第2期。
[7] 彭辅顺:《刑法目的的若干思考》,《法学论坛》2009年第1期。
[8] 张明楷:《刑法目的论纲》,《环球法律评论》2008年第1期。

点来看，刑法解释目的的内容分别指向了立法原意的还原和刑法规范文本客观含义的体现两个方面。① 不过在笔者看来，在刑法解释过程论视域下，刑法解释目的的内容应该结合刑法解释主体、刑法解释角度以及刑法解释对象来进行综合认定，而不能简单地就认定为是立法原意的还原或刑法规范文本客观含义的体现。根据前文的论述，我们了解到，在刑法解释过程论视域下，刑法解释的主体包括有权解释主体和学理解释主体。刑法解释对象包括刑法概念、刑法条文和案件事实。由于不同的刑法解释主体在启动刑法解释的过程中其所选取的解释角度会出现差异。为此，作为刑法解释过程启动的主观因素，刑法解释目的也就自然会呈现出不同的内容。换句话说，刑法解释目的的内容是由同处于刑法解释过程论中的刑法解释主体、刑法解释对象、刑法解释角度三者相互进行匹配而形成的一种复杂的问题。

一方面，无论是有权解释主体还是学理解释主体，在面对现实社会中实际发生的案件事实时都会在自己的认知能力和所具有的经验基础上选取一定的认知角度对该案件事实进行分析。然而，正如前文所论述的那样，不同的认知主体由于自身的认知能力、所具有的经验和认知角度都并不是完全一致的，所以，在对案件事实的认知上必然会有所不同。另一方面，无论是有权解释主体还是学理解释主体，在对现实发生的案件事实进行分析之后，都必然会去寻找能够妥善解决该案件事实的相关刑法规范。然而，任何法律规范都是由法律概念和法律命题加以表述的。在这其中，法律概念在表达某一法律事实时往往会产生概念边缘模糊性的缺陷，进而也就促使该法律命题在不同的解释主体所启动的解释过程中会产生不同的含义。② 为此，不同的刑法解释主体都会基于自己所具有的认知能力去选择各自的解释角度，使得各自的解释目光往返于案件事实和刑法规范之间，在利益的权衡之下最终形成一定的认定结果。可见，在刑法解释过程论视域下，刑法解释目的的内容不应该仅仅体现在对刑法规范的概念和命题的解释，

---

① 赵秉志编：《刑法论丛》（第23卷），法律出版社2010年版，第165—191页。
② 雍琦：《法律逻辑学》，法律出版社2016年版，第48—53页。

还应该包括对案件事实的解读和分析。概而言之，在刑法解释过程论视域下，刑法解释目的的内容应该具体体现为："将案件事实一般化，将规范具体化"这一层面，即通过刑法解释的行为不仅要说清楚刑法规范文本的含义，同时还要赋予案件事实以法律意义。

第三节　刑法解释过程的原则要素与规则要素

一　刑法解释过程的原则要素

从一般意义上来说，所谓的原则就是指存在于人们现实的行为或由行为所展开的过程中的一种基本指导思想。一种行为或过程要想顺利开展并实现预设的目的，原则是必不可少的要素。同理，作为人们所展开的行为过程中的一种特殊类型，刑法解释过程也必然是在一定的解释原则指导之下有序展开。

根据笔者所收集到的文献资料来看，目前学界就刑法解释原则的研究大体上形成了以下几种观点：其一，李希慧教授认为："主体在解释刑法时所必须遵循的基本准则就是刑法解释的原则。其具体内容包括合法性解释原则、合理性解释原则、整体性解释原则、政策指导性解释原则和明确具体解释原则五种。"[①] 其二，蔡军教授认为："刑法解释原则就是解释主体在作出刑法解释行为时所必须遵守的基本准则。其内容具体包括相对客观性解释原则、合法性解释原则和合理性解释原则三种。"[②] 其三，齐文远教授等认为："作为刑法解释主体在对刑法进行解释时所必须遵循的基本准则，刑法解释原则应该具体包括合法性解释原则、合理性解释原则和合目的性解释原则三种。"[③] 其四，贾凌教授认为："由于刑法解释主体的不同，其所产生的解释效

[①] 李希慧：《刑法解释论》，中国人民公安大学出版社1995年版，第82—95页。
[②] 蔡军：《论我国刑法解释的目标和原则》，《河南大学学报》（社会科学版）2004年第1期。
[③] 齐文远、周详：《论刑法解释的基本原则》，《中国法学》2004年第2期。

力自然也有所不同。所以对于刑法解释原则的内容也就应该有所区分。刑法解释原则应该分为普遍性刑法解释原则和特殊性刑法解释原则两大类。其中前者又可以分为合法性解释原则、合理性解释原则和准确性解释原则三种。而后者又可以分为正当性解释原则和及时性解释原则两种。"[1] 其五，向朝阳教授等认为："刑法解释原则的内容与刑法解释目的和刑法解释方法有着密切的联系。为此，刑法解释原则可以分为刑法解释的目的层面上原则和刑法解释方法层面上的原则两大类。其中前者又可继续分为合法性解释原则、立法原意的解释原则和社会现实相统一的解释原则三种。而后者又可被分为方法上的合法性解释原则、整体性解释原则和明确具体性解释原则三种。"[2] 其六，刘艳红教授认为："刑法解释的原则，是指贯穿于各种刑法解释过程之中，指导和制约全部刑法解释活动，并体现着刑法基本精神的准则。刑法解释的原则应当为合法性、合理性与技术导向性三个原则。"[3] 很明显，无论是从刑法解释原则的含义层面来看，还是从刑法解释原则的内容层面来看，学界均未形成统一的观点。之所以会形成这样的局面，其无外乎是由于不同的研究者们在进行研究的过程中其所选取的研究角度和所关注的侧重点存有差异所导致的。尽管在刑法解释原则的含义和内容上众多学者形成了不同的认知结果。但是，从这些不同认知结果中我们依旧还是可以发现他们之间的相同之处：首先，上述所有的研究都在向我们表明一个相同的观点，那就是刑法解释原则并不是刑法基本原则。尽管二者之间存在着密切的联系，但是二者毕竟还是不同的两个概念；其次，尽管上述的研究在合法性解释原则和合理性解释原则的内容上产生了不同程度上的分歧，但他们却都肯定了合法性解释原则和合理性解释原则在刑法解释过程中存在的必要性和必然

---

[1] 贾凌：《刑法解释的原则》，《2003年中国刑法学年会文集》（第1卷），中国人民公安大学出版社2003年版，第312—317页。

[2] 向朝阳、洛桑：《论刑法解释的原则》，《2003年中国刑法学年会文集》（第1卷），中国人民公安大学出版社2003年版，第318—326页。

[3] 刘艳红：《刑法解释原则的确立、展开与适用》，《国家检察官学院学报》2015年第3期。

性；最后，就刑法解释原则讨论的范畴而言，上述所有的研究在对刑法解释原则展开讨论时都将讨论的场域限定在了有权解释范畴内。

那么，在刑法解释过程论视域下，我们又该如何界定刑法解释原则的含义、本质、目的、特征以及具体内容呢？笔者认为，鉴于刑法解释原则与刑法基本原则之间存在着密切关联，所以，在对前述有关刑法解释原则的相关问题展开讨论之前，我们有必要先了解一下刑法基本原则的相关内容及其与刑法解释原则之间的关系。学界通说认为，"所谓刑法基本原则，是指贯穿于全部刑法规范、具有指导和制约全部刑事立法和刑事司法的意义，并体现我国刑事法治的基本精神的准则。"[①] 从这一定义来看，刑法基本原则的本质就是一种对客观行为过程起到指导作用的精神理念或主观价值观念，其所存在的场域包括了刑事立法和刑事司法在内的所有刑事法律规范活动过程；其所制约或影响的对象是整个刑事法律规范活动过程中的一切刑事立法活动和刑事司法活动；其目的就是为整个刑事法律规范活动过程中的行为从主观层面上设置出一种抽象化的底线或限度，进而保证刑法目的能够得以充分实现。[②] 对此，我们不得不承认，刑法基本原则有着全局性、根本性、抽象性的特征。此外，从法理学的角度来看，任何一种法律规范都必然要具有稳定性的特征。同时，作为法律规范的构成要素，原则也往往体现出一种间接适用性。而刑法规范是法律规范的一种，并且就整个刑事法律活动过程而言，其都是围绕着刑法规范如何被适用这一核心问题而展开的。[③] 所以，作为刑法规范的构成要素，刑法基本原则也必然具有稳定性和间接性的特征。综上所述，刑法基本原则具有全局性、根本性、抽象性、稳定性和间接性的特征。作为刑事法律规范活动或过程中的一种相对独立的环节，刑法解释活动或过程中必然会有刑法解释原则的存在。所以，存在于刑法解释活动过程中

[①] 高铭暄、马克昌：《刑法学》（第八版），高等教育出版社2017年版，第25页。
[②] 陈兴良、周光权：《刑法司法解释的限度——兼论司法法之存在及其合理性》，《法学》1997年第3期；蒋熙辉：《刑法解释限度论》，《法学研究》2005年第4期。
[③] 张文显主编：《法理学》（第五版），高等教育出版社2018年版，第76、120、253页。

的刑法解释原则必然要受到刑法基本原则的影响和制约。这种影响或制约具体体现为：刑法基本原则决定着刑法解释原则，刑法基本原则是刑法解释原则的基础和前提，刑法解释原则是刑法基本原则在特定的刑事法律规范适用环节中的具体体现。[①]

根据刑法基本原则的含义、本质和特征以及其与刑法解释原则之间的逻辑关系，笔者认为，刑法解释过程中的刑法解释原则，是指贯穿于整个刑法解释过程，具有指导和制约全部刑法解释活动的意义，意图实现预设的刑法解释目的的，带有全局性、根本性、抽象性、稳定性和间接性特征的一种基本精神准则或主观价值观念。对于这一概念的理解，我们可以从以下几个方面加以把握：第一，从本质层面上来看，刑法解释原则同刑法基本原则之间并无任何的差别。刑法解释原则的本质与刑法基本原则的本质都体现为一种对客观行为过程起指导作用的精神理念或主观价值观念。所以，刑法解释原则也同样具有抽象性特征。第二，从所存在的场域和制约或影响的对象来看，刑法解释原则仅存在于刑法解释活动过程中，其所制约和影响的对象仅仅是刑法解释主体的解释行为活动，而刑法基本原则则存在于整个刑事法律规范活动过程中，并对所有的刑事法律规范活动起到制约和影响作用。从这一点来看，刑法解释原则所具有的全局性和根本性特征同刑法基本原则所具有的全局性和根本性特征之间存在着范围层面上的明显差异。第三，从各自所要保障实现的目的内容来看，在刑法解释原则的指导下，解释行为所要实现的是刑法规范具体化、案件事实法律化这一刑法解释目的。而在刑法基本原则指导下所要保障实现的刑法目的则体现在充分实现刑法规范对行为的规制、法益的保护和人权的保障这三个方面的内容。从这一点来看，刑法解释原则与刑法基本原则之间存在着明显的差异。第四，从实际的功能角度来说，刑法解释原则是为了能够充分地实现刑法解释目的而对刑法解释过程中的解释行为从主观层面上设置出来的一种抽象化的行为底线或限度。尽管

[①] 齐文远、周详：《论刑法解释的基本原则》，《中国法学》2004年第2期。

刑法基本原则也是一种对行为在主观层面上设置出来的抽象化底线或限度。但是，由于二者所处的场域和所制约或影响的对象不同，这种行为底线或限度自然也就不会相同。第五，原则毕竟是抽象化的观念，其必然具有着稳定性。同时原则对于具体行为或行为方法的指导作用也并非是一种直接影响和制约作用，而往往是通过规则加以连接的。所以，刑法解释原则也必然具有着稳定性和间接性的特征。这一点上，刑法解释原则与刑法基本原则具有着相同之处。综上所述，在内涵、本质、目的和特征的层面上，刑法解释原则与刑法基本原则之间既有相同又有不同。

在对刑法解释原则的含义、本质、目的和特征进行了解之后，接下来我们便要对刑法解释原则的具体内容展开讨论。在笔者看来，合法性解释原则和合理性解释原则就是刑法解释原则的全部内容。

正如李希慧教授所言："合法性解释原则，是指刑法的解释必须符合宪法和法律的要求。"[①] 对此，笔者认为，在刑法解释过程论视域下，合法性解释原则应该是指刑法解释主体为了实现刑法解释目的在对刑法解释对象进行解释时必须要符合宪法和刑法的要求。无论是有权解释主体还是学理解释主体都可以对刑法规范文本和案件事实进行解释，进而在自己所处的解释过程中来实现刑法规范文本的具体化和赋予案件事实法律意义这一刑法解释目的。然而，每一个解释主体基于自身所具有的知识背景、认知能力、选取的解释角度以及解释方法都不可能完全相同，进而所形成的解释结论自然也就不会完全相同。据此，整个刑法解释范畴中便会出现杂乱无章的现象，并且在这其中更不乏会有恣意解释情形的出现。为了避免刑法解释过程中所出现的这些弊端从而更好地维护社会的有序运行，所有的刑法解释主体必然要在刑法解释的过程中从主观层面上形成一种有关解释限度的普遍性共识。毫无疑问，此种普遍性共识必然会指向宪法和刑法。进而任何一个刑法解释主体在对刑法规范文本和案件事实进行解释时自然也就

---

① 李希慧：《刑法解释论》，中国人民公安大学出版社1995年版，第82页。

会主动地按照宪法的要求来进行。此外，在认定某人的行为是否构成犯罪以及对该人给予何种刑事处罚时，所有刑法解释主体的目光都会集中在对刑法规范文本和案件事实的解释层面上（毕竟在我国能够对犯罪与否以及处以何种刑罚这一类问题进行认定的部门法只能是刑法），而这一过程就在将刑法规范进行具体化的同时又赋予案件事实一定的刑法意义。很明显，这正是合法性解释原则的具体体现。

正如陈忠林教授所言："我们的法律是人民的法律，绝不应该对其作出根本背离老百姓所共同认可的常识、常理、常情的解释。"[①] 对此，笔者认为，在刑法解释过程论视域下的合理性解释原则，是指刑法解释主体在对刑法解释对象进行解释时必须要符合民众所共同认可的常识、常理和常情。所谓的常识就是指社会民众在长期的日常生活中基于经验而逐渐形成的基本良知。所谓的常情就是指社会民众在长期的日常生活中所逐渐形成的基本情感，其是民意的集中体现。所谓的常理就是指社会民众在长期的日常社会生活中所逐渐形成的基本道理，其是道德观念的集中体现。不可否认，在整个社会发展的过程中，作为人类社会这一群体的组成部分，有权解释主体和学理解释主体在认识客观社会中的事物或从事某一项工作其必然会受到常识、常理、常情的影响和制约，也即任何一个社会成员在面对待认知事实或处理事务时必将会作出符合社会基本良知和基本道德情感的行为。同理，所有的刑法解释主体在对刑法解释对象进行解释时也必将会有如此体现。此外，从法律与道德的关系层面来看，尽管二者之间在产生的时间、内容、适用的范围、调整的对象以及对其违背所要承担的责任方面存有明显的差异。但是，作为法律的一种渊源而言，道德在整个法律的运行过程中必然会起到非常重要的影响作用。而刑法解释作为法律运行过程中的一个分支，其同样也会受到社会基本道德的影响。再者，更为重要的一点是，在法治文明社会中，作为刑法解释过程的启动者，每一个刑法解释主体在作出解释行为时除了要受到个人的良知、

[①] 陈忠林：《"常识、常理、常情"：一种法治观与法学教育观》，《太平洋学报》2007年第6期。

道德观念和情感的影响和制约之外，同时更多地也会受到社会整体层面上的常识、常理、常情的影响和制约。毕竟个体是社会群体中的个体，社会群体是个体的群体。这也正是前文在论述刑法解释立场这一问题时所提及的所有刑法解释主体的解释立场具有同质性的原因所在。通过以上论述，我们不难发现，作为刑法解释过程中的解释原则，合法性解释原则与合理性解释原则同刑法解释过程之间体现为一种必要条件假言命题的逻辑特性，也即刑法解释过程的存在必然意味着合法性解释原则和合理性解释原则的存在，或者说合法性解释原则与合理性解释原则在整个刑法解释过程中的确都有其存在的必要性和必然性。

就合法性解释原则与合理性解释原则之间的关系而言，二者并非是一种顾此失彼、相互矛盾的关系，而是一种相辅相成、并列共存的关系。或者说，刑法解释主体在遵守了合法性解释原则或合理性解释原则中的任何一方并不意味着要放弃另一方。之所以这样认为，其一，通过上文的论述，我们了解到，合法性解释原则与合理性解释原则在同一个刑法解释过程中都有其各自存在的必然性和必要性。既然如此，这也就意味着合法性解释原则与合理性解释原则在同一个刑法解释过程中必然体现为一种相辅相成、并列共存的关系。其二，合法性解释原则意味着符合宪法和刑法规范的要求，合理性解释原则意味着符合社会民众的常识、常理、常情的要求，而就这两种价值评判标准而言，后者是前者的一种渊源，前者是后者的一种表现。如果认为二者是相互矛盾的关系，那么也就意味着否认了二者之间的渊源和表现的逻辑关系。其三，由于法律规范具有滞后性的缺陷，其往往在特定的社会时空中会出现与民众所认同的常识、常理、常情相脱节的现象。但这种现象只具有暂时性，其并不是真正意义上的矛盾关系，其也并不意味着就无法予以消除或化解掉，其还是可以基于合理性解释原则所依据的评判标准通过立法或修法的方式来促使二者达成统一。[①] 这样看来，合理性解释原则对合法性解释原则起到的是一种辅助补充性作用。

[①] 张文显主编：《法理学》，高等教育出版社2018年版，第84—90页。

其四，从刑法解释立场这一层面来看，在刑法解释过程论视域下，所有的刑法解释主体的立场都指向了社会民众这一利益群体，这也就意味着，合法性解释原则同合理性解释原则在利益的实现这一终极目标层面上具有着同质性。既然二者之间具有同质性，那么再认为二者之间是矛盾关系的话，岂不产生了逻辑谬误。其五，合法性解释原则与合理性解释原则之间具有的同质性还表现为合法性对合理性的认同。或者说，通过宪法和法律认可的形式来加强合理性的权威性和有效性。从这一角度来看，合法性解释原则是合理性解释原则的一种法律层面上的认可，二者依旧体现出相辅相成的关系。

然而，不得不承认，从刑法解释过程的运行效果来看，刑法解释主体在刑法解释过程中所得出的解释结论的确出现了无法调和的相互矛盾现象。对此，我们又该作出怎样的解释呢？笔者认为，刑法解释结论之间出现的相互矛盾的问题并非是刑法解释原则所导致的，其应该是基于刑法解释原则而被设置出来的刑法解释规则所导致的。换言之，刑法解释结论之间的相互矛盾问题不应该放置在刑法解释原则的范畴内进行讨论，其应该是刑法解释规则范畴内加以讨论的问题。

二 刑法解释过程的规则要素

正如哈耶克所言："人不仅是一种追求目的的动物，而且在很大程度上是一种遵循规则的动物。"[①] 从哈耶克所说的这句话，我们可以推知：为了实现某种特定的目的，人们在作出某种行为或启动某一过程时，必然会对其所作出的行为设置一定的具体规制，这些具体的规制便是规则的体现。同理，在特定的解释目的支配之下而展开的刑法解释过程中，刑法解释规则必然是不可或缺的主导性要素。根据笔者目前所收集到的文献资料来看，有关刑法解释规则的研究，学界主要形成了以下几种比较具有代表性的观点：

其一，在唐稷尧教授看来，"由于我国的刑法解释具有着抽象化

---

① ［英］弗里德利希·冯·哈耶克：《法律·立法与自由》（第1卷），邓正来译，中国大百科全书出版社2001年版，第7页。

和规范化的特征，所以，我国的刑法解释活动是无法直接将刑法规范同案件事实进行有效的结合。为此，在司法实践活动中，就必然需要司法解释主体通过再解释的方式来加以完善。而在再解释的过程中，司法解释主体必然也就需要遵循一定的解释规则。在罪刑法定原则作为刑法解释的基本原则的前提下，司法解释主体所要遵守的解释规则具体包括依附性解释规则、非穷竭性解释规则和例外不适用解释规则。依附性解释规则是指，在进行刑法解释的过程中必须要同待解释的刑法文本条款进行相结合，不得脱离刑法条款本身的含义，更不得与刑法条文本身的含义相悖逆。非穷竭性解释规则是指，在对刑法规范文本进行解释后所形成的解释结论必须能够穷竭该规范所能涵盖的所有情形，否则该解释结论就不得为刑法规范的适用进行人为的设限。例外不适用解释规则是指，当刑法解释的结论明显地违反了刑法规定或者已经时过境迁背离了客观现实时，司法解释人员可以例外地不适用该解释结论，并在具有充分的依据前提下去寻找更为妥当的解释结论。"[1] 在笔者看来，此处的依附性解释规则和非穷竭性解释规则都是来源于罪刑法定原则的"法无明文规定不为罪，法无明文规定不处罚"这一内容。而例外不适用解释规则则是罪刑法定原则的实质侧面的具体体现。

其二，蒋太珂博士认为，"从传统的刑法解释方法来看，刑法解释中主要存在着文义解释、体系解释、历史解释和目的解释四种具体解释方法。随着刑法解释理论的不断发展，在原有的四种传统解释方法基础上又形成了刑法解释的合宪性解释和后果主义解释方法。为了防止解释恣意行为的出现，解释主体在运用各种刑法解释方法时应当遵循资料性解释规则、控制性解释规则和目的性解释规则。资料性解释规则是指，为了能够正确解读刑法规范的目的，解释主体必然要借助于特定的资料来加以判断。而对于特定的资料进行解释时，解释主体必须严格按照文义解释方法和体系解释方法的要求进行解释。控制

---

[1] 唐稷尧：《论当前司法活动中适用刑法解释的基本规则》，《四川师范大学学报》（社会科学版）2019年第2期。

性解释规则是指,当解释主体在利用文义解释方法进行解释时如果出现了超出文义限度并有悖于罪刑法定原则的形式侧面的解释结论,解释主体应该通过合宪性解释方法和后果主义解释方法来进行纠正。目的性解释规则是指,在出现复数的解释结论时,解释主体应该将基于历史解释方法和目的解释方法所形成的解释结论作为最终的决定性标准。其中目的解释方法所得出的结论要优于历史解释方法所得出的结论。"[①] 很明显,从该种研究范式来看,刑法解释规则的形成是依赖于刑法解释方法,其是通过对各种具体解释方法进行归纳和概括总结而形成的刑法解释行为的准则。

其三,梁根林教授认为,"刑法解释活动的目的在于还原立法意图,实现刑事立法目的,确保类似案件得到类似处理。从本质上来看,刑法解释应该属于一种形而上的抽象逻辑思维,其思维的方式具体包括形式逻辑思维和辩证逻辑思维两种。为此,在罪刑法定原则的要求以及其所制约的刑法文本所具有的特殊性前提下,刑法解释主体在进行刑法解释活动时应该遵守同一律解释规则、排他律解释规则、只含同类解释规则、严格解释规则、正确解释规则和生活逻辑解释规则。同一律解释规则是指,对处于不同的语境下的同一个刑法用语进行解释的过程中必须要保持一致。排他律解释规则是指,凡是不属于明示或列举的犯罪构成要素,在刑法解释过程中必然要被排除在刑法适用的范围之外。只含同类解释规则是指,在对刑法规范用语中的兜底性条款的含义进行解释时,解释主体必须要依据其之前的确定性用语所涉及的同类或同级事项加以确定。严格解释规则是指,按照刑法用语字面的通常含义进行不违背社会情理的解释,但其也允许解释主体在符合字面含义的基础上进行合理的扩大解释和类推解释。正确解释规则是指,刑法规范文本的含义出现了疑问或歧义时,解释主体并非一定就是依据'存疑有利于被告人'原则进行解释。运用恰当的理论、方法和规则而作出的符合理智思维的正确解释或许有利于被告人,也

[①] 蒋太珂:《刑法解释论的第三条道路——刑法解释规则的建构》,《法律方法》2016年第2期。

或许不利于被告人。生活逻辑解释规则是指，解释主体在进行刑法解释的过程中必须要同民众的经验和常情常理相结合。"① 很明显，从该种研究范式来看，刑法解释规则就是形式逻辑思维与辩证逻辑思维在刑法解释过程中的具体体现。

基于以上的介绍，我们发现，由于采用的研究范式存在着差异，学者们在对刑法解释规则进行讨论时所形成的结论自然也会大相径庭。那么在刑法解释过程论视域下，我们又该如何界定刑法解释规则的含义、本质、特征以及具体内容呢？此外，同为刑法解释过程的必备构成要素，刑法解释规则与刑法解释原则之间又存在着怎样的联系呢？为此，笔者接下来便对这些问题展开详细的讨论。

在笔者看来，所谓的刑法解释规则，是指刑法解释主体为了实现刑法解释目的，依据刑法解释原则在对刑法解释对象进行解释的过程中，基于各种具体的刑法解释方法而归纳和总结出来的对解释行为具有直接指导意义的一种带有具体性、多样性、相对稳定性、位阶性和直接性的逻辑思维准则。对于这一个概念的理解，我们可以从以下几个方面加以把握：

其一，从原则与规则之间的关系来看，规则不等于原则，规则是人类逻辑思维的具体体现，原则是抽象价值观念或精神理念的综合体现。规则来源于原则，原则影响和制约着规则。尽管原则与规则都对行为起着指导性的作用，但是原则对行为的指导是一种宏观层面上的抽象性的指导，而规则对行为的指导则是一种微观层面上的具体性的指导。② 同理，刑法解释规则也不同于刑法解释原则。刑法解释规则的本质是一种人们在刑法解释过程中所需要遵守的逻辑思维准则，而刑法解释原则的本质则是人们在刑法解释过程中所存在的一种价值观念或精神理念。刑法解释规则来源于刑法解释原则，其是刑法解释原则在刑法解释过程中的具体化形式。尽管刑法解释原则与刑法解释规则都对刑法解释行为起着指导性作用，但是刑法解释原则起到的是一

---

① 梁根林：《刑法适用解释规则论》，《法学》2003 年第 12 期。
② 李正华：《社会规则论》，《政治与法律》2002 年第 1 期。

种宏观层面上带有间接性和抽象性的指导作用,而刑法解释规则则起到的是一种微观层面上带有直接性和具体性的指导作用。简而言之,刑法解释规则在刑法解释原则与刑法解释行为二者之间扮演着桥梁中介性的角色。①

其二,从规则产生的角度来看,虽然规则要依据原则来进行设置,但是现实的生活经验告诉我们,规则的形成除了要受制于原则的制约和影响,其还要考虑到现实社会生活中所存在的行为方法。也即,规则是在对现实社会生活中所存在的经验方法进行归纳和总结并结合原则而最终被制定出来的。而现实社会生活中所存在的行为方法又是多种多样的,并且各种方法之间在实现同一目的时所具有的功效也不尽相同。所以,最终也就导致了行为规则具有了多样性和位阶性。② 同理,虽然刑法解释规则要依据刑法解释原则来进行设置。但是除此之外,刑法解释规则的产生还需要对刑法解释过程中所出现的各种解释方法进行归纳和总结,并在此基础上再结合刑法解释原则这一抽象化的价值观念或精神理念来最终得以形成。而在刑法解释过程中所存在的解释方法又种类繁多,并且各种具体解释方法所具有的功效也各不相同,所以刑法解释规则也就具有了多样性和位阶性的特征。③

其三,从规则存在的目的以及实际的操作情况来看,规则和原则都是为了实现某种特定的行为目的而存在的。但原则是从宏观抽象层面上来确保行为目的得以实现,而规则则是从微观具体层面上保障行为目的得以实现。可见原则与规则对于行为目的的实现从保障的形式上并不相同。此外,由于原则具有全局性和根本性的特点,它隐含在规则之后,所以其往往具有较高的稳定性。然而,规则则不同,其直接面向的是现实社会中实际存在的问题以及具体行为方法,所以在面

---

① 陈金钊:《法律解释规则及其运用研究》(上),《政法论丛》2013年第3期。
② 邓正来:《社会秩序规则二元观——哈耶克法律理论的研究》,《北大法律评论》1999年第2期。
③ 舒国滢:《法学方法论问题研究》,中国政法大学出版社2007年版,第378—380页。

对多变的社会环境时，规则往往表现出相对的稳定性，其所具有的稳定性要比原则弱一些。① 同理，刑法解释规则相比较刑法解释原则而言，其是从微观具体层面来保障刑法解释目的得以实现的，并且刑法解释规则相对于刑法解释过程中所采用的具体刑法解释方法而言其具有着较高的稳定性，但是其与刑法解释原则所具有的稳定性相比就略显低了一些。所以，刑法解释规则所具有的稳定性只能是一种相对的稳定性。

从以上的论述来看，在刑法解释过程中，一方面，刑法解释规则来自刑法解释原则，其是刑法解释原则的具体化表现形式；另一方面，刑法解释规则又对各种解释方法起着指导性作用，其是刑法解释方法的归纳、概括的结果。据此，就刑法解释规则的具体内容而言，其必然要通过刑法解释原则和刑法解释方法这两个方面来加以明确。在此基础上，笔者认为，刑法解释规则的内容具体包括经验符合性解释规则、逻辑严谨性解释规则和客观调控性解释规则三种。

首先，所谓经验符合性解释规则，是指在刑法解释过程中，刑法解释主体对刑法解释对象进行阐释和说明时必须要符合社会生活经验。"经验是指由实践得来的知识或技能。"② 从这一定义出发，我们可以得知，每一个社会个体在现实的社会实践过程中必然都会习得一定的知识和技能。其中知识既包括法律知识，同时还包括法律知识以外的道德、风俗、礼仪等相关内容，而技能无外乎就是人们认知实践过程中所总结出来的技巧和方法的总称。从这一角度来看，作为刑法解释实践过程中的合法性解释原则和合理性解释原则理所应当就是经验中的知识的具体体现，而刑法解释方法则是经验中的技能的具体体现。换言之，刑法解释原则与刑法解释方法的形成都是来源于经验，都是经验的集中体现，而介于刑法解释原则与刑法解释方法之间的刑法解释规则当然也是基于解释主体的经验而产生的。此外，每一个社会个

---

① 李正华：《社会规则论》，《政治与法律》2002年第1期。
② 中国社会科学院语言研究所词典编辑室：《现代汉语词典》，商务印书馆1996年版，第665页。

体在社会实践的过程中都必然会根据自己所习得的经验对认知实践对象展开认知。换言之，每一个社会个体的实践活动都必然要受到经验法则的约束和影响。同理，在刑法解释实践过程中，每一个刑法解释主体在对刑法解释对象作出解释时也必然要受到经验法则的制约。实际的情况告知我们，每一个刑法解释主体在刑法规范的寻找过程中和对案件事实的认定过程中无不是基于自身的经验而展开，并受到已有经验的制约和影响。也就是说，任何一个刑法解释主体在刑法解释活动过程中都必然要作出符合经验法则要求的解释行为。可见，经验符合性解释规则在整个刑法解释过程中扮演着不可替代的作用。

其次，所谓逻辑严谨性解释规则，是指在刑法解释过程中，刑法解释主体对刑法解释对象进行阐释和说明时必须要遵守特定的逻辑思维规律。尽管霍姆斯言道："法律的生命从来也不在于逻辑，而在于经验。"但同时他也曾说道："律师受到的训练就是在逻辑上的训练。司法判决所使用的语言主要是逻辑语言。"[1] 可见，霍姆斯在承认经验对法律的重要性时其并没有直接否定逻辑在法律中的重要性。正如卡多佐所言："霍姆斯在一句现已成为经典的话中曾告诉我们：'法律的生命一直并非逻辑，法律的生命一直是经验'，但是，霍姆斯并没有告诉我们当经验沉默无语时应当忽视逻辑。"[2] 这样看来，霍姆斯只是在法律的内容和发展的动力来源两个层面上肯定了经验的重要性，而在法律的具体适用层面上又肯定了逻辑的重要性。逻辑思维的具体运用在整个法律适用过程中所起到的作用不言而喻。就整个刑法解释过程来看，任何一个刑法解释主体在刑法解释规则的指导下将刑法规范同案件事实进行匹配的过程其实际上就是三段论的具体体现。与此同时，在体系解释、扩大解释、缩小解释、当然解释等具体解释方法的运用过程中都要求解释主体在进行解释时遵守一定的逻辑思维要求。

---

[1] ［美］霍姆斯：《法律，我们的情人》，1885年2月5日在萨福克律师协会上的演讲稿。

[2] ［美］卡多佐·本杰明：《司法过程的性质》，苏力译，商务印书馆2002年版，第17页。

再者，在刑法解释过程中除了形式逻辑思维发挥作用之外，辩证逻辑思维也发挥着重要的作用，刑法解释中的实质解释论便是一个最有利的证明依据。可以说，在一个刑法解释过程中，解释主体的解释行为如果违背了逻辑思维的要求，其所得出的结论必然不会得到认可，更何况刑法解释规则的本质就是一种解释行为的逻辑思维准则。所以，在刑法解释过程中，解释主体的解释行为必须要符合逻辑的严谨性。遵守了逻辑严谨性解释规则就是解释主体对自己所设置的解释规则本身的遵守，就是对刑法解释原则和刑法解释方法的认可。

最后，所谓客观调控性解释规则，是指当刑法解释主体采用不同的刑法解释方法从而得出了相互矛盾的解释结论时，解释主体应该依据客观现实的情况对两个相互矛盾的结论进行权衡并做出最终的抉择。正如上文刑法解释原则处所遗留下的一个问题，为什么在刑法解释过程中会出现解释结论相互矛盾的现象呢？根据上文的论述，我们了解到，刑法解释原则针对刑法解释方法而言，其所起到的是一种宏观层面上的抽象性和间接性指导作用，而刑法解释规则所起到的则是一种微观层面上的具体性和直接性指导作用，并且刑法解释原则之间又是一种相辅相成、并列共存的非矛盾逻辑关系。此外，就刑法解释方法本身而言，并不存在对与错、正确与不正确的主观价值观念的特性。所以相互矛盾的解释结论现象便只能出自于刑法解释规则这一层面上。再者，就经验与逻辑的关系而言，一方面，经验是逻辑思维的内容，其为法律知识内容的形成和发展提供了素材和动力来源。另一方面，逻辑是思维的形式，其为法律知识的适用从形式上提供了一种模型。[①]而根据马克思主义哲学观点来看，形式与内容并不是在任何时候都具有一致性的。所以，在经验符合性解释规则和逻辑严谨性解释规则的指导下，相互矛盾的解释结论现象的出现就在所难免了。然而，刑法解释过程最终必然要得出一个恰当、妥善的结论，这就势必需要对经验符合性解释规则和逻辑严谨性解释规则进行调控。那么，刑法解释

---

① 赵小锁：《论刑法与人性、逻辑、经验、语言的关系》，《贵州师范大学学报》（社会科学版）2014年第5期。

主体又该对二者进行怎样的调控呢？笔者认为，无论是以形式化为要求的逻辑严谨性解释规则还是以实质内容的实现为追求的经验符合性解释规则，二者都将最终所追求的目标指向了客观实际问题得以妥善解决这一层面上。倘若抛开客观实际问题而一味地追求形式上的完整性或经验本身的合理性或正确性，那么任何规则的设置都是徒劳无益的。从这一角度来看，在经验符合性解释规则和逻辑严谨性解释规则之外，以矛盾的化解为己任，采用客观视角进行评析和权衡的客观调控性解释规则必然也就具有其存在的必要性。

第四节 刑法解释过程的行为要素与方法要素

一 刑法解释过程的行为要素

正如向朝阳教授等所言："行为是刑法的基础，对行为的合理理解不仅是刑法所有理论展开的理论基础，同时其还可以促使刑法理论更有效地服务于刑法的立法完善，刑法的执行，并更好地实现刑法的目的。"① 同理，刑法解释过程的存在与展开必然要以刑法解释行为为基本前提，脱离了刑法解释行为，刑法解释过程将不复存在。显而易见，刑法解释行为必然是刑法解释过程得以形成的不可或缺的构成要素。然而，刑法解释行为毕竟是行为中的一种类型，其与行为之间体现为个别与一般的逻辑关系。为此，在对刑法解释行为展开讨论之前，我们就有必要先对行为进行认知。

"一般意义上而言，行为被指称为人的举止行动，其是人外化表现的客观反映。生理学认为，行为是人的身体器官在受到外界刺激时所产生的反应。这种反应带有被动性。管理学认为，行为是由人的有目的的简单动作所构成的带有目的性、预见性、能动性、多样性、可度性（可检测性）、程序性六大特点的活动。"② 行为主义心理学认为：

---

① 向朝阳、甘华银：《刑法中行为理论探微》，《中国刑事法杂志》2005年第1期。
② 楼伯坤：《犯罪行为学基本问题研究》，法律出版社2014年版，第87页。

"行为就是人与动物对外界刺激所作出的一切外在的和内在的反应，其包括外显行为和内隐行为两种。外显行为是指能够直接观察到的身体活动。而内隐行为则是指不能被外界直接观察的隐蔽的心理活动。"[1] "格式塔心理学认为，人在与外界环境的相互联系过程中受心理支配的外部活动就是行为。现代心理学认为，有机体的外显活动才能被称之为行为，而人类的内隐活动并不属于行为的范畴。"[2] 行为分析学认为："行为是在一个参照系统中有机体或其部分的活动。"[3] 在哲学范畴内，行为被认定为是人日常生活中所表现出来的一切活动，其是人的主观层面上的意志外化的表现形式。[4]

基于以上有关行为的认知，笔者认为，作为刑法解释过程的必备构成要素，刑法解释行为就是一种刑法解释主体为了实现特定的解释目的在主观层面上所作出的带有主观能动性、自觉性、承继性和建构性的内隐行为。从刑法解释过程的运作机理角度来看，刑法解释行为可以被认定为是刑法解释主体在面对客观实际发生的案件事实时在其主观层面上所作出的一系列的反应活动。面对业已发生的案件事实，具有主观能动性的解释主体会自觉地在特定的目的支配之下对该案件事实进行分析，随后便会去寻找可以适用于该案件事实的刑法规范并对其进行解释。而对于刑法解释主体的这种解释行为而言，其往往体现出从案件事实到规范再由规范到案件事实这样循环往复的特性，并直到解释结论得以形成之后，刑法解释主体的解释行为方可停止。不可否认，在解释结论形成之前的一系列反应活动都是一种内隐行为的具体体现，它们都发生在解释主体的主观层面上，并带有着鲜明的主观能动性和自觉性的特征。而对于刑法解释行为所形成的解释结论而

---

① John B. Watson, "Psychology as the Behaviorist Views It", *Psychological Review*, Vol. 101, 1994, pp. 248 – 253.

② [美] 杜·舒尔茨：《现代心理学史》，杨立能译，人民教育出版社1987年版，第241、282页。

③ [美] John O. Cooper, Timothy E. Heron, William L. Heward：《应用行为分析》，美国展望教育中心译，武汉大学出版社2012年版，第229页。

④ 陈兴良：《本体刑法学》，商务印书馆2001年版，第229页。

言，尽管从存在的形式角度来看，刑法解释结果体现为一种可以被人们所感知的外化结果，但这依旧不能否认刑法解释行为是一种内隐行为这一结论。毕竟刑法解释行为不同于刑法解释结论。

此外，从刑法解释过程的表现形式来看，刑法解释主体的解释行为还可以被认定为是人类的一种认知活动。而所谓的人类认知活动通常是指，"认知主体依据自身过去的经验及对有关线索的分析而展开的一系列带有目的性、继承性和重构性特点的活动。"① 一方面，在面对现实社会中所发生的案件事实和业已存在的刑法规范时，任何一个认知主体都必然会基于自己已有的经验对二者进行分析和阐释，进而将自己预设的目的进行客观外化来得出认知结论。而就自我经验的发展过程而言，其又是一个日积月累、循序渐进的过程。所以，从自我经验这一层面来说，基于认知主体的经验所发起的刑法解释行为必定在实现预设解释目的的过程中体现出承继性的特点。而对于业已存在的刑法规范而言，其本身是一种他人经验的集中体现，认知主体在对他人所形成的经验集合体进行认知时必定也会在预设的目的支配之下对其全部或部分地进行采纳和吸收。所以，从自我经验和他人经验之间的关系这一层面来说，刑法解释行为必定带有承继性的特点。另一方面，每一个认知主体所具有的经验由于受到主客观因素的影响都不可能完全相同。所以，认知主体基于自身的经验在预设目的的支配下对业已发生的案件事实和存在的刑法规范进行分析和阐释的过程中往往也会出现与他人基于自身经验而进行的分析和阐释所得到的结论相互矛盾的情形。在进行比较和权衡的基础上，当认知主体对基于自身经验所形成的结论确信无疑时，其便会放弃他人基于自身经验所形成的认知结论，进而在预设目的支配之下展开一种全新的认知过程并形成一种全新的认知结论。所以，从这一层面来看，作为人们认知行为的一种，刑法解释行为也必然具有了建构性的特征。不可否认，在现实的刑法解释过程中，以上两个方面所体现出来的情形都是普遍存在

---

① 时蓉华：《社会心理学》，上海人民出版社1985年版，第107页。

的，承继性与建构性作为刑法解释行为固有的特性也是无法予以否定的。

　　在对刑法解释行为的含义及特征进行了解之后，最后我们来讨论一下刑法解释、刑法推理和刑法论证三者之间的关系问题。在刑法解释过程中，无论是有权解释主体还是学理解释主体都会对现实社会生活中所产生的案件事实从犯罪的主体、客体、主观方面、客观方面进行分析和认知。一方面，当解释主体将对案件事实中的相关犯罪构成要素进行分析后所得出来的结论同其对所寻找到的刑法规范进行阐释后所得出来的结论进行比对发现二者具有同质性时，刑法解释主体所启动的解释过程和比对过程就此结束。可见，在此种情形中，刑法解释过程与刑法推理过程都有所体现。就刑法解释过程而言，其无外乎就是刑法解释主体对案件事实和刑法规范所作出的阐释行为的综合体现。而就刑法推理过程而言，其无非就是刑法解释主体适用三段论推理方法的具体体现。另一方面，当解释主体将案件事实中的相关犯罪构成要素进行分析后所得出来的结论同其对所寻找到的刑法规范进行阐释后所得出来的结论进行比对后发现二者并不具有同质性或还需要进一步判定时，解释主体便会发起新一轮的解释过程和比对过程，直至实现两种结论具有同质性为止。可见，在此种情形中，除了刑法解释过程和刑法推理过程有所体现之外，刑法论证的过程也有所体现。就刑法解释过程和刑法推理过程而言，二者正如前一点所言。而对于刑法论证过程而言，其是由刑法解释主体所启动的反复解释过程和反复推理过程共同来加以体现的。正因如此，刑法解释行为、刑法推理行为和刑法论证行为三者便统一在这一系列的复杂过程之中。[①] 综上所述，从刑法解释过程运作机理的整体层面来看，刑法解释、刑法推理和刑法论证都普遍地存在于刑法解释过程中。而对于三者之间的关系而言，在刑法解释主体所展开的刑法解释过程中，刑法解释、刑法推理、刑法论证三者之间呈现出一种相伴相生、共存统一的逻辑关系。

---

　　① 姜涛：《法学家法与创造论证性的刑法解释》，《刑事法评论》2014年第2期。

刑法解释是刑法推理和刑法论证得以产生的前提和基础，刑法推理和刑法论证则是刑法解释目的得以充分实现的必要保障。而刑法推理和刑法论证之间则并非是非此即彼的关系，相反，二者之间的关系具体体现为刑法解释主体的同一思维过程的两个不同侧面。①

二 刑法解释过程的方法要素

刑法解释中存在的所有问题，最终都必然要通过对刑法解释方法的确立来加以解决。毫无疑问，刑法解释方法的研究和讨论是任何历史时期内所有刑法解释理论都必须予以重视的研究内容。这一点从中外刑法解释的发展历史来看就足以得到验证。关于刑法解释方法的研究现状，在之前的中外刑法解释的历史梳理和考察章节中已进行了详细的介绍，此处就不再赘述。然而，当我们以过程论的研究视角来再次认知刑法解释方法时，所形成的认知结论必然会与之前的认知结论存有差异。这种差异在所难免，因为毕竟采取的认知角度不同。那么，在刑法解释过程论视域下，作为刑法解释过程中的必备构成要素，刑法解释方法又会是一种怎样的存在态势呢？笔者认为，在刑法解释过程论视域下，我们应该将刑法解释方法划分为刑法解释结论的产生方法和刑法解释结论的论成方法两种类型，并在此基础上来确定各种刑法解释方法的位阶次序或优先适用性。之所以作出这样的划分，原因有以下几点：

其一，众所周知，认知实践结果的形成必然脱离不开认知实践方法的运用。同理，刑法解释结论的形成也必然脱离不开刑法解释方法的具体运用。可以说，刑法解释方法对于刑法解释结论的形成具有着不可替代的作用。而从整个刑法解释过程来看，刑法解释方法对刑法解释结论所起到的具体功效无非体现在刑法解释结论的产生和刑法解释结论的证成两个方面。从这一角度来看，对所有的刑法解释方法所作出的解释结论产生方法和解释结论证成方法的划分确有其必要性。

---

① 童德华：《从刑法解释到刑法论证》，《暨南学报》（哲学社会科学版）2012年第1期。

其二，刑法解释行为在作用于刑法解释对象的过程中，其必然是通过各种具体的解释方法来进行的。或者说，刑法解释行为是借助于刑法解释方法来加以体现的，抑或说，刑法解释主体的解释行为本身就蕴含着解释方法的成分。与此同时，上文在论述刑法解释过程中的刑法解释行为时业已论及到，作为刑法解释过程的必备构成要素之一，刑法解释行为的作出必然伴随着刑法推理和刑法论证行为的出现。而在刑法推理和刑法论证过程中，刑法解释方法依旧发挥着积极功效。据此，刑法解释方法也必然要具备阐释说明和论证的功效。

其三，从现存并被广泛使用的所有刑法解释方法之间的逻辑关系来看，有些刑法解释方法是可以同时被使用在同一个待解释对象上，而有些刑法解释方法则体现出相互排斥的关系。也正是由于不同的刑法解释方法之间呈现出了相互排斥的关系进而才导致了相互矛盾的刑法解释结论现象的产生。换言之，各种刑法解释方法之间从逻辑关系的角度来说，既有并列关系的体现，又有相互矛盾关系的体现。并不是所有的刑法解释方法在面对同一待解释对象时都具有相同的解释功效，其内部还是存在着一定的位阶排序的问题。据此，为了能够明确各种刑法解释方法的位阶进而化解刑法解释结论之间的矛盾关系并充分地实现刑法解释目的，我们就有必要对刑法解释方法作出解释结论的产生方法和解释结论的证成方法的划分。这也正如李希慧教授所言："不对刑法解释方法分类，而直接并列各种具体解释方法的做法有悖于逻辑原理，实不足采。"①

在了解了刑法解释方法被划分为刑法解释结论的产生方法和刑法解释结论的论成方法的原因之后，接下来我们便要讨论一下这两种刑法解释方法的含义、内容以及它们内部各种具体解释方法的位阶问题。

所谓的刑法解释结论的产生方法，是指直接促使刑法解释结论得以产生的各种刑法解释方法的总称。从其本质而言，刑法解释结论的产生方法是一种解释结论得以产生的解释技巧，其扮演着解释结论制

---

① 李希慧：《刑法解释论》，中国人民公安大学出版社1995年版，第96页。

造者的角色，并且在这一总体的范畴内，各种刑法解释方法之间呈现出一种相互排斥的特性。也即，在众多的刑法解释方法中，一旦刑法解释主体选择了其中一种刑法解释方法，其他的刑法解释方法便不得被使用。那么，在目前被广泛使用的众多刑法解释方法中又有哪些属于刑法解释结论的产生方法这一范畴呢？笔者认为，平义解释、扩大解释、缩小解释、反对解释、补正解释、类推解释应该属于此类。就此六种解释方法的定义而言，简单概括为："平义解释就是按照刑法用语最直白的字面意思进行解释。扩大解释就是指对刑法用语作出大于字面意思但又没有超出该刑法用语可能含义范围的解释。缩小解释就是指对刑法用语作出小于字面意思的解释。反对解释是指对刑法用语的反面意思进行解释。补正解释是指对有明显错误的刑法用语通过补正或修正的方式加以解释。类推解释是指在有利于被告人的情况下将不符合法律规定的情形解释为符合法律规定的情形的解释。"[1] 很明显，从这六种解释方法的定义来看，每一种解释方法在形成解释结论的过程中都具有着自身独特的逻辑特性。正是由于这些独特的逻辑特性的存在，当刑法解释主体选择了其中一种解释方法后自然便不会再选用其他的解释方法。

此外，作为刑法解释结论的产生方法的这六种具体解释方法在位阶上是存有差异的。其中平义解释的位阶最高，毕竟其是按照语词的字面含义进行解释。排在平义解释之后的便是缩小解释和扩大解释。二者之所以排在平义解释方法之后其他三种解释方法之前，其原因在于，缩小解释方法是将刑法用语的外延进行限缩，其同平义解释之间体现为一种包含的逻辑关系，也即缩小解释的结论包含在平义解释的结论之中。而扩大解释则是将刑法用语的外延进行扩张，但其解释结论又被限制在刑法用语可能含义范围内。可以说，缩小解释和扩大解释是平义解释范畴内的一种变形。当然，就缩小解释和扩大解释二者的位阶顺序而言，前者高于后者，因为虽然对扩大解释进行了一定的

---

[1] 张明楷：《罪刑法定与刑法解释》，北京大学出版社2009年版，第95—143页。

限制，但其与类推解释存有许多相似之处，并且扩大解释的结论一般被认为是人们所能接受的程度，但何为人们所能接受的程度学界却没有明确的标准。再者，扩大解释结论的有效性略低于缩小解释。在平义解释、缩小解释和扩大解释之后便是反对解释和补正解释。这两种解释方法的位阶并不存在谁高谁低的问题，因为这两种方法是在刑法规范文本出现了特殊的情况下才会被使用。所以，反对解释和补正解释排在了平义解释、缩小解释、扩大解释之后。最后，由于类推解释有悖于罪刑法定原则，所以通常情况下类推解释是禁止使用的，只有在有利于被告人的情况下才可以使用。可以说类推解释是一种刑法解释方法运用的例外情况。故此，类推解释理所应当排在其他五种解释方法之后。①

所谓的刑法解释结论的论成方法，是指当刑法解释结论的产生方法无法对解释对象进行解释时，或者对刑法解释结论的产生方法形成的解释结论的合理性进行论证时，刑法解释主体所采用的带有论证性质的刑法解释方法的总称。就本质而言，刑法解释结论的论成方法是一种蕴含在刑法解释过程中的论证。就功能而言，刑法解释结论的论成方法不仅发挥着刑法解释结论的产生方法失效后的补充功能，同时其还具有着对刑法解释结论的产生方法的评论功能。也即，一方面，在刑法解释结论的产生方法无法被适用的情况下，刑法解释结论的论成方法便充当起了刑法解释结论的产生方法的角色来对解释对象进行解释，但此时刑法解释结论的论成方法是一种带有论证特性的解释方法；另一方面，在解释主体在利用刑法解释结论的产生方法得出结论之后，解释主体再利用刑法解释结论的论成方法对该一结论的合理性加以论证。在适用的层面上，各种刑法解释结论的论成方法之间的关系明显地不同于各种刑法解释结论的产生方法之间的关系，同属于刑法解释结论的论成方法中的各种具体解释方法针对同一个解释对象时是可以同时

---

① ［日］笹仓秀夫：《法解释讲义》，东京大学出版会2009年版，第96页。转引自张明楷《刑法学中的当然解释》，《现代法学》2012年第4期；杨仁寿：《法学方法论》（第二版），中国政法大学出版社2012年版，第138—160页。

加以使用的，而各种刑法解释结论的产生方法则是相互排斥的。

那么，在目前被广泛使用的众多刑法解释方法中又有哪些属于刑法解释结论的论成方法呢？笔者认为，文理解释、体系解释、当然解释、历史解释、目的解释应该属于此类。从这五种解释方法的定义来看，文理解释就是指根据语法和语境对解释对象是否属于刑法用语可能具有的含义进行的解释。体系解释就是指将待解释对象放在刑法用语所处的整个体系中对其是否具有协调合理性进行的解释。当然解释就是指根据形式逻辑对解释对象是否符合当然道理进行的解释。历史解释就是指利用历史发展的眼光对解释对象是否具有合理有效性进行的解释。目的解释就是指根据刑法规范所要保护的目的对解释对象是否符合刑法规范文本本身的含义进行的解释。[1] 很明显，从以上五种解释方法的定义来看，尽管这五种解释方法都称之为解释，但是就这五种解释方法使用的过程来看，它们都面临着一种"是与否"的抉择，并且都会在"是与否"之间作出最终的选择之后进而加以论证。从这一角度来看，这五种解释方法称之为解释结论的论成方法更为妥当。[2] 再者，从现实的情况来看，这五种解释方法在刑法解释过程中也的确被当作了论证的理由而加以使用，并且在使用的过程中还经常出现多种并用的情形。这也充分地说明，这五种解释结论的论成方法之间并不存在排斥关系，相反，它们之间的关系为一种并存的关系。刑法解释主体在论证解释结论的合理有效性时可以采用多种刑法解释结论的论成方法，而且数量越多，合理有效性的论证就越强。毕竟论证本身就是一个多角度、多方面加以阐释说明的过程，而作为对同一论点加以支持的论证理由本身来说，其就不应该存在逻辑上的矛盾关系，否则现实情况中所出现的论证过程就不能称之为论证过程，所使用的方法也就不能被称之为论证方法。[3]

---

[1] 张明楷：《罪刑法定与刑法解释》，北京大学出版社2009年版，第138—164页。
[2] 张明楷：《刑法学中的当然解释》，《现代法学》2012年第4期。
[3] 陈金钊、熊明辉：《法律逻辑学》（第2版），中国人民大学出版社2015年版，第167—176页。

此外，上述这五种具体解释方法在论证合理性和有效性的强弱方面存在着一定的差异。由于文理解释本身就是直接针对刑法规范文本的语言文字所作出的论证，其必然要优先适用于体系解释、当然解释和历史解释。而体系解释中的同一用语含义的相对化、不同用语含义的同一化以及同类解释方法（兜底条款的解释方法）向我们展示出，刑法用语在解释之前就存在着一个明确的界定或虽不明确但却存在着一种同级的界定，为了保持整个法律体系的完整性，遂才产生了体系解释方法，这样看来，通过体系解释所进行的论证在合理有效性程度上与文理解释十分接近。所以就体系解释的优先适用性而言，其排在文理解释之后便无可厚非了。在出罪的论证中提倡"举重以名轻"和在入罪的论证中提倡"举轻以名重"的当然解释是在刑法规范文本没有明确规定的情况下但按照形式逻辑思维便可推知解释结论当然有效的一种论证方法。尽管刑法规范文本并没有明确规定，但由于当然解释符合形式逻辑推理规则，所以其论证的有效性也是值得肯定的。为此，当然解释的优先适用性排在文理解释和体系解释之后也是无可厚非的。以历史发展的视角对刑法解释对象进行论证的历史解释，其前提依旧是刑法规范文本没有明确的规定，但从一定的程度上来看，以法律规范的历史发展脉络或法律规范的历史渊源作为解释的参考依据，其论证的合理有效性还是值得人们信服的。然而，相较之前三种论证方法的合理有效性，其又略显薄弱一些。为此历史解释的优先适用性排在文理解释、体系解释、当然解释之后也是顺理成章之事。以刑法规范所保护的目的作为论证的参考依据的目的解释可以说是这五种解释方法中最重要的一种方法。从其优先适用性来看，目的解释应该位居五种解释方法之首。之所以这样认为，原因在于目的解释是在所有解释方法得出解释结论出现不一致的情况下所采用的最终论证评判方法。所有的解释方法都是对刑法规范所保护的目的加以实现，即使解释合理性和有效性极强的文理解释依旧如此。而目的解释却又是文理解释的一种最终的检验标准。所以仅凭这一点，我们说目的解释的优先适用性最高应该不会存在任何的争议。对此，学界也早已形成共识。①

　　最后，在对刑法解释结论的产生方法和刑法解释结论的论成方法的含义、内容以及其内部各种具体解释方法的位阶或优先适用性进行了解的基础上，我们还可以认识到，刑法解释结论的产生方法同刑法解释结论的论成方法之间并不是对立排斥的关系，应该是相辅相成的关系。也即每一种刑法解释结论的产生方法都可以用一种或多种刑法解释结论的论成方法来加以论证，并且刑法解释结论的论成方法被运用得越多越能证明在该种刑法解释结论的产生方法之下所产生的解释结论越具有合理有效性。比如，在司法实践过程中，将男性向不特定女性提供性服务的行为解释成为组织卖淫罪中的"卖淫"行为，此时所采用的解释技巧就是扩大解释（属于扩大解释就不可能属于缩小解释），而从解释理由方面来看就可以从文理解释、历史解释和体系解释多个角度进行论证。

---

　　① 苏彩霞：《刑法解释方法的位阶与运用》，《中国法学》2008 年第 5 期；周光权：《刑法解释方法位阶性的质疑》，《法学研究》2014 年第 5 期。

第三章　刑法解释过程的主观性与客观性

第一节　刑法解释过程的主观性

一　刑法解释过程主观性的内涵

过程的主观性就是认知实践主体在对认知实践客体展开认知实践行为时所体现出来的主观意识性、主观能动性、主观目的性和主观动机性的总称。其本质就是一种动态的主观意识思维所体现出来的属性。而就这一动态的主观意识思维的内容而言，又包含了认知主体的主观性、认知对象的主观性、认知行为的主观性、认知方法的主观性以及认知结果的主观性这五个方面。作为认知实践过程中的一种特殊类型，刑法解释过程主观性的含义、本质及内容又该如何呢？对此，我们必须先予以明确的一点是，由于刑法解释过程与一般意义上的过程之间体现为个别与一般的逻辑关系，二者除了在一般意义层面上具有相似性以外，刑法解释过程必然也具备着自身鲜明的特点。所以，就刑法解释过程主观性的含义、本质和内容而言，也必然要具有自身鲜明的特点。据此，在对刑法解释过程主观性的含义、本质和内容进行认知时，我们必然要结合上文有关刑法解释过程的相关论述来加以把握。

从一般意义层面来看，所谓的刑法解释过程的主观性就是指刑法解释主体在对刑法解释客体展开解释行为时所体现出来的主观意识性、主观能动性、主观目的性和主观动机性的总称。基于这一含义来看，刑法解释过程主观性的本质依旧是一种动态的主观意识思维所体现出来的属性。而就刑法解释过程主观性的具体内容而言，其也依旧包含有刑法解释主体、刑法解释对象、刑法解释行为、刑法解释方法和刑法解释结论这五个方面的主观性内容。此外，根据前文有关刑法解释过程的论述，刑法解释主体包含了有权解释主体和学理解释主体；刑法解释客体包含了刑法概念、刑法条文和案件事实；刑法解释行为是一种发生在刑法解释过程中的内隐行为；刑法解释方法被划分为刑法解释结论的产生方法和刑法解释结论的论成方法两种类型；合法性解释原则和合理性解释原则被确定为刑法解释的原则；刑法解释规则则被明确为经验符合性解释规则、逻辑严谨性解释规则和客观调控性解释规则三种。据此，从刑法解释过程论这一视角来看，所谓的刑法解释过程的主观性就可以详细地阐释为：刑法的有权解释主体与学理解释主体在对刑法概念、刑法条文和案件事实作出带有内隐行为特性的解释行为时所体现出来的主观意识性、主观能动性、主观目的性和主观动机性的总称。其本质是一种产生并存在于刑法解释过程中的刑法解释主体主观层面上的动态法律意识思维的属性。就其内容而言，则具体体现在包含了有权解释主体和学理解释主体在内的刑法解释主体的主观性；包含了刑法概念、刑法条文和案件事实在内的刑法解释对象的主观性；具有内隐行为特性的刑法解释行为的主观性；包含了刑法解释结论的产生方法和刑法解释结论的论成方法在内的刑法解释方法的主观性以及刑法解释主体在特定的解释原则和规则的限制和影响下所形成的解释结论的主观性这五个方面。

二 刑法解释过程主观性的表现形式

在对刑法解释过程主观性的内涵进行了解的基础上，我们接下来便要讨论一下刑法解释过程主观性的表现形式这一问题。从以上的论述来看，我们不难发现，过程的主观性与刑法解释过程的主观性二者的外在表现形式都指向了主观意识性、主观能动性、主观目的性和主观动机性这四个方面。那么刑法解释过程主观性的表现形式又该如何具体加以界定呢？或者说，与一般意义层面上过程的表现形式相比，刑法解释过程主观性的表现形式又有哪些特殊之处呢？笔者认为，刑法解释过程的主观性应该具有主观意识性、自觉能动性、主观价值观念的趋向性、解释思维的严谨逻辑性和解释思维的超前性这五种表现形式。

首先，从主观意识能动性的角度来看，刑法解释过程的主观性可以表现为主观意识性和自觉能动性。正如德国哲学家赫尔曼·柯亨所言："主观意识性是指，人的大脑对客观存在作出反映时所体现出来的认知本能属性。或者说，主观意识性是人的意识本能所具有的属性。"[①] 在刑法解释过程被启动之前，刑法解释主体从其主观层面上必然明知其即将作出的解释行为是针对何种对象而展开。换句话说，在刑法解释过程启动之前，解释主体在其主观层面上先行开启了一个解释目标确定的过程。而这一过程则是在解释主体的大脑当中得以形成，并最终确立了明知的解释对象，之后又将该过程的结果延续到刑法解释过程中。毫无疑问，这便是主观意识性的具体体现。此外，无论是在刑法解释过程之前的解释对象确定过程中，还是在刑法解释过程的启动和展开中，解释主体的主观能动性都必然发挥着积极功效。正如马克思所言："所谓的主观能动性，其中重要的一层含义就是自觉能动性。"[②] 可见，主观意识性和自觉能动性必然是刑法解释过程主观性的表现形式，并且其也是最为基础和重要的表现形式。

其次，从目的的导向性和动机的诱发性角度来看，基于主观意识性和自觉能动性而产生的主观目的性和主观动机性在刑法解释过程中则具体表现为主观价值观念的趋向性。正如列宁所言："我们的认识首先要适应有机生活的需要。"[③] 这就意味着，任何一种认知过程的启动和展开都必然是在特定目的指引下并通过动机的催化作用而最终得以形成。刑法解释过程当然也不例外。而根据马克思主义的认识论来

[①] [德]赫尔曼·柯亨：《康德的法律哲学》，林作舟译，《朝阳法律评论》1977年第8期。
[②] 《马克思恩格斯选集》（第3卷），人民出版社1972年版，第518页。
[③] 列宁：《哲学笔记》，人民出版社1998年版，第511页。

看,"目的通常是指行为主体根据自身的需要,借助意识、观念的中介作用预先设想的行为目标和结果。动机则是指,推动人从事某种活动并朝一个方向前进的内部动力,其是实现一定目的而行动的原因。"① 可见,动机指向了目的,目的又指向了认知主体的需要。而在刑法解释过程中,解释主体之所以会对解释对象进行解释,其也必然是基于一种需要,而这种需要则体现为刑法解释主体通过对刑法解释对象进行解释从而促使刑法规范得以适用于具体的案件事实,最终实现刑法规范所追求和实现的社会公平和正义这一价值要求。据此,我们可以推知,在刑法解释过程中,解释主体的主观目的和主观动机都指向了公平与正义等这些主观价值观念的实现。所以主观价值观念的趋向性必然是刑法解释过程主观性的表现形式之一。

再次,从刑法解释行为的角度来看,刑法解释过程的主观性还可以具体表现为解释思维的严谨逻辑性。一方面,基于前文的论述,我们了解到刑法解释行为是一种发生在解释主体主观层面的内隐行为,当这种带有内隐行为特性的解释行为作出时,其往往又会出现恣意妄为的现象。这些恣意妄为的现象之所以会出现,一则是由于解释主体自身所具有的解释能力偏低所导致的,再则就是由于在客观因素的影响下,解释主体的需求发生了不切合实际的改变所导致的。为了防止恣意妄为现象的发生,我们就有必要对解释主体的解释行为加以限制,而最有效的限制方法便是对解释主体的解释行为作出符合逻辑思维解释规律的严格限制。比如,包含了罪刑法定原则在内的合法性解释原则以及刑法解释方法中的逻辑解释方法都是最为有力的证明。另一方面,对于包含了同一律、矛盾律和排中律等内容并对刑法解释行为起到严格限制作用的逻辑思维的本质而言,其必然是在人类认知经验的基础上形成的一种带有严格性和固定性特征的主观意识成果。② 很显然,为了防止刑法解释行为出现恣意妄为的现象,在对刑法解释主体

---

① 认识论:https://baike.so.com/doc/6101030-6314141.html,最后访问时间:2021年11月23日。
② 金岳霖:《形式逻辑》,人民出版社1979年版,第264页。

的主观意识性、自觉能动性、主观目的性和主观动机性作出严格限制的基础上，符合逻辑思维的解释要求被明确提出。据此，我们不得不承认，解释思维的严谨逻辑性必然是刑法解释过程主观性的一种表现形式。

最后，从认识论的角度来看，刑法解释过程主观性的表现形式还可以具体表现为解释思维的超前性。一方面，辩证唯物主义认识论认为，人类的主观认识能动性除了具有摹写性之外，其还具有着超前性的特性。其中，所谓的主观认识能动性的超前性是指，认知主体在对客体信息接受的基础上通过主观分析、选择、整合和虚拟建构的思维方式所形成的超越客体信息原本状态的一种特性。[①] 另一方面，根据上文的介绍，我们了解到，刑法解释主体的解释行为是一种内隐行为，并且也是在主观能动性的支配下而作出的。所以，刑法解释主体的主观能动性同样除了具有摹写性之外，其也必然具有超前性。比如，在立法解释和司法解释过程中，尽管立法者和司法者在对刑法规范作出解释时都必须要严格按照立法原意进行解释，但是从现实的解释结果来看，为了弥补刑法规范的漏洞性和空白性等缺陷，立法解释主体与司法解释主体都在各自的解释过程中作出了带有预设性和前瞻性的解释结论。据此，我们不得不承认，解释思维的超前性也必然是刑法解释过程主观性的一种表现形式。

第二节　刑法解释过程的客观性

一　刑法解释过程客观性的内涵

对于刑法解释过程客观性的内涵而言，在笔者看来，在结合了前文有关客观性和过程客观性的相关论述的基础上，我们可以从以下四个方面来对刑法解释过程客观性的含义加以把握：

[①] 俞吾金：《马克思主义认识论研究》，北京师范大学出版社2012年版，第13—19页。

其一，从本体论层面来看，刑法解释过程的客观性是指刑法解释过程中刑法解释主体的解释行为所触及到的刑法解释对象本身所具有的属性。从这一定义的语言表述形式来看，刑法解释过程客观性的含义同哲学意义上的客观性的含义似乎差别不大。然而，从刑法解释过程的客观性与哲学意义上的客观性的形成和认定所处的过程类型角度来看，刑法解释过程客观性的形成和对其认定所处的过程是一种法律解释过程，而哲学意义上的客观性的形成和对其认定所处的过程则是一般意义上的过程。所以，从这一角度来看，刑法解释过程客观性的含义与哲学意义上的客观性含义必然存有差异。更为重要的是，在刑法解释过程中，由于刑法解释对象是指刑法规范和案件事实，所以准确地来说，本体论层面上的刑法解释过程客观性的含义应该表述为刑法解释行为所触及到的刑法规范和案件事实本身所具有的客观性。[1] 这种客观性的载体并非是一种物化的实体。而哲学意义上的本体论层面上的客观性是指一切认知对象本身所具有的客观性，这里的认知对象不仅包含了物化的实体，同时也包含了非物化的实体。这样看来，哲学意义上的客观性的含义要广于刑法解释过程客观性的含义。

其二，从认识论层面来看，刑法解释过程的客观性是指刑法解释主体在刑法解释过程中对刑法规范与案件事实以及二者之间的关系所作出的认知解释活动在认知思维要求层面上所体现出来的应有属性。该种应有属性的本质就是一种"求真"属性的具体体现。从这一含义的本质来看，刑法解释过程的客观性与哲学层面上的客观性在对"真"的认定标准方面存有差异。刑法解释主体在对刑法规范进行解释时必然会带着自己的主观价值意愿对立法者的立法原意进行阐释，而为了能够真实地反映立法者的原意，解释主体的主观认知必须要同立法者的立法原意保持完全一致。而对于案件事实的认定来说，客观的事实并不一定就是法律事实，解释主体在对客观事实进行法律符合性验证的基础上才形成了最终的法律事实。这样看来，认知思维在刑

---

[1] 陈金钊、熊明辉：《法律逻辑学》，中国人民大学出版社2015年版，第10页。

法解释过程的客观性层面上的要求只能体现为解释者与立法者主观意愿的完全符合性和案件事实的法律符合性。只有做到这些，刑法解释过程的客观性才会真地得以实现。①而哲学层面上的客观性并不一定是法律规范或案件事实这些客体所体现出来的属性，其还包括物化实体本身所体现出来的属性。而对于后者而言，认知主体只需要借助自己的感官真实地描述物化实体便完全可以体现出物化实体的"真"或客观性。可见，从认知思维要求对客观性的实现方式和程度来看，刑法解释过程的客观性比哲学层面上的客观性要更为严格些。

其三，从方法论层面来看，刑法解释过程的客观性是指刑法解释主体在刑法解释过程中对刑法规范与案件事实以及二者之间的关系进行解释时所采用的解释方法本身所应有的属性。该种应有属性的本质就是一种符合法律解释逻辑思维的严格性。不可否认，刑法解释主体在对刑法规范和案件事实进行解释的过程中必须要遵守罪刑法定原则，这是刑法解释主体不可逾越的界限。为此，对刑法解释方法和手段的要求而言，刑法解释相比哲学意义上的认知活动就要更加严格一些，反映在客观性这一层面时，刑法解释过程的客观性就要比哲学意义上的客观性显得更为严谨和严苛。此外，从所运用的具体的解释方法和手段来看，由于受到罪刑法定原则的限制，在刑法解释过程中凡是有悖于罪刑法定原则的方法和手段通常都会被禁止使用（有利于被告人的类推解释方法是一项例外），并且刑法解释过程中所运用的具体方法之间还存在着一些位阶排序的要求。而这些对于哲学意义上的认知活动来说则并不必然会作出这样的要求。进而方法论层面上的刑法解释过程客观性所体现出来的严格性同样也要明显地强于哲学层面上客观性所体现出来的严格性。②

其四，从社会效果层面来看，刑法解释过程的客观性是指刑法解释主体在刑法解释过程中以刑法解释目的为指向在遵守刑法解释原则和规则的前提下运用一定的刑法解释方法所得出的刑法解释结论在社

---

① 谢晖：《诠释法律的客观性及其原因》，《法学》2003年第3期。
② 陈金钊：《法律解释（学）的基本问题》，《政法论丛》2004年第6期。

会实践层面上所体现出来的应有属性。该种属性的本质就是一种刑法解释结论的法律效果与社会效果进行有机融合而形成的一种普遍接受性或认同性。① 换句话说，刑法解释主体通过刑法解释过程最终所形成的解释结论必须要与公众的认同相一致，或者进一步地说，刑法解释主体通过刑法解释过程最终所得出的解释结论必须要同社会中的常识、常情、常理相符合。② 刑法规范作为社会规范的一种，其自身的任务就在于保障社会中的每一个个体的合法权益不受到犯罪行为的侵害，同时对社会秩序也起到着积极的保障作用。这样看来，刑法解释主体所作出的解释结论必然要服务于社会和社会中的大众。一旦无法被公众所认同，那么该刑法解释结论的客观性也就没有得到实现。③ 而对于哲学意义上的客观性而言，其通常情况下并不一定要求社会大众所认同。此外，哲学意义上的客观性通常还体现出一种强行植入的特点，这种特点与其所研究的对象之间具有着直接的关联性。④ 可见，从社会影响层面来说，刑法解释过程的客观性同哲学意义上的客观性之间也具有着明显的差异。

二 刑法解释过程客观性的表现形式

既然刑法解释过程客观性的含义可以从本体论、认识论、方法论和社会效果这四个层面来加以界定，那么在笔者看来，刑法解释过程的客观性的表现形式，必然也会从这四个层面来体现，具体表现为客观存在性、明确性、相对稳定性、真实性、价值中立性、精准性、合法性、严格性、有效性、实践性、合理性和普遍可接受性等多种形式。具体而言如下：

其一，从本体论层面上的刑法解释过程客观性的含义来看，刑法解释过程的客观性应具体表现为客观存在性、明确性、相对稳定性和

---

① 俞小海：《刑法解释的公众认同》，《现代法学》2010 年第 3 期。
② 马荣春：《论刑法的常识、常情、常理化》，《清华法学》2010 年第 1 期。
③ 袁林：《公众认同与刑法解释范式的择向》，《法学》2011 年第 5 期。
④ 李醒民：《客观性涵义的历史演变》，《哲学动态》2007 年第 7 期。

真实性四个方面。不可否认，法律解释过程的客观性必然来源于法律规范的客观性，法律规范的客观性是法律解释过程客观性得以实现的前提和基础，法律解释过程的客观性则是法律规范客观性在解释过程中的具体体现。同理，刑法解释过程的客观性与刑法规范的客观性之间的关系依旧如此。这样看来，本体论层面上的刑法解释过程的客观性必然来源于刑法规范和案件事实的客观性。其中就刑法规范的客观性而言，刑法解释主体在作出解释行为之前，刑法规范必须要客观真实存在，否则刑法解释主体所启动的刑法解释过程便失去了其存在的意义。此外，刑法规范毕竟是一种规范，而作为规范其必然要具备明确性和一定程度上的稳定性特征。[①] 无论是刑法规范先于解释主体的真实存在性，还是作为规范的一种所必需具有的明确性和稳定性，这些都足以说明刑法规范存在着不以人的意志为转移的特性。这种不以人的意志为转移的特性并不同于物质实在性，而是一种非物化的客观存在性。此外，对于作为刑法解释过程中的解释对象要素之一的案件事实而言，其必然是业已真实发生在现实社会中且不以解释主体主观意志为转移的事实。综合以上阐述，本体论层面上的刑法解释过程的客观性必然会表现为客观存在性、明确性、相对稳定性和真实性这四个方面。

其二，从认识论层面来看，刑法解释过程的客观性应该具体表现为价值中立性、精准性和合法性三个方面。刑法规范虽然是立法者主观意志的集中体现，但作为规范其必然具有着明确性和稳定性的特征，这就要求刑法解释主体在对刑法规范进行解释的过程中必须要摒弃个人的价值偏见，禁止将个人的喜好和价值判断标准任意地用来阐释刑法规范的含义。换言之，在对刑法规范进行解释的过程中，解释主体必须要以价值无涉的姿态来进行。在对案件事实进行认定和解释的过程中，认知解释主体也不得凭借自己的主观臆断对客观发生的案件事实随意地进行揣测，而必须客观真实地认知和解释案件事实的真相。

[①] 张文显主编：《法理学》（第五版），高等教育出版社2018年版，第76—78页。

这样看来，无论是对刑法规范还是对案件事实，刑法解释主体都要在价值无涉的状态下如实地阐述或描述。这无疑是价值中立性和精准性的具体体现。此外，尽管刑法解释主体对案件事实的真相予以揭示，但整个认知解释过程并没有结束，在这之后，刑法解释主体还需要将案件事实和刑法规范进行比对，也即赋予案件事实以法律意义。在这一过程中，刑法解释主体必须做到所认知和解释的案件同所解释的刑法规范之间的一致性。只有这样，才能真正地赋予案件事实以法律层面上的意义，进而做出正确无误的裁判或结论。① 这无疑是刑法解释过程合法性的具体体现。可见，认识论层面上的刑法解释过程的客观性必然表现为价值中立性、精准性和合法性这三个方面。

其三，从方法论层面来看，刑法解释过程的客观性应该具体表现为严格性和有效性。刑法解释主体在对刑法规范和案件事实进行解释和认知的过程中必然会运用到一定的解释方法和手段，而在对解释方法和手段进行选择时，刑法解释主体必然要受到罪刑法定原则的限制，对于那些违背罪刑法定原则的解释方法和手段而言，刑法解释主体在展开解释的过程中是禁止使用的。这无疑充分地体现出了严格性的特征。此外，刑法解释主体在展开刑法规范具体化和案件事实法律化的过程中，必然会运用到三段论这一逻辑推理方法，这本身就是一种逻辑思维的具体体现。换言之，刑法解释主体所采用的解释方法和手段自身必须符合一定的逻辑思维规则。即使某种解释方法和手段并没有违反罪刑法定原则，但如果与一定的逻辑思维规则相冲突，那么该种解释方法和手段依旧不能被使用。② 这样看来，方法论层面上的刑法解释过程的客观性必然具体地表现为严格性和有效性这两个方面。

其四，从社会效果层面来看，刑法解释过程的客观性应该具体表现为实践性、合理性、普遍可接受性这三个方面。不可否认，任何一种法律规范都是基于社会发展的需要而产生，同时又是为了社会问题

---

① 郭晓红：《从刑法的特征看刑法解释的立场》，《河北法学》2009 年第 2 期。
② 王晓：《法律论证客观性的寻求——以真性、正当性和合法性为基点》，《国家检察官学院学报》2011 年第 2 期。

的解决而被使用。换言之，作为社会规范中的一种特殊类型，法律规范来源于社会又服务于社会，刑法规范也不例外。刑法规范在面对业已发生的案件事实时必然通过解释主体的解释行为来加以阐释和说明后方可被适用。在这一过程中所形成的解释结论最终体现为一种裁判结果。这一裁判结果必然要接受社会普遍认同的价值观念的评断，一旦该裁判结果同社会普遍价值观念相吻合，那么其所带来的结果便会体现为一种社会大众眼中的合理性，继而也会被社会大众所接受，反之则是不合理、不被普遍接受的。这样看来，为了能够充分实现法治理念所追求的公平正义，通过刑法解释活动所产生的裁判结果必然要接受社会普遍价值观念的检验，从而促使合理性和普遍可接受性的实现。而这一检验过程恰恰又是实践性得以实现的真实写照。[①] 据此，社会效果层面上的客观性必然也就体现为了实践性、合理性和普遍可接受性这三个方面。

第三节　刑法解释过程的客观性价值指向

一　刑法解释过程客观性价值指向的确立

基于前文的论述，我们了解到，过程之所以被开启，必然是以追求和实现客观性为己任。也即过程的价值指向就是指人类所开启的认知过程本身必然要以自身所具有的客观性得以实现为终极价值目标的具体体现。这样看来，客观性不仅是过程本身所具有的基本特征，同时其更是过程的价值指向。那么作为过程中的一种特殊类型，刑法解释过程的价值指向又该如何呢？对此，笔者认为，所谓的刑法解释过程的价值指向就是指刑法解释主体所开启的刑法解释过程本身必然要以自身所具有的客观性得以实现为终极价值目标的具体体现。对于这一概念，我们需要从以下两个方面加以把握：其一，从刑法解释过程

[①] 俞小海：《刑法解释的公众认同》，《现代法学》2010 年第 3 期。

主客观性产生的依据来看，刑法解释过程的主体要素、对象要素、行为要素、立场要素、角度要素、目的要素、原则要素、规则要素和方法要素都在不同的程度上彰显出了主观性和客观性的特征，进而必然导致了由这九种构成要素所组成的刑法解释过程本身同时具有了主观性和客观性这两种特征。其二，从辩证唯物主义的角度来看，主观必然来源于客观，主观层面上所形成的思想、理念以及价值观念必然要通过人们的实践活动过程来加以实现并在实践中接受检验。这也就意味着，主观性要在客观性中加以实现，客观性是主观性见于实践的最终体现。据此，笔者认为，作为过程中的一种特殊类型，刑法解释过程的存在必然也是以追求和实现客观性为己任，或者更为准确地说，对于刑法解释客观性的追求与实现一直以来都是刑法解释过程的价值指向。正如杨仁寿先生所言："法学或法解释学经法学者的长期经营，早已成为一门学问，各家学说或理论难免独立，甚至引起争执，理由针锋相对者有之，结论相异者有之，不一而足。惟法学既称之为学，自应具有某种程度之客观性。然则，学问非一人独能完成，须赖多数学者长期不断之研究，一再累积，始能期其健全发展或有所成就，设彼此所营同一学问，不能维持某程度之客观性，即不能发生累积作用，此一门学问之研究必然停滞不前，甚至萎缩。法学亦复如是，法学者一向以追求客观性为首务，并将法律阐释之客观性，悬为研究的基本课题，实此之故。"[①] 很显然，通过以上的论述，我们不难发现，客观性即是刑法解释过程的基本特征之一，同时其也是刑法解释过程的价值指向。从这一角度来看，刑法解释过程客观性价值指向具体就应该是前文所论及到的明确性、相对稳定性、真实性、价值中立性、精准性、合法性、严格性、有效性、实践性、合理性和普遍可接受性的具体体现。

此外，在明确了刑法解释过程客观性这一价值指向之余，我们有必要对刑法解释过程客观性价值指向与刑法解释目的这两个概念加以

---

① 杨仁寿：《法学方法论》，中国政法大学出版社2013年版，第47页。

区分。在笔者看来，这两个概念之间既有区别又有联系。正如前文所言，作为刑法解释过程的一种必备构成要素，刑法解释目的是指刑法解释主体通过刑法解释行为作用于刑法解释对象所要达到的一种主观预设的结果，其具体内容表现为"将案件事实一般化"和"将刑法规范具体化"两个方面。据此，我们不难发现，刑法解释目的是从刑法解释行为的角度出发在刑法解释主体的主观层面上所形成一种带有预设性和或然性特征的观念或想法。而刑法解释过程客观性价值指向则是从刑法解释过程这一整体层面出发在客观层面上所形成的一种具有客观现实性和必然性特征的外化形式。很显然，刑法解释目的具有内在性、抽象性、预设性和或然性的特点，而刑法解释过程客观性价值指向则具有外在性、具体性、必然性的特点。此外，从刑法解释过程客观性价值指向与刑法解释目的的内容角度来看，前者具体是指明确性、相对稳定性、真实性、价值中立性、精准性、合法性、严格性、有效性、实践性、合理性和普遍可接受性，而后者则是指"将案件事实一般化"和"将刑法规范具体化"这两个方面。尽管刑法解释目的与刑法解释过程客观性价值指向之间存在着明显的差异，但我们不可否认，在刑法解释目的与刑法解释过程客观性价值指向之间却又存在着必然的关联性。这种关联性具体表现为：刑法解释目的必然是刑法解释过程客观性价值指向的来源和基础，而刑法解释过程客观性价值指向又必然是刑法解释目的的具体外化形式。

二 刑法解释过程客观性实现的困境

既然刑法解释过程客观性的实现是刑法解释过程的价值指向，那么刑法解释主体必然要以此为最终的目的来启动和展开刑法解释过程。然而，从现实的司法实践活动来看，刑法解释过程客观性的实现并非如我们所想象的那样一帆风顺，其中必然存在着诸多的困境或阻碍。这些困境或阻碍主要体现在刑法规范的客观性如何加以界定和实现、刑法解释方法如何保障刑法解释过程客观性的实现、刑法解释结论同公众认同之间如何有效融合以及价值评判过程中如何保障刑法解释过程客观性得以实现这四个方面。具体而言如下：

首先，从刑法解释主体和刑法解释目的这两个要素来看，一方面，刑法解释目的是指刑法解释主体通过刑法解释行为作用于刑法解释对象所要达到的一种结果。从这一定义出发，我们不难发现，刑法解释目的最初是形成于解释主体的主观方面，而就其来源而言，其又是来源于客观现实的需要。可以说，只要解释目的来源于客观现实的需要，那么其客观合理性便会得以实现。然而，就解释目的的形成而言，其必然是解释主体对各种价值观念进行权衡后的体现，这也就意味着，解释目的的最终确立是一种价值评判认定的过程。据此，在刑法解释过程中，该种价值判断认定活动如何才能保证客观性的实现便成了我们要予以解决的困境和阻碍。另一方面，刑法解释目的最终的实现必然体现为一种具有法律约束力的规范或解释结论，而该规范或解释结论所面向的必然是社会以及社会大众。换句话说，最终实现的解释目的必定要接受社会实践的检验。而从现实的情况来看，基于解释目的所形成的最终的规范或解释结论往往会与社会大众的普遍认可产生冲突。可见，如何处理刑法解释过程所追求和实现的解释目的与社会普遍可接受性之间的矛盾便也成为了我们要予以解决的困境和阻碍。[①]

其次，从刑法解释立场和解释角度这两个要素来看，根据前文的介绍，所谓刑法解释过程的立场就是指解释主体在作出解释行为时所处的利益目标人群。当这一利益目标人群得以明确时，刑法解释过程的客观性便在很大的程度上具有了实现的可能性。而这一利益目标人群的确立方式无疑是解释主体所作出的一种价值评判活动的综合体现。此外，所谓的刑法解释角度就是刑法解释主体在作出解释行为时所采用的出发点或切入点。当解释角度得以明确时，刑法解释过程的客观性在很大的程度上具有了实现的可能性。而且如同刑法解释立场一样，刑法解释角度的确立方式也是解释主体所作出的一种价值评判活动的综合体现。据此，在刑法解释立场和角度的确立环节中，解释主体所

[①] 钱弘道、崔鹤：《中国法学实证研究客观性难题求解——韦伯社会科学方法论的启示》，《浙江大学学报》（人文社会科学版）2014年第5期。

作出的这种价值评判活动如何才能确保解释过程客观性的实现必然是我们要予以解决的阻碍和困境。①

再次,从刑法解释对象这一构成要素角度来看,一方面,作为刑法解释过程的必备构成要素,刑法规范本身必然是由人类的语言所组成。所以,刑法解释过程的客观性在实现的过程中必然会涉及对刑法规范用语含义的射程范围以及边缘模糊性等问题的界定。这必然是刑法解释过程客观性实现中的一种困境体现。更为准确地说,刑法规范本身的客观性如何加以认知与实现必然是刑法解释过程客观性实现过程中最为突显的一种困境或阻碍。另一方面,刑法解释主体在对案件事实的客观性认知中除了要明确案件事实真实发生以外还要从犯罪构成层面上赋予案件事实以法律意义。而赋予案件事实以法律意义的过程无疑是一种价值评判认定的过程。由于不同的解释主体具有着不同的解释经验和技能,所以他们所作出的价值评判认定必然也会出现相互抵触的现象。很显然,这种情况的出现必定也是刑法解释过程客观性实现中的一种困境的具体体现。②

最后,从刑法解释行为要素、方法要素、规则要素和原则要素来看,其一,由于刑法解释行为是一种发生在解释主体主观层面上的内隐行为,所以只要刑法解释主体在作出解释行为时符合了逻辑思维规律,那么刑法解释过程客观性的实现在很大的程度上便具有可能性。然而,刑法解释主体所作出的解释行为又该如何保证就符合了逻辑思维规律呢?笔者认为,对于这一问题的回答必然会关涉刑法解释方法对刑法解释过程客观性实现的保障这一问题。换句话说,刑法解释行为在保障刑法解释过程客观性得以实现时在很大的程度上是取决于刑法解释主体采用了何种刑法解释方法来实现刑法解释过程客观性。而对于刑法解释方法如何去实现刑法解释过程的客观性这一问题而言,其必然是我们认知刑法解释过程客观性得以实现时所要予以解决的困

---

① [德]马丁·卡里尔:《科学中的价值与客观性:价值负载性、多元主义和认知态度》,钱立卿译,《哲学分析》2014年第3期。
② 武高寿:《论事实的客观性》,《山西大学学报》(哲学社会科学版)1994年第2期。

境和阻碍。其二,由于刑法解释规则是一种对刑法解释行为起到指引和制约作用的思维准则,那么刑法解释规则在保障刑法解释过程客观性得以实现时所遇到的困境必然就同刑法解释行为在保障刑法解释过程客观性得以实现时所遇到的困境如出一辙。也即,刑法解释规则在保障刑法解释过程客观性得以实现时也必然取决于刑法解释方法如何去实现刑法解释过程客观性。其三,刑法解释原则是一种对刑法解释行为起到指引和限制作用的基本精神准则和主观价值观念。从这一定义出发,我们不难看出,合理有效的刑法解释原则的确立在很大的程度上为刑法解释过程客观性的实现提供了极大的可能性。然而,刑法解释原则又该如何确定呢?或者说刑法解释原则的确定方式又该如何呢?在笔者看来,刑法解释原则的确立无疑也是一种价值评判认定的过程,而这一过程往往会根据不同确立主体自身经验和技能的不同而出现差异。显而易见,这种情况的出现必定也是刑法解释过程客观性实现过程中的一种困境的具体体现。①

三 刑法解释过程客观性实现的途径

(一) 刑法规范客观性的实现途径

学界对于刑法规范客观性的研究和讨论由来已久,并且从未停止过。而就刑法规范客观性的研究发展状况而言,前文有关中外刑法解释的发展概况、过程的表现形式和基本特征以及刑法解释过程的表现形式部分都有所涉及。所以,此处只对刑法规范的客观性发展概况作以概括性的归纳和总结。19世纪中叶,由于受到以施莱尔马赫和狄尔泰为代表的普遍解释学的影响,传统的刑法解释学认为刑法规范的客观性就是立法原意的真实体现,其一直存在于刑法解释过程中。而刑法规范又是由刑法概念所组成,所以解释主体只需要采用适当的解释方法对刑法概念以及由刑法概念所构成的刑法规范予以阐释即可将立法原意再现或还原。随着解释学的不断发展,20世纪六七十年代,在

---

① 李宏勃:《成文法解释的客观性:标准及其途径》,《法律方法》2004年第00期。

以海德格尔和加达默尔为代表的哲学解释学的影响下，刑法概念以及由刑法概念所构成的刑法规范的客观性遭受了致命性的打击，学界中的众多学者开始认为，在刑法解释过程中由于受到解释主体前见（偏见）的必然影响，刑法概念以及由刑法概念所构成的刑法规范的客观性被消蚀在了刑法解释主体的主观意识之中，刑法概念以及由刑法概念所构成的刑法规范根本就不可能是一种真实的客观存在。在此影响下，刑法解释的研究范式开始发生了转变，也即由"主客间性解释范式"开始转向为"主体间性解释范式"。[1] 在普遍解释学与哲学解释学之间的争论日益激烈的情形下，20世纪90年代，哈贝马斯的"交往行动理论"和波斯纳的"交流意义上的合理性理论"的提出为刑法概念和刑法规范的客观性认知提供了一种全新的研究视角。受此影响，学界开始逐渐形成了视域融合的刑法解释范式。在视域融合的解释范式下，刑法概念以及由刑法概念所构成的刑法规范的客观性被认为是一种相对意义上的客观性，或者说刑法概念和刑法规范的客观性是立法者、司法者、社会大众等多种视域融合的集中体现。[2] 显而易见，从刑法规范客观性的研究发展的整体状况来看，其先后经历了绝对意义上的存在、绝对意义上的否定、相对意义上的存在三个历史阶段，并且在这三个历史阶段中，对于刑法规范客观性所展开的讨论又都主要集中在对刑法概念的确定性这一问题的讨论层面上。[3] 据此，我们不难看出，刑法规范客观性的本质其实指向的就是刑法概念的确定性

---

[1] 刑法解释的研究范式不同于刑法解释过程的表现形式，前者基于后者而产生，后者是前者得以形成的前提和基础。尽管刑法解释的研究范式与刑法解释过程的表现形式之间有着紧密的联系，但是刑法解释的研究范式如何与刑法解释过程的表现形式怎样毕竟是两个完全不同范畴内的问题。刑法解释研究范式发生了改变并不一定就意味着刑法解释过程的表现形式就会消失或改变。据此，刑法解释的主客间性研究范式不同于刑法解释过程的主客间表现形式，而刑法解释的主体间性研究范式也不同于刑法解释过程的主体间表现形式。详见本书中的过程主客间表现形式与主体间表现形式以及刑法解释过程的主客间表现形式和主体间表现形式。

[2] 魏东：《刑法解释》（第3卷），法律出版社2018年版，第54页。

[3] 陈金钊：《拯救客观性——关于法治方法的理论探索之一》，《法律方法》2002年第00期。

以及基于刑法概念的确定性而形成的刑法规范的确定性。那么我们又该如何来认知刑法概念的确定性和刑法规范的确定性呢？在笔者看来，英国法学家哈特所提出来的"意思中心说"和"开放结构说"为我们提供了非常有价值的理论参考依据。

哈特认为，主张法律概念和法律规则具有绝对意义上的确定性的形式主义和主张法律概念和法律规则不具有确定性的怀疑主义二者之间的争论为我们正确把握法律规范的客观性提供了全面的分析视角。据此，哈特基于形式主义与怀疑主义之间的争论提出了"意思中心说"和"开放结构说"。哈特指出，法律概念和法律规则都是由语言所构成的，而语言本身同时又存在着"意思中心"和"开放结构"两种特性。从语言中的概念出发，概念的内涵和外延都具有明确的、无可争议的中心区域，这也就意味着法律解释者完全可以通过阅读理解的方式来把握法律概念和由法律概念所形成的法律规则的中心意思，进而也就对法律概念和法律规则的确定性加以把握。此外，以语言为表现形式的法律概念的外延必然存在着边缘模糊性的特点，进而由法律概念所组成的法律规则本身也随即产生了含义模糊的情况。这是任何人都无法予以否认的，毕竟这种模糊性来源于人类语言自身固有的属性。但这并不代表法律概念和法律规则的确定性就从此消失。相反，这恰恰就需要法律解释活动来发挥功效。法律解释主体在以法律概念和法律规则的中心意思为基准的情况下采用一种开放式的解释方法不断对法律概念的外延进行一定程度上的扩张，从而就能够保证法律概念和法律规则确定性的实现。或者说，在语义射程范围内对法律概念和法律规范进行扩张解释就可以保证确定性的实现。而对于那些超出语义射程范围的解释活动而言，其并没有存在的意义，因为超出语义范围的含义并不是解释活动的任务，其应该是立法者应有的责任。当法律解释者在"意思中心说"和"开放结构说"的指引下展开法律解释活动时，法律概念和法律规则的确定性便得以实现，进而法律规范的客观性也随即得到实现。[1] 从哈特的"意思中

---

[1] ［英］哈特：《法律的概念》，张文显等译，中国大百科全书出版社1996年版，第146—159页。

心说"和"开放结构说"来看,我们不得不承认,法律规范的客观性应该体现为一种相对意义上的客观性而非绝对意义上的客观性。对于这一点而言,目前学界基本达成了共识。①

将哈特的理论放置在刑法解释中来考察刑法规范的客观性时,其具体表述就为:刑法规范是由语言所构成的,而语言本身又具有着"意思中心"和"开放结构"这两种特性。这也就导致了刑法概念和刑法规则本身也具有了"意思中心"和"开放结构"这两个方面的属性。刑法解释主体只要通过阅读和理解的方式去把握刑法概念以及由刑法概念所组成的刑法规则的中心意思,并且在遇到刑法概念外延模糊时借助于不超过刑法用语语义射程范围的扩张解释方法便可以促使刑法概念和刑法规则的确定性的实现,进而保证刑法规范的客观性得以实现。而从这一理论出发所形成的刑法规范的客观性无疑是一种相对意义上的客观性而非绝对意义上的客观性。

(二) 刑法解释方法层面上的实现途径

从法学整体的历史发展角度来看,自从人类社会产生法律的那一刻起,有关法律解释方法的研究始终处于法学中的显学地位,可以说,法学中的每一次发展和变革,法律解释方法的研究始终都扮演着先头兵的角色。而从具体的刑法解释方法的角度来看,扩大解释、缩小解释、目的解释、当然解释、历史解释、体系解释等各种具体刑法解释方法无论从古代还是当代始终都存在于刑法解释过程中并各自发挥着不可替代的作用,而且一些创新型的刑法解释方法也不断地被研究者们所提出,进而更加丰富和完善了刑法解释方法这一工具体系。毫无疑问,在刑法解释过程客观性实现这一过程中,刑法解释方法所起到的作用不言自明。据此,为了能够充分实现刑法解释过程客观性这一价值指向,笔者认为,我们需要对刑法解释方法作出如下五个方面的限制:

其一,在实现刑法解释过程客观性这一价值指向时,各种具体的

---

① 俞小海:《刑法解释的客观性及其实现路径》,《汕头大学学报》(人文社会科学版) 2010 年第 5 期。

刑法解释方法要形成一种分类有序和使用位阶清晰的逻辑体系。毫无疑问，这一要求必然是从刑法解释方法的整体层面来作出的限制。①

其二，为了保障刑法解释过程客观性的实现，被使用的刑法解释方法本身还必须具备使用的必要性。尽管人们提出了多种不同的刑法解释方法，但这并不意味着每一种刑法解释方法都必然会在所有的刑法解释过程中被加以使用。这还要根据现实的具体情况而定。这也就意味着具体的刑法解释方法在面对不同的实际情况时就其使用而言必然具有着必要性这一要求。②

其三，为了保障刑法解释过程客观性的实现，刑法解释方法在其形成和使用过程中必须要符合人类的逻辑思维规律。众所周知，人类社会中的任何一种方法都是人类的逻辑思维的外化形式，刑法解释方法也不例外。所以，要想保障刑法解释过程的客观性能够得以实现，刑法解释方法在其形成和使用中必须要符合人类的逻辑思维规律。③

其四，为了保障刑法解释过程客观性的实现，刑法解释方法在使用时还需要符合罪刑法定原则的具体要求。刑法解释过程毕竟不同于其他法律解释过程。在刑法解释过程中，刑法解释主体的解释行为必然会受到罪刑法定原则的约束和限制。而罪刑法定原则不仅是刑法学和刑法解释学中必然存在的原则，同时其又是刑法解释主体主观见于客观的原则要求。所以在实现刑法解释过程客观性的过程中，刑法解释方法必须要符合罪刑法定原则的要求。④

其五，为了保障刑法解释过程客观性的实现，刑法解释方法还必须具备创新性。可以说，每一种具体的刑法解释方法的提出都是从无到有的一个发展过程，面对不同的社会情况，我们不能墨守成规，这不仅是人类社会发展的规律使然，同时也是刑法解释学得以发展的必然要求。所以，只有我们对刑法解释方法进行不断的创新，刑法解释

---

① 李宏勃：《成文法解释的客观性：标准及其途径》，《法律方法》2004年第00期。
② 杨仁寿：《法学方法论》，中国政法大学出版社2013年版，第136页。
③ 陈金钊、熊明辉：《法律逻辑学》（第2版），中国人民大学出版社2015年版，第23页。
④ 张明楷：《罪刑法定与刑法解释》，北京大学出版社2009年版，第74页。

方法才会具有与时俱进的特性，进而刑法解释过程的客观性才会真正得以实现。①

（三）刑法解释公众认同的实现途径

关于刑法解释结论同公众认同之间如何有效融合这一问题，笔者认为，我们需要先对刑法解释的公众认同形成正确的认知。所谓刑法解释的公众认同就是指经由刑法解释过程而形成的刑法解释结论被社会公众所认可并接受。对于这一概念的理解，我们需要从以下四个方面加以把握：

首先，"公众"是指社会中的一般大众，而并非指的是某个人或某一特定的群体。之所以这样界定，原因在于刑法的功能和任务就是为了维护社会秩序和保障一般大众的合法权益，而刑法解释主体通过解释行为所形成的解释结论必然也要符合这一要求。此外，根据前文的论述，我们了解到，在刑法解释过程论视域下，刑法解释的立场指向的是社会大众这一利益目标人群。据此，刑法解释的公众认同中的"公众"必然是指社会中的一般大众。

其次，"认同"不仅包含有"认可"之含义，同时还应包含有"可接受"之含义。"认可"并不等于"可接受"，或者说"可以接受但未必认可"。"认可"是理解者对解释结论的多角度考量之后的结果，并不一定就具有法律约束力。而"接受"则是从立法者或司法者的有权解释角度加以规制，其往往具有唯一性、统一性和法律约束性的特征。② 从刑法解释客观性实现这一角度而言，刑法解释的公众认同中的"认同"必然要包含"认可"和"可接受"这两层含义。

再次，认同的对象通常只能是指刑法解释结论，而不应该包括整个刑法解释过程。尽管某一特定的刑法解释结论是通过某一特定的刑法解释过程而产生，但站在社会大众的层面来说，人们通常情况下往往只关注结果，而对于过程以及过程的其他因素未必关注，毕竟社会大众不是专业的法律人士。毫无疑问，就这一点而言，其必然是从刑

---

① 陈金钊：《法治能力及其方法论塑造》，《上海师范大学学报》2017 年第 2 期。
② 俞小海：《刑法解释的公众认同》，《现代法学》2010 年第 3 期。

法解释立场所指向的社会大众这一利益目标人群的角度来加以明确的。①

最后,社会大众对某一特定的刑法解释结论之所以能够认同,其原因在于该刑法解释结论具有常识性和合理性。毕竟社会大众不同于专业的法律人,他们对于一种结果进行判断并对其认同并非从专业的法学知识出发,相反他们往往都是基于日常生活中所知悉的常识和所遵守的道德、风俗习惯来作出判断和认知,自然对于刑法解释结论亦是如此。②

基于刑法解释的公众认同含义的认知,我们接下来讨论一下刑法解释结论能否被社会公众所认同这一问题。对此,笔者认为,我们可以从以下三个方面加以把握:

其一,在上文论述到,刑法解释立场是指社会大众这一利益目标人群。这也就是说无论是有权解释主体,还是学理解释主体,他们在展开刑法解释的过程时始终都是站在社会大众这一利益目标人群的角度,时刻都以社会大众的普遍利益实现为目的。显而易见,这必定为刑法解释公众认同的实现在利益阶层这一层面上打下了坚实的基础。

其二,作为刑法解释过程的对象要素,刑法规范本身就是一种社会规范,其来源于社会并服务于社会。如果刑法规范不能解决社会实际问题,那么该刑法规范就是恶法,其并没有社会存在的可能性。很显然,这必将为刑法解释公众认同的实现在制度层面上奠定了坚实的基础。

其三,从现实的司法实践情况来看,尽管有权解释主体(主要是法官)所作出的解释结论以及基于该解释结论所作出的最终裁判会出现被推翻的现象。但其所占的比率相对比较低,绝大部分的解释结论和裁判都能够被社会大众所认可和接受。所以,从现实的角度出发,我们依旧可以证明刑法解释的公众认同是有其存在和实现的可能性。

基于以上两个方面内容的介绍,我们接下来必然要对现实的司法

---

① 袁林:《公众认同与刑法解释范式的择向》,《法学》2011年第5期。
② 马荣春:《论刑法的常识、常情、常理化》,《清华法学》2010年第1期。

活动中所出现的有关公众认同与司法权威性以及刑法规范的稳定性之间的冲突问题予以解释和说明。从刑法解释过程的现实意义角度来说，刑法解释的公众认同应该是一种刑法解释结论的法律效果和社会效果有机融合的综合体现。然而，在现实的司法活动中往往会出现公众认同对司法权威性以及刑法规范的稳定性产生挑战或破坏的现象。那么这是否就可以否认刑法解释结论与公众认同之间有机融合的可能性呢？这又是否意味着我们对此种冲突现象就无法进行有效的解决呢？在笔者看来，对于第一个问题而言，前文在论述刑法解释公众认同实现的可能性时就早已给出了明确的答案。而对于第二个问题而言，我们应该从以下四个方面加以把握：

首先，我们必须认识到，刑法解释的公众认同与司法权威性和刑法稳定性之间所产生的冲突并不具有必然性，其只是一种或然性的具体体现。该种情形一旦产生，人们也并非束手无策。对于这一点而言，最能起到有效证明作用的便是罪刑法定原则的实质侧面的提出。前文曾经言到，罪刑法定原则的实质层面之所以会受到人们的重视，这与刑法解释的公众认同的实现具有着莫大的关联性。

其次，人们常说"法律不是万能的，但没有法律却是万万不行的"。这句话明显地告诉我们，法律本身就存在着局限性，法律不可能将所有的社会关系都涵盖于其中。一旦法律规范出现了漏洞或滞后的缺陷时，面对现实发生的案件我们又必须要作出裁判，那么此时便会出现上述的冲突现象。这恰恰反映出法律本身出现了问题，进而我们需要对其进行修正，而修正的本身就是在维护法律的稳定性和权威性。

再次，当这种情况出现时，司法权威性似乎受到了挑战。但是，换种角度来看，司法的权威性并不是来源于司法机关也不是来源于司法者个人，其应该来源于社会大众，是社会大众的认同才赋予其真正意义上的司法权威性。这样看来，该种冲突现象的出现反倒为司法权威性的确立以及修改起到了证明作用和督促作用。

最后，如果客观实际情形中果真出现了看似无法调和的局面，那么我们所要做的便是基于一定的价值评判标准在二者之间作出抉择。这种抉择也并不是一味地偏向于司法权威性或是一味地偏向于公众认同,而是要根据一定的价值评判标准或模型来作出选择。如果最终选定的是刑法解释的公众认同,那么对于这一选择的结果而言,笔者依旧认为其并未违背法治精神,原因在于:其一,此种选择的结果必然是基于社会中的道德观念和公序良俗来作出的,而社会中的道德观念和公序良俗又是法律的一种渊源。所以,从这一角度来看,它们之间具有着一定程度上的同质性;其二,这种选择的结果充分地证明了刑法解释主体的解释立场就是社会大众这一利益目标人群;其三,这种选择的结果充分地彰显出以人为本的法治观念;其四,这种选择完全符合常识、常情、常理在法律适用中所作出的要求。可见,面对刑法解释的公众认同与刑法的稳定性和司法权威性之间所产生的冲突,我们并非束手无策,还是可以通过某些技术手段来加以调和。

(四)价值评判中的客观性实现途径

对于价值评判过程中客观性如何得以实现这一问题,学界中一部分学者认为:"刑法解释主体在刑法解释的过程中必须要以'价值中立'的姿态来展开刑法解释活动,从而避免解释主体的主观价值判断对刑法解释客观性的实现产生不利的影响。"[1] 不得不承认,"价值中立"的认知态度对于人们去认知和实现物质的客观性来说的确产生了积极的效果。然而,这是否就意味着"价值中立"的认知态度就可以帮助刑法解释主体去克服或抑制价值判断对刑法解释客观性实现所产生的不利影响呢?在笔者看来,答案并非如此。在刑法解释过程中,解释主体的主观价值判断必然会对刑法解释活动产生影响,通常情况下都是以一种"唯我"意识形态对刑法解释活动产生不利的影响,这已是一个不争的事实。[2] 正如拉伦兹所言:"法律的应用在更大的范围

---

[1] [德] 马克斯·韦伯:《社会学的基本概念》,胡景北译,上海人民出版社 2000 年版,第 1 页。

[2] 李宏勃:《成文法解释的客观性:标准及其途径》,《法律方法》2004 年第 00 期。

内必然受到法律应用者的价值判断所左右。"① 这样看来,"价值中立"的认知解释方式就无法完全解决价值判断对刑法解释过程客观性实现所产生的不利影响。那么这是否就意味着,我们就已经无能为力了呢?答案也并非如此。对于这一问题的解决,德国法学家罗伯特·阿列克西所提出来的"法律论证理论"为我们提供了一种可以借鉴的理论依据和问题解决的模型。

在阿列克西看来,任何一种法律范畴内的价值判断都是在持有不同价值判断标准的主体之间相互进行讨论而最终形成的。既然价值判断是在讨论中形成,那么对于这种价值判断的合理性就必然需要加以论证,因为只有通过论证才可以拿出充足的理由来对这种价值判断的合理性加以证明。此外,法学范畴内的价值论证明显不同于其他范畴内的论证,法学范畴内的价值论证是一种规范论证,这种论证的目的在于促使法学范畴内的价值判断客观化的形成。换句话说,就是促使价值判断可以通过一种理性思维的方法来加以证成,从而保障法律解释客观性能够得以充分实现。据此,阿列克西提出了"法律论证理论"。就"法律论证理论"的内容而言,阿列克西指出,凡法学范畴内所关涉的价值论证(价值判断)都应该是一种语言活动,而这种语言活动本身带有着实践性和有效法律约束性的特点。这也就意味着,当某一价值论证是基于一种特定的程序而产生时,那么这种价值论证就是正确的。而当这种言语活动本身满足了这种带有实践性的价值论证得以形成的所有条件时,那么这种价值论证就是理性的。为了能够充分、有效地证明这种正确和符合理性的价值论证的正当性,阿列克西分别又从内部证成和外部证成两个方面作出了阐述。内部证成就是指正确和符合理性的价值论证应该可以从其产生的前提条件中被逻辑推导出来。换句话说,内部证成就是一种符合逻辑思维推导规律的证明形式。而外部证成则是指促使正确和符合理性的价值论证得以形成的前提条件自身必须要具有正确性的证明方式。为了能够使得内部证

---

① [德] 拉伦兹:《法学方法论》,陈爱娥译,五南图书出版有限公司1997年版,第247页。

成和外部证成都有效，阿列克西最终明确提出了经验论证规则、规范学论证规则、判例适用普遍论证规则、一般实践话语论证规则等具体的论证规则。如果法律论证主体运用这些具体的论证规则来对自身所作出的价值论证的正确性和合理性加以证明的话，那么该种价值论证的客观性就得以实现了，也即在法律解释范畴内解释主体顺利地完成了价值判断的客观化进程，进而也就实现了法律解释过程的客观性。[①]

将阿列克西的"法律论证理论"运用在刑法解释中，可以表述为：刑法解释过程中的价值判断是一种价值论证的过程，而这种价值论证的过程又是一种带有实践性和有效法律约束性的规范论证过程。刑法解释主体只有在遵守了经验论证规则、规范学论证规则、判例适用普遍论证规则以及一般实践话语论证规则的前提下，从内部证成和外部证成两个层面来对刑法解释过程中的价值论证的正确性和合理性加以证明时，刑法解释过程中的价值论证才被赋予了客观性，进而最终促使了刑法解释过程客观性得以实现。不得不承认，对于阿列克西所提出来的"法律论证理论"的反对声音也是真实存在的。但是，在解决价值判断对刑法解释过程客观性的实现方面所产生的不利影响这一问题上，阿列克西所提出来的"法律论证理论"相比其他理论而言更具有可操作性和可量化性的特点。[②] 据此，在目前学界内还没有寻找到一种更合理有效的解决办法的情况下，阿列克西的"法律论证理论"对于我们去实现刑法解释过程客观性时所遇到的难题来说无疑是一种较为合适的解决方法和模型。

[①] ［德］罗伯特·阿列克西：《法律论证理论——作为法律证立理论的理性论辩理论》，舒国滢译，中国法制出版社2002年版，第93—198页。
[②] 颜厥安：《法、理性与论证》，《政大法学评论》1995年第53期。

第四章 刑法解释过程的时间性与空间性

基于前文有关过程时空性的论述，我们了解到，在社会时空观的视角下，所谓的过程的时空性就是指存在于人类社会实践过程之中的社会时间和社会空间在对人类的社会实践过程本身产生影响和制约作用时所体现出来的社会时间性和社会空间性的综合体现。显而易见，从这一内涵出发，刑法解释过程的时空性便是指存在于刑法解释过程之中的社会时间和社会空间在对刑法解释过程的发展产生影响和制约作用时所体现出来的社会时间性和社会空间性的综合体现。换言之，刑法解释过程的时空性不仅是刑法解释过程的社会时间性和社会空间性的综合体现，同时其更是基于刑法解释过程中的社会时间和社会空间这两个本源体而产生出来的综合特性。[①] 据此，笔者认为，刑法解释过程中的社会时间和社会空间的内涵、关系、综合特征以及二者对刑法解释过程所起到的影响和作用这四个方面所展开的讨论其本质上就是对刑法解释过程时空性这一特征所展开的正确认知过程。

第一节 刑法解释过程中时空的内涵与关系

一 刑法解释过程中时间的内涵

从社会时空观的视角来看，社会时间就是一种带有不可逆转性、

[①] 李昌麒、黄茂钦：《论经济法的时空性》，《现代法学》2002 年第 5 期。

绝对性、永恒性和无限性特点，用来表征人类的存在以及用来标注、衡量和检测人类实践活动过程长短和间隔时间差的标准和尺度。当社会时间对人类实践活动过程进行标注、衡量和检测时，其便具体体现为顺序性、阶段性和延续性三种形式。换句话说，顺序性、阶段性和延续性就是人类实践过程中时间的具体表现形式。① 基于社会时间的内涵与表现形式，我们便可得知，刑法解释过程中的时间就是指一种带有不可逆转性、绝对性、永恒性和无限性特点，用来表征刑法解释过程的存在以及用来标注、衡量和检测刑法解释过程的标准和尺度。该种标准和尺度在对刑法解释过程进行标注、衡量和检测时依旧具体体现为顺序性、阶段性和延续性三种形式，也即刑法解释过程中的时间的具体表现形式就是顺序性、阶段性和延续性。② 对此，我们可以从以下三个方面加以把握：

首先，从刑法解释过程的本质角度来看，基于前文的论述，我们了解到，刑法解释过程的本质就是一种刑法解释行为所经历的程序或阶段。而就这一本质而言，其无疑又是从中外刑法解释的发展历程的角度来加以明确的。无论是国外还是我国，在刑法解释的发展层面上都体现出历时性的特征，而这种历时性特征的外化形式必然是中外刑法解释在各自的过去、现在和将来不同时间域之间所体现出来的阶段性、顺序性、延续性。换句话说，古代刑法解释必然是近现代刑法解释发展的开端和基础，而近现代刑法解释又必然是古代刑法解释发展的一种延续和将来时的具体体现。这种时间上的逻辑关联性也必然存在于近现代刑法解释与当代刑法解释发展之间。并且，随着人类认知能力和解释技能的不断提升，刑法解释过程中的这种时间逻辑关联性必然也会发生在当下刑法解释与当下刑法解释之后的将来时的刑法解释发展之间。很显然，这必然是刑法解释过程中时间的阶段性、顺序

---

① 韩进水：《社会时间研究刍议》，《学术论丛》1999 年第 00 期。
② 王波：《宪法时空观之要旨》，《黑龙江史志》2013 年第 4 期。

性和延续性的具体体现。①

　　其次，从刑法解释过程的构成要素角度来看，基于前文的梳理和考察，我们了解到，无论是国外还是我国，在法治文明并不发达的时期内，为了维护统治者阶级的切身利益，刑法解释权往往都归属于统治者或代表统治者意志的机关，进而形成了以官方释律为主的刑法解释形式。而随着法治文明的不断发展，为了充分保障社会每一个人的合法权益得到实现，刑法解释权从原来的统治者手中转移到了代表人民意志的国家机关手中，并且出现了有权解释和学理解释并存的局面，甚至学理解释一度对有权解释起着决定性的影响作用。此外，就中外刑法解释原则的发展历程而言，国外的刑法解释原则最早体现为一种严格解释原则，随后发展为灵活解释原则，最后在严格解释原则与灵活解释原则之间进行徘徊取舍。而我国的刑法解释原则，从早期的"以法为教，以吏为师""应合经义""慎其变，审其理""奉法为理""一准乎礼"等解释原则发展为当下法治社会中合法解释原则和合理解释原则并存的局面。再者，在中外刑法解释方法的发展层面上，扩大解释、限缩解释、目的解释、历史解释、体系解释、当然解释等具体解释方法在中外刑法解释的每一个历史发展时期都被广泛地加以运用，而随着罪刑法定原则在刑法学和刑法解释学中的确立，作为一种早已存在的刑法解释方法，类推解释则被排除在适用的范围之外。可见，无论是在国外还是在我国，作为刑法解释过程中的必备构成要素，解释主体、解释立场、解释目的、解释角度、解释原则和解释方法都在各自的发展过程中充分地体现出了阶段性、顺序性和延续性的特征。

　　最后，从刑法解释过程外化载体的角度来看，基于上文的介绍，我们了解到，刑法解释过程中的解释行为是一种内隐行为的具体体现，其发生在解释主体的主观层面上。但不可否认，刑法解释过程必然要通过一定的外化载体让人们所知悉，那么刑法解释过程的外化载体又

---

① 汪天文：《社会时空的解析——衡量人类的活动效率与生活质量的尺度》，《中国人民大学学报》2004年第6期。

是什么呢？毫无疑问，人类的语言必是这一外化载体的必然性选择。换句话说，在刑法解释过程的展开以及对刑法解释过程的描述等方面，语言所起到的功效绝对是不可替代的。然而，从人类语言学的角度来看，"人类的语言是一套复杂的符号系统，其本质就是人类自身主观想法的交流和沟通的工具。人类的语言不仅是人类历史文化的重要载体，同时其也是一种特定时间域内的人类思维的结晶体。"[1] "语言学的研究一直在以时间作为重要的切入方法。时间的共时性研究是人类语言的并时存在状态。而时间的历时性研究则是语言的历史过程状态。"[2] "语言因素塑造了人类认知时间的方式，语言差异造成了人类思维时间方式的差异。"[3] "时间离不开语言，离开时间的语言思维是不可思议的。"[4] 很明显，语言在客观的实际情况中必然要受到时间的制约和影响，这种制约和影响如影随形，相辅相成。不同历史时期内所形成的相关理论学说正是语言的时间性的具体体现。据此，我们不难发现，刑法解释过程是通过语言加以表现的，而语言本身又具有时间性。所以刑法解释过程本身必然具有着阶段性、顺序性和延续性的特征。

二 刑法解释过程中空间的内涵

从社会时空观的视角来看，社会空间就是一种带有暂时性、相对性和有限性特点，为人类社会实践活动过程的展开所提供的一种场域或场所。这种场域或场所并不同于人类所处的自然地理空间，其是一种融合了人类历史、文化、政治、经济、语言、风俗、习惯、道德等多种社会因素而形成的人际关系、历史文化背景、知识背景、语言环境、方法体系、规范制度体系以及法治状况等多种复杂的社会关系和

---

[1] 邢福义、吴振国：《语言学概论》，华中师范大学出版社2002年版，第40页。
[2] 裴文：《语言时空观的必要性及理论依据》，《江苏社会科学》2004年第6期。
[3] Boroditsky, L., Fuhrman, O., & McCormick, K. Do English and Mandarin speakers think about time differently. Cognition, 2011. 1.
[4] 纳日碧力戈：《语言时空观》，《广西民族大学学报》（哲学社会科学版）2012年第1期。

社会结构，并且其在人类实践活动过程中具体体现为广延性和综合复杂性两种形式。① 基于社会空间的内涵与表现形式，我们便可推知，刑法解释过程中的空间就是指一种带有暂时性、相对性和有限性特点，为刑法解释过程的展开所提供的一种场域或场所。该种场域或场所同样不同于人类所处的自然地理空间，其也是一种融合了人类历史、文化、政治、经济、语言、风俗、习惯、道德等多种社会因素而形成的人际关系、历史文化背景、知识背景、语言环境、方法体系、规范制度体系以及法治状况等多种复杂的社会关系和社会结构，并且其在刑法解释过程中依旧具体体现为广延性和综合复杂性两种形式，也即刑法解释过程中的空间的表现形式就是广延性和综合复杂性。② 对此，我们可以从以下三个方面加以把握：

首先，从刑法解释过程的本质角度来看，尽管我们可以使用过去、现在和将来这样的时间用语来表述刑法解释过程所体现出来的发展阶段或程序这一本质。然而，不得不承认，对于刑法解释过程本质的这一描述必然是从动态性和横向发展性的角度加以认知而形成的结论。根据社会时空观所主张的观点来看，人类社会发展的过程，在具有永恒的动态发展性和横向持续发展性之余，其同时还在某一特定的时间域内具有着暂时的静态性和纵向延展性的发展特征。而社会发展过程本身所体现出来的这种静态性和纵向延展性必然是借助于由人类社会中的政治、经济、文化、历史、风俗、习惯、道德、语言以及规范制度等多种社会元素所形成的社会空间来加以综合体现。③ 作为人类社会发展过程中的一种特殊类型，尽管刑法解释过程具有其鲜明的发展特性，但在阶段和程序这一过程的本质层面上，刑法解释过程依旧如同其他社会发展过程那样可以从动态性和横向发展性与静态性和纵向延展性多种角度来加以考量和检测。换句话说，刑法解释过程本质所

---

① 俞吾金：《马克思时空观新论》，《哲学研究》1996 年第 3 期。
② 巩方健：《认真对待法律的空间性》，《政法论丛》2008 年第 4 期。
③ 曾庆发：《略论马克思的社会时空观理论及其意义》，《黄石教育学院学报》2004 年第 2 期。

指称的阶段和程序从动态性和横向发展性的角度体现出来的是社会时间的顺序性、阶段性和持续性,而从静态性和纵向延展性的角度则体现出来的是社会空间的广延性、综合复杂性和社会实践性。①

其次,从刑法解释过程的构成要素角度来看,根据前文中外刑法解释发展概况的梳理和考察,我们了解到,中外刑法解释在各自不同的发展历史时期内都体现出了不同的发展特点。这些不同的发展特点不仅体现在中外刑法解释之间,同时其也体现在了中外刑法解释各自内部。据此,对于不同发展阶段内客观存在的刑法解释过程而言,其就可以表述为特定的刑法解释主体基于特定的解释目的在采用特定的解释方法对特定的解释对象作出的解释行为所经历的阶段或程序。之所以对某一特定时间域内的刑法解释过程中的构成要素进行特定化的限制,其原因无非就在于处于该特定时间域内的刑法解释过程的各种构成要素都必然具有其自身的特殊性。而就其特殊性的形成而言,其又必然是来源于当时社会的政治、经济、文化、历史、语言、规范、制度等多种社会组成元素所具有的特殊性。换句话说,刑法解释过程本身所处的特定社会环境赋予了刑法解释过程内部各种构成要素存在的特殊性,进而使该种刑法解释过程与其他时间域内所存在的刑法解释过程区别开来。显而易见,尽管刑法解释过程本身从时间层面上可以用过去、现在和将来这样的时间用语来加以表述。但不可否认,对于刑法解释过程中的各种要素以及刑法解释过程本身的存在性进行证明时则必然要借助于社会空间这一存在维度。据此,我们不得不承认,中外的刑法解释过程不仅在整体发展层面上必然体现出社会时间的持续性、顺序性和阶段性特征,同时其在局部存在层面上又必然体现出社会空间的广延性、综合复杂性和实践性特征。正是由于社会空间具有的这些特性,刑法解释过程的客观存在性才得以证成。②

最后,从刑法解释过程外化载体的角度来看,人类的语言必然是一种人类社会时间的凝结,其不仅必然要受到社会时间的影响与制约,

---

① 谭俊:《法学研究的空间转向》,《法制与社会发展》2017 年第 2 期。
② 张奎良:《马克思时空观新论》,《江海学刊》2004 年第 1 期。

同时其也会随着人类社会实践活动的不断深入而得到快速的发展。毫无疑问，这必然是人类语言学对人类语言与社会时间之间的关系所作出的具体阐述。然而，针对人类语言而言，人类语言学不仅对其进行了时间层面上的阐述，同时，也对其展开了空间层面上的讨论。在人类语言学看来，"人类的语言在具有时间性这一特征之外，其必然还具有着空间性的特征。人类语言的空间性就是通过人类的语言与社会空间之间的必然联系来加以体现的。就人类语言与社会空间之间的关系而言，其具体表现为，特定社会空间的存在为特定的人类语言的形成提供了客观的场域，人类对社会空间的认知能力是推衍人类语言得以生成的内在动因。而在形成特定人类语言的基础之上，人类又通过该种特定的人类语言来提升对社会空间的认知能力。"[1] 从这一论断出发，我们便可得知，人类的语言在具有着社会时间性这一特征之外，其必然还具有着社会空间性的特征，而人类语言所具有的社会空间性必然又是来源于由多种社会元素所组成的社会空间，这种社会空间具体就是指我们通常所言及到的语言环境，也即语境。[2] 显而易见，通过带有社会空间性的人类语言来加以外化的刑法解释过程本身也必然具有着社会空间性的特征。

三 刑法解释过程中时间与空间的关系

基于刑法解释过程中的时间和空间内涵的介绍，我们了解到，刑法解释过程不仅具有着时间性的特征，同时其还具有着空间性的特征。在此基础上，我们不禁会问，刑法解释过程所具有的社会时间性与社会空间性之间又会存在着怎样的逻辑关系呢？对于这一问题而言，笔者认为，既然刑法解释过程的时间性和空间性是通过刑法解释过程中的时间和空间来加以体现的，那么有关刑法解释过程的时间性与空间性之间的关系也必然要通过刑法解释过程中的时间与空间之间的关系来加以体现。或者说，对于刑法解释过程的时间性和空间性之间的关

---

[1] 周详：《语言时空观的互动认知阐释》，《佳木斯职业学院学报》2015年第9期。
[2] 张德禄：《多模态话语中的情境语境》，《解放军外国语学院学报》2018年第3期。

系而言，我们必然要通过刑法解释过程中的社会时间与社会空间之间的关系来加以把握。

对于时间与空间之间的关系而言，马克思和恩格斯就曾明确地指出："时间实际上是人的积极存在形式，它不仅是人的生命的尺度，而且其也是人的发展空间。"① 从马克思和恩格斯的这一论断出发，社会时空观范畴内逐渐形成了共识性的认知，"时间与空间虽然是社会发展的两个维度，但是又整合用于一个过程之中。"② 时间与空间之间不仅具有着内在辩证统一性，同时二者之间还具有着"时间空间化"和"空间时间化"这两种相互转化的特性。时间与空间之间的这种内在的逻辑关系特性不仅体现在自然时空观范畴中，同时其也被社会时空观所认可。③ 对此，我们可以从以下三个方面来对过程中的时间与空间之间的关系加以把握：

首先，就社会时间与社会空间之间的内在辩证统一性而言，社会时空观认为，一方面，社会时间与社会空间同时存在于人类认知实践过程中并同时对人类认知实践过程起着影响和制约性的作用。社会时间的客观存在要通过社会空间来加以证明，社会空间的客观存在则也要借助于社会时间来加以佐证。二者互为存在的证明依据，离开了社会时间的社会空间和离开了社会空间的社会时间都无法自证其身。另一方面，社会时间本身具有着不可逆转性、绝对性、永恒性和无限性的特征，而社会空间则具有着暂时性、相对性和有限性的特征。据此，社会时间与社会空间在人类认知实践过程中必然存在着内在辩证统一的逻辑关系。④

其次，就"时间空间化"和"空间时间化"这两种转化形式而言，其中所谓的"时间空间化"就是指社会时间可以转化为社会空间，社会空间是社会时间的一种凝结或静止的形态。而所谓的"空间

---

① 《马克思恩格斯全集》（第47卷），人民出版社1979年版，第532页。
② 景天魁、朱红文：《时空社会学译丛》，北京师范大学出版社2009年版，第3页。
③ 吴绍红：《马克思的社会时空观》，《宁夏大学学报》2008年第6期。
④ 汪天文：《社会时空的解析——衡量人类的活动效率与生活质量的尺度》，《中国人民大学学报》2004年第6期。

时间化"则是指社会空间可以转化为社会时间，社会时间是社会空间动态发展形式的具体表现。从人类认知实践活动过程的宏观层面或整体层面来看，其必然体现为一种绝对、永恒和不可逆转的发展态势。而从人类认知实践过程中的某一特定的阶段来看，其又必然是一种暂时和相对的静止形态。毫无疑问，前者必然是"空间时间化"的具体体现，而后者则必然就是"时间空间化"的具体体现。①

最后，根据马克思的"实践过程论"和怀特海的"机体过程论"来看，人类所开启和展开的所有过程都是一种社会实践过程的体现，而任何一种社会实践过程本身又都必然存在着"主体客体化"和"客体主体化"两种转化形式。对于这样两种转化形式而言，一方面，在"客体主体化"这一过程形式中，主体在自身的主观意识和主观能动性的支配下将实践客体内化到主体自身所认知实践的范围内进而成为主体实践活动过程中的一部分。从社会时空观的角度来看，实践主体本身的存在就是一种社会时间的表征形式，而社会时间又带有着永恒运动发展的特性，进而实践活动的主体也就是一种动态的体现，将客体纳入这一具有动态性的实践活动主体之中，其必定是"空间时间化"过程的具体体现。另一方面，在"主体客体化"这一过程形式中，带有动态性的认知实践活动主体在对客体进行认知实践时将自身凝固在认知实践的客体中，从社会时空观的角度来看，这无疑又是"时间空间化"过程的具体体现。②

显而易见，刑法解释过程作为人类认知实践过程中的一种类型，一方面，刑法解释过程中的时间与空间必然是社会时间与社会空间的具体体现。另一方面，社会时间与社会空间之间又存在着内在辩证统一、"时间空间化"与"空间时间化"的逻辑关系。据此，我们便可以推知，刑法解释过程中的时间与空间之间必然存在着内在辩证统一、"时间空间化"和"空间时间化"这样的逻辑关系。如果从时空与时

---

① 高鸿：《近年来马克思社会时空观研究综述》，《教学与研究》2003年第10期。
② 李隽、乔瑞金：《主体与实践的逻辑关系探析——兼论西方马克思主义对马克思主义哲学的重建路径》，《理论探索》2019年第5期。

空性之间的关系角度来说，刑法解释过程的时间性和空间性融合为一体最终形成了刑法解释过程的时空性这一综合性的特征。

第二节　刑法解释过程中时空的基本特征

从社会时空观的视角来看，尽管刑法解释过程中的时间和空间分别具有着不可逆转性、绝对性、永恒性、无限性和暂时性、相对性、有限性的特征。但由于刑法解释过程中的时间与空间之间毕竟存在着内在辩证统一和相互转化的逻辑关系。所以，就刑法解释过程中的时空这一综合体本身所具有的特征而言，其必然就会呈现出一种综合性的特征。此外，刑法解释过程毕竟是人类认知实践过程中的一种特殊类型，其是一种在特定的解释原则或规则的指导之下针对刑法规范和案件事实所作出的阐释说明过程。所以，存在于刑法解释过程中并对刑法解释过程本身产生影响和制约性作用的时空这一综合体必然要有别于其他人类认知实践过程中的时空综合体。据此，在社会时空观的范畴内，笔者认为，刑法解释过程中的时空这一综合体的特征应该具体表现为时空的约束性、时空的可调控性和时空的本土转化性这三个方面。当然，从时空与时空性的逻辑关系角度而言，时空的约束性、时空的可调控性和时空的本土转化性同样也是刑法解释过程时空性这一综合性特征的具体表现形式。

一　刑法解释过程时空的约束性

所谓的刑法解释过程的时空约束性顾名思义就是指社会时空这一综合体对刑法解释过程的开启和展开所产生的时空拘束力的具体体现。换句话说，社会时空这一综合体对刑法解释过程的启动和展开起到制约性作用时所体现出来的特性。[1] 毫无疑问，其必然也是刑法解释过

---

[1] 谭俊：《法学研究的空间转向》，《法制与社会发展》2017年第2期。

程的时间性和空间性所形成的时空性这一综合体的一种具体表现形式。对于这一特性或表现形式而言，我们可以从以下三个方面来加以把握：

首先，从刑法解释过程的启动和展开的前提角度来看，刑法解释过程的启动和展开必然形成于刑法规范之后，其是在刑法规范被制定和颁布以后对刑法规范所作出的一种阐释说明的行为活动过程。言外之意，没有刑法规范的存在自然也就不会有刑法解释过程的形成。刑法规范的制定和颁布与刑法解释过程的启动和展开之间必然存在着一种时间先后的顺序，而在这一先后时间维度内，刑法规范的制定和颁布的行为所处的社会空间必然也会不同于刑法解释过程所处的社会空间。显而易见，刑法解释过程的启动和展开必然会受到刑法规范制定和颁布行为所处的社会时空维度的制约和限制。换句话说，刑法规范制定和颁布行为所处的社会时空维度对刑法解释过程而言就是一种时空拘束力的具体体现。

其次，从刑法解释过程的启动和展开的必要性角度来看，刑法解释过程之所以会被启动和展开，其必然是由于刑法规范的含义在具体的适用过程中出现了不明确这一现象所导致的。而刑法规范的含义之所以会在具体的适用过程中出现不明确的现象，其一方面是由于表述刑法规范的语言本身出现了语义歧义的现象，另一方面则是由于刑法规范在对现实发生的案件事实进行认定时产生了不同的定性认定标准和观点。① 对于第一个方面而言，人类的语言必然会随着不同的社会时空的变化而发生变化，如果人类的语言在前后两个不同的社会时空维度内并没有发生任何的改变，那么刑法规范的明确性将不会受到冲击，进而刑法解释过程也无须被启动和展开。而对于第二个方面而言，发生在不同社会时空维度内的案件事实之间必然会存在着差异，再加之人类的认知能力随着社会时空的不断发展和变化也会得到极大的提升，进而在案件事实与刑法规范的符合性认定层面上也会形成不同的认定标准和结论。正是基于这两个方面的原因，刑法解释过程才最终

---

① [德]拉伦兹：《法学方法论》，陈爱娥译，商务印书馆2003年版，第85页。

被启动和展开。可见，从刑法解释过程的启动和展开的必要性角度来看，社会时空同样也对刑法解释过程产生着制约性的作用。这无疑就是刑法解释过程的时空约束性的具体体现。

最后，从有权解释主体所启动和展开的刑法解释过程最终所形成的解释结论的时间效力角度来看，基于上文的论述，我们必然会得知，无论是刑事立法解释还是刑事司法解释，就它们的时间效力而言，其都必然与刑法规范所存在并被适用的时间保持一致。也即刑事立法解释和刑事司法解释最终所形成的解释结论所产生的效力时间范围就是从刑法规范被颁布至被修改或废除这一时间段。比如2001年12月17日施行至今的《最高人民法院、最高人民检察院关于适用刑事司法解释时间效力问题的规定》中第一条和第四条分别明确规定："司法解释是最高人民法院对审判工作中具体应用法律问题和最高人民检察院对检察工作中具体应用法律问题所作出的具有法律效力的解释，自发布或者规定之日起施行，效力适用于法律的施行期间；对于在司法解释施行前已办结的案件，按照当时的法律和司法解释，认定事实和适用法律没有错误的，不再变动。"①尽管《时间效力问题的规范》中的第一条和第四条只是就司法解释的时间效力作出了规定，但不可否认，司法解释结论的适用时间必然存在于该时间所特指的社会空间。换句话说，基于社会时间与社会空间之间的关系而言，司法解释的时间效力就是司法解释的时空效力。毫无疑问，从刑事立法解释和司法解释的时间效力这一角度来看，刑法解释过程的时空约束性也必然得以体现。

二 刑法解释过程中时空的可调控性

刑法解释过程的时空约束性为我们揭示出刑法解释过程的开启和展开必然要受到社会时空的影响和制约。在特定的社会时空维度内的

---

① 刑辩中国网：《最高人民法院、最高人民检察院关于适用刑事司法解释时间效力问题的规定》，https：//m.lvs995.com/statute/info/aid/597.html，最后访问时间：2021年10月21日。

刑法解释过程本身以及所形成的解释结论必然要受到该特定社会时空的影响和制约，并且该社会时空维度内的刑法解释过程以及解释结论必然也会不同于其他社会时空维度内的刑法解释过程和解释结论。也即特定的刑法解释过程以及解释结论必然带有其所处的特定社会时空维度的特性。那么，这是否就意味着处于特定的社会时空维度内的刑法解释过程所形成的解释论就只能对该社会时空维度范围内的犯罪行为具有拘束力，而对其他社会时空维度内所出现的犯罪行为就无法被适用了呢？或者说，受制于某一特定社会时空维度而开启和展开的刑法解释过程所形成的解释结论对其产生之前和之后的社会时空维度内的犯罪行为就毫无影响和制约了呢？对此，我们不妨先了解一下社会时空观对这一问题所形成的认知理论。

从社会时空观的视角来看，尽管存在于人类认知实践过程中并对人类认知实践过程起到影响和制约性作用的社会时空具有着不以人的意志为转移的特性，也即人类并不能左右社会时空的发展。但是，人类却可以发挥自身的主观能动性通过某些技术手段来设制或规划自身的认知实践过程，并通过这种特定的设制或规划，人类的认知实践过程在特定的社会时空维度内所形成的认知实践过程的结论是完全可以被运用到该一特定社会时空维度之前或之后的社会时空维度中。① 也即带有某一特定社会时空特性的认知实践过程以及结论出现了社会时空穿越的特性。该种社会时空穿越性一方面表现为此社会时空维度内的认知实践过程以及认知实践结论在过去的社会时空维度内出现并发挥着积极的影响作用。另一方面则表现为此社会时空维度内的认知实践过程以及认知实践结论在将来的社会时空维度内亦可出现并发挥着积极的影响作用。前者被称为认知实践过程的时空回溯性，而后者则被称为认知实践过程的时空超越性。而无论是认知实践过程的时空回溯性还是时空超越性都必然是通过认知实践主体的设制或规划这两种调控手段来加以实现的。为此，人类认知实践过程的时空回溯性与时

---

① 王鹏令：《论时空的有限性和无限性》，《社会科学战线》1983年第2期。

空超越性又可统称为人类认知实践过程的时空可调控性。① 显而易见，刑法解释过程作为人类认知实践过程中的一种类型，其必然具有着时空可调控性，也即刑法解释过程本身具有着时空回溯性和时空超越性这两种特性。

既然刑法解释过程的时空回溯性和时空超越性是刑法解释过程的时空可调控性的两种表现形式，这也就意味着，对于刑法解释过程的时空回溯性和时空超越性的讨论其本质上就是对刑法解释过程的时空可调控性所展开的认知过程。那么何谓刑法解释过程的时空回溯性和时空超越性以及刑法解释过程的时空回溯性和时空超越性又是如何加以具体体现的呢？在结合上述社会时空观有关人类认知实践过程的时空可调控性的论述基础上，笔者认为，所谓的刑法解释过程的时空回溯性就是指刑法解释过程最终所形成的解释结论对其产生之前业已发生但尚未处理或正在处理的犯罪行为所产生的溯及既往的效力特性。对于这一特性而言，我国立法解释和司法解释中都有明确的体现。比如，"全国人大常委会2000年4月29日对刑法第九十三条第二款所作出的立法解释，即将一定条件下的村民委员会等农村基层组织人员纳入'国家工作人员'之范畴，因而可以成为贪污罪、挪用公款罪和受贿罪的主体，该解释没有关于时间效力的规定，其结果是实践中可以溯及既往。"② 再比如，我国2001年12月17日颁布施行的《最高人民法院、最高人民检察院关于适用刑事司法解释时间效力问题的规定》中第二条明确规定："对于司法解释实施前发生的行为，行为时没有相关司法解释，司法解释施行后尚未处理或者正在处理的案件，依照司法解释的规定办理。"③ 而所谓的刑法解释过程的时空超越性就是指刑法解释过程最终所形成的解释结论对其产生之后尚未发生的犯

---

① 王震：《社会调控视野中法律与道德作用机制研究》，《河北师范大学学报》2016年第2期。
② 刘仁文：《关于刑法解释的时间效力问题》，《法学杂志》2003年第1期。
③ 刑辩中国网：《最高人民法院、最高人民检察院关于适用刑事司法解释时间效力问题的规定》，https://m.lvs995.com/statute/info/aid/597.html，最后访问时间：2021年10月12日。

罪行为的认定所起到的一种具有前瞻性指导作用的具体体现。[①] 对于这一特性而言，可以说，所有的立法解释和司法解释的存在本身就是其存在的具体体现。因为从刑法解释过程被启动和展开的目的角度来看，所有的刑法解释过程所形成的解释结论都必然要对其产生之后的犯罪行为的认定起到指导性作用，否则刑法解释过程也就失去其存在的必要性。综合以上的论述，我们不难发现，以时空回溯性和时空超越性为具体表现形式的时空可调控性必然是影响和制约刑法解释过程的社会时空这一综合体所表现出来的特征。

三 刑法解释过程中时空的本土转化性

随着法治文明的不断推进，"刑法全球化"的趋势日益强盛，不同国家之间的刑法所呈现出来的相互借鉴和相互吸收的现象也日趋频繁。在这一背景之下，作为刑法具体适用过程中必不可少的一个环节，刑法解释也必将会体现出同样的发展态势。然而，从人类法治文明的整体发展状况角度来看，由于受到各国不同历史发展时期内的政治、经济、文化、历史、道德、习惯和风俗等多种社会因素的影响，作为人类精神文明成果的一种具体表现形式，刑法又在世界各国之间呈现出了不均衡的发展态势。进而世界各国在相互借鉴和相互吸收的过程中势必就要展开"本土转化"的融合过程。[②] 而对于世界各国在刑法解释中所展开的"本土转化"融合过程的本质而言，其无非就是指一国在将他国包含了刑法解释原则、解释规则、解释方法和解释技巧等在内的刑法解释经验或解释理论借鉴和吸收到本国的刑法解释过程中时要与本国所处的特定社会时空维度产生适融性。[③] 据此，笔者将这一现象称为刑法解释过程的时空本土转化性或称为刑法解释过程的时

[①] 杨艳霞：《刑法解释的溯及力新论》，《西南民族大学学报》（人文社会科学版）2005年第5期。

[②] 苏彩霞：《刑法国际化的若干问题新探》，《法商研究》2004年第5期；陈谦信：《刑法全球化：成因与路径》，《云南财经大学学报》2010年第2期。

[③] 吕芳：《法律解释规则本土化研究的取向与路径——法律解释规则研究的考察》，《法律方法》2017年第2期。

空本土化特性。

就"本土化"这一概念的含义而言,一方面,从《辞海》对"本土化"所作出的解释来看,"本土化是指整个社会的发展逐渐与当地固有的文化型态相结合的趋势,同时其也指不同国家或地区所具体体现出的国情。而这一国情又可以表现为文化本土化、风俗本土化、习惯本土化、法律本土化等多种形式。"[1] 根据前文对社会空间内涵的介绍,我们了解到,社会空间是不同于自然地理空间,为人类社会实践活动过程的展开所提供的一种场域或场所,其本质上就是一种融合了人类历史、文化、政治、经济、语言、风俗、习惯、道德等多种社会因素而形成的人际关系、历史文化背景、知识背景、语言环境、方法体系、规范制度体系以及法治状况等多种复杂的社会关系和社会结构。显而易见,"本土化"这一概念在《辞海》中所作出的解释含义就是指人类社会实践活动过程所处的不同社会空间之间的转换。另一方面,从社会学的角度来看,"本土化"这一概念还可以具体表现为,"研究对象国或地区的传统、当下和未来必须沿着历史的发展脉络在动态的过程中研究某一特殊'国情'。因为随着时代的变迁,研究的对象国或地区会处于不同的历史阶段,会面临着不同的社会矛盾和问题。处于这些时期的某一国政治、经济、文化、社会环境等各方面的国情是不同的,这就势必要求我们沿着历史发展的时间脉络对所处社会历史阶段的'本土'给予准确的定位。"[2] 可见,"本土化"这一概念在表征不同社会空间的相互转换之余,其同时也表征着不同社会时间之间的审视视角。基于上文的论述,我们了解到,刑法解释过程本身必然存在着本土转化性这一特性,而本土转化性同时又表征着不同社会时空维度之间的转换。据此,刑法解释过程的时空本土转化性的存在便不证自明。

---

[1] 辞海在线—本土化:http://www.cihai123.com/cidian/1097525.html,最后访问时间:2021年10月21日。
[2] 潘西华:《时空性:马克思主义本土化研究的切入点》,《中共浙江省委党校学报》2015年第2期。

在对刑法解释过程的时空本土转化性的内涵以及存在的依据进行了解之后,我们接下来自然会进一步地追问,刑法解释过程在进行时空本土转化的过程中又是如何实现适融性这一问题。对此,笔者认为,"刑法全球化"的过程本身具有着多样性的特点,而刑法解释过程的时空本土转化性又是随着"刑法全球化"的发展趋势而产生,为此,刑法解释过程的时空本土转化过程本身在实现路径的层面上也必然会呈现出多样性的特点。[1] 正如喻中教授所言:"在当代中国,法律的时空性自有它特殊的语境:那就是'乡土中国'。"[2] 这也就意味着,从刑法解释过程的时空本土转化过程的整体层面上来看,各国之间并不存在着统一的模式。尽管如此,在刑法解释过程的时空本土转化的过程中却依旧存在着一些可以被各国加以借鉴或用来参考的方法或经验。比如,吸收国在对本国刑法解释过程进行时空本土转化的过程之前可以先从本国与输出国之间的法律文化传统进行详细的区分和甄别,在此基础之上再决定是否将他国的刑法解释原则、解释规则、解释方法等相关的刑法解释经验和理论引入到本国的刑法解释过程中。如果在具有相同的法律文化传统的背景下出现了受体与授体之间不相融但又可以通过一定的解释技巧加以调节或解决的现象时,吸收国完全可以根据刑法解释过程的时空可调控性原理对该一冲突进行有效的解决。反之,本国的刑法解释过程的时空本土转化过程便要终止。[3]

第三节　刑法解释过程中时空的价值功能

由诸多构成要素所组成的刑法解释过程必然要在特定的社会时空维度内被启动和展开,特定的社会时空也必然蕴含在刑法解释过程之

---

[1] 陈金钊:《主持人语言:法律逻辑与法律方法研究的本土化》,《济南大学学报》(社会科学版) 2018 年第 6 期。
[2] 喻中:《乡土中国的司法图景》,中国法制出版社 2007 年版,第 3 页。
[3] 陈谦信:《刑法全球化:成因与路径》,《云南财经大学学报》2010 年第 2 期。

中并对刑法解释过程的启动和展开产生着影响和制约性的作用。这也就意味着，蕴含在刑法解释过程中的社会时空在对刑法解释过程的形成和展开等方面都发挥着积极的功效。而根据上文有关刑法解释过程中的时间和空间的内涵、关系以及由时间和空间所组成的时空这一综合体本身所具有的基本特征的详细讨论，笔者认为，刑法解释过程中的时空价值功能主要体现为时空建构功能和时空评价功能两个方面。

一 刑法解释过程中时空的建构功能

所谓的刑法解释过程中的时空建构功能就是指社会时空对刑法解释过程的产生所起到的积极作用。[①] 基于前文的介绍，我们了解到，一方面，刑法解释过程本身是由解释主体、解释目的、解释立场、解释角度、解释对象、解释原则、解释规则、解释行为、解释方法多种要素所组成；另一方面，由于社会时间和社会空间所形成的社会时空这一综合体本身必然对刑法解释过程产生着影响和制约性的作用。据此，笔者认为，对于刑法解释过程中的时空建构功能，我们需要从社会时空对刑法解释过程中的构成要素的形成和明确的角度来加以认知。

其一，对于刑法解释过程中的解释主体这一要素而言，什么人或什么机构具有刑法解释权必定是基于当时的国家组织结构类型和社会形态来加以决定。而就当时的国家组织结构的类型和社会形态而言，它们又必定是在特定的社会时空维度内形成的。所以在明确哪些人或哪些机构具有刑法解释权时，特定的社会时空必定发挥着积极的建构性作用。

其二，对于刑法解释过程中的解释目的这一要素而言，刑法解释主体在被赋予了一定的刑法解释权之后，其在主观层面上所形成的特定的解释目的必然是基于客观现实的需要而形成的。而这种客观现实的需要又必定是某一特定社会时空维度内所存在的制约人类自身发展的政治、经济、文化等多种客观社会因素的具体体现。可见，社会时

---

① 徐恩生：《时间与空间的诠释》，《沈阳航空工业学院学报》2004年第1期。

空对于刑法解释过程中的解释目的这一构成要素的形成也具有着积极的建构性作用。

其三，对于刑法解释过程中的解释原则这一要素而言，合法性解释原则和合理性解释原则的确立与取舍并不是完全取决于解释主体个人的意愿，究其根本原因则在于，被赋予了刑法解释权的解释主体对某一特定的社会时空维度内所形成的刑法规范所要追求和实现的公平和正义的不同理解所造成的。而用来确立某一特定的刑法解释原则的公平正义标准又必然是该一特定社会时空维度内的政治、经济、文化等多种社会因素的集中体现。显而易见，社会时空对于刑法解释原则的确立同样发挥着积极的建构性作用。

基于以上有关刑法解释过程的三种构成要素的分析，我们不难看出，社会时空在刑法解释过程的形成方面的确发挥着积极的建构性作用。当然，不可否认，除了对以上三个刑法解释过程的构成要素所作出的分析之外，社会时空对于刑法解释过程中的其他构成要素同样也必然发挥着积极的建构性作用。

二 刑法解释过程中时空的评价功能

所谓的刑法解释过程中的时空评价功能就是指从社会时空观的角度对刑法解释过程本身以及其所形成的解释结论所作出的合理性评价。或者说，刑法解释过程中的时空评价功能就是指以社会时空观为视角对业已形成的刑法解释过程的构成要素和解释结论的合理性作出判定时，社会时空这一综合体所体现出来的积极功效。[①] 不难看出，与刑法解释过程中的时空建构功能相比，刑法解释过程中的时空评价功能不仅体现在社会时空对业已形成的刑法解释过程构成要素的合理性所产生的积极评价功能这一方面，同时其还体现在社会时空对刑法解释过程业已形成的解释结论的合理性所作出的积极评价功能这一方面。

从社会时空对业已形成的刑法解释过程构成要素的合理性所作出

---

① 王波：《宪法时空观之要旨》，《黑龙江史志》2013年第4期。

的积极评价的角度来看,其一,在法治文明并不发达的社会形态中,刑法解释的立场往往体现为统治者阶级这一特定的利益目标人群。而在法治文明较为发达的社会形态中,刑法解释的立场则必然体现为社会大众这一利益目标人群。对于这两种被加以明确的刑法解释立场的合理性而言,我们必然要根据它们所处的特定的社会时空维度来加以评断。其二,刑法解释主体在对刑法解释对象进行解释的过程中必然会选取一定的解释角度,而对于这种解释角度的合理性而言,其也必然要根据刑法解释主体所处的特定社会时空这一维度来加以评判。其三,刑法解释主体在对刑法解释对象进行解释的过程中,解释主体必然会在预设的刑法解释原则和规则的指引下采用一定的解释方法,而对于刑法解释主体所遵守的解释原则和规则以及所采用的刑法解释方法的合理性的认定而言,其依旧是要根据当时的特定社会时空来对刑法解释原则、规则和方法作出评断。

在对刑法解释过程的各种构成要素的合理性进行评析的基础上,我们必然要对由这些构成要素所最终形成的解释结论的合理性进行评析。而对于刑法解释过程所形成的解释结论的合理性所作出的评析而言,其无非就是判定该一刑法解释结论是否充分地体现了某一特定社会时空维度内社会大众所普遍认可的社会价值观念。根据前文有关刑法解释过程主客观性特征的介绍来看,刑法解释结论所体现出来的某一特定社会时空维度内的社会大众普遍认可的价值观念恰恰又是刑法解释过程客观性这一价值指向的具体体现。所以,就社会时空对刑法解释结论的合理性所展开的评价就转变成了社会时空对刑法解释过程客观性这一价值指向的实现与否所展开的评价。换句话说,我们在对刑法解释过程的客观性这一价值指向的实现与否进行评价时必然要处于某一特定的社会时空维度内来展开。毕竟刑法解释过程客观性这一价值指向具有着相对性和发展性,其在不同的社会时空维度内会呈现出不同的内涵以及表现形式。可见,社会时空对刑法解释过程所形成的解释结论必然具有着积极的评价功能。

综上所述,刑法解释过程必然要受到由社会时间和社会空间所组成的社会时空这一综合体的影响和制约,这种影响和制约一方面表现为对刑法解释过程的形成所起到的建构性功能,另一方面则表现为对刑法解释过程构成要素和解释结论所作出的合理性评价功能。而对于刑法解释过程中的时空所具有的这两种价值功能而言,它们不仅充分地体现出社会时空对刑法解释过程的开启和展开所承担起的应有职责,同时它们也在很大的程度上保障了刑法解释过程客观性这一价值指向得以充分的实现。

第五章 刑法解释过程的规范性与开放性

在社会时间和社会空间的影响和制约下，刑法解释过程必然体现为一种相互继启的动态发展态势，而这一动态的发展态势或外化形式必然为我们揭示出刑法解释过程如同一般意义上的过程一样，也具有着无限性和有限性的特征。[①] 然而，刑法解释过程毕竟是一般意义上过程中的一种特殊类型，为了防止恣意解释现象的出现以及确保解释活动的有序展开，存在于刑法解释过程中的解释主体、解释权限、解释对象、解释原则、解释规则以及解释方法等要素都被人为地设置了一定的限制（限度）和要求，进而导致了刑法解释过程的诸多要素具有着与其他人类认知实践过程构成要素不同的鲜明特点。在这些鲜明特点的影响下，刑法解释过程所具有的有限性和无限性又进一步地演化为规范性和开放性这两种特征。[②] 据此，笔者接下来将对刑法解释过程的规范性与开放性展开详细的讨论。

第一节 刑法解释过程的规范性

一 刑法解释过程规范性的内涵

正所谓："没有规矩，不成方圆"。人类社会中所形成的任何一种

[①] 赖金良：《关于有限和无限辩证关系的思考》，《社会科学研究》1982年第6期。
[②] 牛克乾：《1997年刑法修订以来规范性刑法解释状况述评》，《法律适用》2015年第4期。

科学理论都必然是基于对"规范性"的讨论和追求而最终得以形成并被社会大众所普遍认可。这也就意味着,"规范性"不仅是任何科学理论得以产生和发展的基础和前提,同时其也必然是任何科学理论所具有的本质属性。一旦丧失了"规范性",科学理论的科学性也便遗失殆尽。[①] 同理,以过程的形式加以体现并产生于人文社会科学范畴内的刑法解释必然也具有着"规范性"的特征。那么何谓刑法解释过程的规范性呢?在作出回答之前,笔者认为,我们有必要先对"规范"这一概念的含义有正确的认知。从词源学的角度来看,规范是指一种规则、标准或尺度,其通过不同的方式来规定人们某种行为模式,指出人们应当做什么、可以做什么、不能做什么。[②] 从《现代汉语词典》对"规范"这一概念的含义所进行的界定来看,"规范"具有三种含义:"作为名词,'规范'是指约定俗成或明文规定的标准;作为形容词,'规范'是指合乎规范;作为动词,'规范'是指使合乎规范。"[③] 从法理学的角度来看,"规范"就是指法律规范,是对人们外在行为进行规制的一种带有明确性和强制性的社会规范。[④]

综合以上有关"规范"含义的介绍,我们不难发现,"规范"的本质应该就是一种通过人为设定而对人的外在行为所作出的限制或要求,或者说,"规范"就是一种带有人为设定性的行为标准或准则。而根据前文有关刑法解释过程的介绍,我们了解到,刑法解释不仅是一种人类的认知实践行为活动,其更是一种由多种构成要素所组成的过程体现。据此,基于对"规范"的含义、本质以及前文有关刑法解释过程的认知,我们便可得知,所谓的刑法解释过程的规范性就是指对刑法解释过程所作出的一种带有人为设定性的严格性限制或要求。该种严格性限制或要求,是基于对刑法解释过程的解释主体、解释对象、解释原则和解释方法等多种构成要素作出限制或要求并最终通过

[①] 田海滨、韩东晖:《论知识的规范性困境及其出路》,《哲学动态》2019 年第 11 期。
[②] 党东升:《群体"法治思维"变迁的过程论解释》,《法律方法》2017 年第 1 期。
[③] 规范的认知:https://cidian.51240.com/guifan_ w5r_ _ cidianchaxun,最后访问时间:2021 年 10 月 21 日。
[④] 张文显主编:《法理学》(第五版),高等教育出版社 2018 年版,第 115 页。

对刑法解释行为进行限制来加以体现。

二 刑法解释过程规范性存在的必然性

在对刑法解释过程规范性的内涵有所了解的基础上，我们接下来便要讨论一下刑法解释过程规范性存在的必然性这一问题。从科学意义的角度来说，任何一种社会科学的形成和发展都必然会受到规范性的影响和制约，作为人文社会科学的一个组成部分，以过程的形式加以外化的刑法解释亦是如此。然而，刑法解释过程毕竟是一种由诸多构成要素所组成的特殊类型的解释过程。所以，在对刑法解释过程规范性存在的必然性这一问题进行讨论时，我们有必要结合刑法解释过程的构成要素来加以把握。

其一，从刑法解释主体这一构成要素的角度来看，刑法解释过程的规范性主要体现在刑法解释主体在作出刑法解释行为时必须具有法律所赋予的解释权限。[①] 根据当下学界的主流观点，按照解释的主体和效力来划分，刑法解释可以被划分为有权解释和学理解释两种类型。其中立法机关与司法机关被赋予了明确的刑法解释权，经由立法机关与司法机关所作出的解释结论当然具有法律效力。除了立法机关与司法机关以外的任何机关和个人都并不具有法律所明确规定的解释权限，其所形成的解释结论也不具有当然的法律效力。毫无疑问，这必然是对刑法解释过程在解释主体这一构成要素层面上所作出的限制和要求。之所以会作出这样的规定，一方面是由于法律规范自身存在着局限性，所以任何一种法律规范在其适用的过程中都必然要面临着被解释的局面，刑法规范亦不例外。另一方面，刑法以犯罪、刑事责任和刑罚的认定作为自身的独特调整对象，所以刑法往往被认定为是维护法治的最后一道防线。或者说，刑法在发挥社会保护功能的同时，其也必然发挥着人权保障的功能。所以刑法不仅关涉人的财产与自由的享有与否，同时其更直接关涉人的生命被剥夺与否。据此，在刑法解释主体

---

① 陈兴良、周光权：《刑法司法解释的限度——兼论司法法之存在及其合理性》，《法学》1997 年第 3 期。

的解释权限层面上必然要作出如此的限制和要求。

其二，从刑法解释对象这一构成要素的角度来看，刑法解释过程的规范性主要体现在为了确保刑法规范明确性得以实现，刑法解释行为不得超出刑法规范应有含义的限度。一方面，作为一种调整人的外在行为的社会规范，刑法规范要想充分发挥其保护功能和保障功能，其必然要具备明确性这一特征。而作为刑法解释过程的对象要素，刑法规范必然又是由众多的刑法概念所组成。这也就意味着，刑法规范明确性的形成必然也就脱离不开刑法概念明确性的形成。另一方面，语言逻辑学认为，任何一门学科范畴内所形成的概念都必然是由内涵和外延这两个部分所组成。在此基础之上，概念进而也就可以被划分出"内涵清晰外延明确""内涵清晰外延不明确""内涵不清晰外延明确"和"内涵不清晰外延不明确"这四种类型。[①] 在面对"内涵清晰外延明确"这一类刑法概念时，刑法解释主体的解释行为只需按照刑法概念的字面含义进行阐释和说明即可保证明确性的实现，也即此种情形下必然不会超出刑法解释限度。在面对"内涵不清晰外延明确"和"内涵清晰外延不明确"这两类刑法概念时，尽管刑法概念的内涵或外延存在不清晰或不明确的情形，但作为刑法概念的组成部分，外延或内涵得到明确或清晰的情形下，刑法规范的适用主体依旧可以采用一定的解释方法对其进行阐释和说明，进而确保刑法概念明确性得到实现。也即在这两种情形下所作出的刑法解释依旧没有超出刑法解释限度（也即刑法规范应有的含义射程范围）。相比较而言，在面对"内涵不清晰外延不明确"这一类刑法概念时，由于内涵和外延都存在不确定性，再加之不同解释主体的认知解释能力的不同，所以对于该类刑法概念所进行的解释往往会出现恣意解释的现象。或者说，此种情形下所作出的刑法解释已经超出了刑法解释的限度。故此，为了保证刑法规范明确性得以实现，进而实现刑法的保护功能和保障功能，对于刑法解释行为所作出的严格性限制亦是非常必要。

---

① 陈嘉映：《语言哲学》，北京大学出版社2003年版，第43—45页。

其三，从刑法解释原则这一构成要素的角度来看，刑法解释过程的规范性主要体现为在罪刑法定原则和宪法的制约下，刑法解释行为必须要符合合法性解释原则的要求。一方面，刑法解释主体的解释活动符合刑法的具体要求就是罪刑法定原则在刑法解释过程中的具体体现。从罪刑法定原则的形式侧面来看，所谓的罪刑法定原则概括起来就是"法无明文规定不为罪，法无明文规定不处罚"。在此基础上，"罪刑法定原则又派生出了禁止习惯法、禁止绝对不定期刑、禁止有罪类推和禁止重法溯及既往四个原则。"[1] 这也就意味着，在整个刑法规范实施的过程中，任何违背罪刑法定原则以及其所派生的四项原则都是不被允许的。作为刑法规范实施过程中不可或缺的一个环节，刑法解释行为当然也不例外。另一方面，合法性解释原则除了是罪刑法定原则在刑法解释过程中的具体体现之外，其同时也表明刑法解释主体在对刑法规范进行解释时必须注意法律规范的位阶性问题。在这其中，主要考虑的就是对刑法规范进行解释后所得出的解释结论不得与宪法所规定的内容相抵触。任何与宪法相违背的解释结论也都是不被允许的。可见，无论是从罪刑法定原则的角度来看，还是从解释合宪性的角度来看，刑法解释主体在对刑法规范进行解释的过程中都会受到一定的限制。并且，这种解释活动的限制程度同其他部门法的解释过程相比都更为严格。

其四，从刑法解释方法这一构成要素角度来看，刑法解释过程的规范性主要体现为刑法解释主体在作出刑法解释行为时必须采用合理有效的刑法解释方法。[2] 基于前文的介绍，在刑法解释过程论的视域下，刑法解释方法可以被细化为刑法解释结论产生的方法和刑法解释结论证成的方法两种类型。其中，刑法解释结论产生的方法包括平义解释、扩大解释、缩小解释、反对解释、补正解释和类推解释六种。对于这六种具体的刑法解释方法而言，每一种具体的刑法解释方法都必然是在一定的条件得以满足的情况下才可以被加以

---

[1] 高铭暄、马克昌主编：《刑法学》（第八版），高等教育出版社2017年版，第27页。
[2] 苏彩霞：《刑法解释方法的位阶与运用》，《中国法学》2008年第5期。

使用。并且由于受到罪刑法定原则的限制，除了类推解释之外，在使用其他五种具体解释方法时，刑法解释主体也必须要按照其内部还存在的位阶顺序来加以使用。换句话说，平义解释、扩大解释、缩小解释、反对解释、补正解释这五种具体解释方法之间还体现出相互排斥的关系，选择其一便要放弃其他四种解释方法。此外，文理解释、体系解释、当然解释、历史解释、目的解释同属于刑法解释结论的论成方法，虽然在对刑法解释结论的合理性和合法性进行论证的过程中，这五种解释论证方法并不存在相互排斥的逻辑关系，但从对解释结论论证的有效性程度角度来看，这五种解释论证的方法依旧存在着一定的位阶顺序，这种位阶顺序的产生依旧是受到了罪刑法定原则的限制。可见，刑法解释主体对刑法解释对象进行解释的过程中，无论是在刑法解释结论的产生方法的选取上，还是在刑法解释结论的论成方法的选取上都受到了一定的限制。就客观存在的这些限制而言，其毫无疑问就是刑法解释过程规范性这一特征的具体体现。

三　刑法解释过程规范性产生的影响

基于前文的论述，我们了解到，刑法解释过程的规范性具有其存在的必然性。那么作为刑法解释过程本身所具有的一种特征，规范性又对刑法解释过程产生了哪些影响呢？对此，笔者认为，就规范性对刑法解释过程所产生的影响而言，我们需要从积极和消极两个方面来加以把握。

就规范性对刑法解释过程所产生的积极影响而言，笔者认为，其主要体现在以下四个方面：其一，从刑法解释过程论这一科学命题的提出和发展的角度来看，任何一种科学理论体系的形成和发展必然是以规范性作为前提和基础。换句话说，规范性是促使科学理论体系的科学性和完备性得以形成的必然要求和前提条件。毫无疑问，刑法解释过程论这一科学命题的证成必然脱离不开规范性的制约和影响，也即规范性对于刑法解释过程论这一科学命题的提出和发展具有着积极的推动作用。① 其二，从刑事法律规范的明确性、稳定性和科学性实现的角度来看，作为一种调整人类社会关系的社会规范，法律规范自身所具有的优良品质在很大的程度上决定着一国法治的进程，而法律规范自身所具有的优良品质又体现在明确性、稳定性和科学性等方面的实现。为了实现法律规范的明确性、稳定性和科学性，规范性的存在不仅是一种必然，其亦是一种必要。这对于作为刑法解释过程中解释对象要素的刑法规范而言亦是如此。② 其三，从司法实践活动的角度来看，一方面，在规范性的影响和制约下，刑事法律规范产生了明确性、稳定性和科学性的品质，这无疑为司法实践活动的主体在运用刑事法律规范作出最终的判决提供了一种明确的推理前提。另一方面，司法实践活动的主体在赋予案件事实以法律意义的过程中必然要通过解释的行为来完成。对于这一过程而言，其实际上就是一种司法实践活动的主体从犯罪、刑事责任以及刑罚的层面上对行为人的行为所作出的一种认定过程。而规范性在这一过程中的存在无疑又为司法实践活动的主体提供了一种标准化的认定模型。③ 其四，从社会大众的预测可能性的角度来看，社会大众在作出某种具体行为之前必定会对自己即将作出的行为以及该行为作出之后所要承担的法律后果从合法性的层面上作出判定，该种判定的本质无疑是社会大众自我对刑法规范进行解释的过程。而对于这一种带有解释特性的判定所依据的前提，必定是基于规范性的制约和影响所形成的刑事法律规范。换句话说，社会大众是依据带有明确性、稳定性和科学性品质的刑事法律规范来认定自身应该为或不应该为某种行为。不难看出，在规范性的影响和制约下，社会大众在作出或不作出某种具体行为之前就具有了一定的预测可能性。④

就规范性对刑法解释过程所产生的消极影响而言，笔者认为，其

---

① 田海滨、韩东晖：《论知识的规范性困境及其出路》，《哲学动态》2019 年第 11 期。
② 姜涛：《基于明确性原则的刑法解释研究》，《政法论坛》2019 年第 3 期。
③ 宋远升：《刑事司法裁判中的利益衡量》，《政法论丛》2017 年第 2 期。
④ 马荣春：《刑法的可能性：预测可能性》，《法律科学》2013 年第 1 期。

主要体现在以下三个方面：其一，从刑法规范的发展层面上来看，刑法规范在其自身的发展过程中必然会存在着一定的滞后性。而对于这一滞后性产生的原因而言，其无非就是在规范性的制约和影响之下，刑法规范中所予以明确并被加以调整的社会关系同社会关系整体在发展变化的速度方面产生了巨大的差异。在这一差异存在的前提下，刑法的社会保护功能和人权保障功能必将会大打折扣，进而导致现有的刑法规范不能对多变的社会关系进行有效、全面的调整。面对这一问题或冲突时，我们虽然可以通过解释的手段来加以解决，但不可否认的是，解释行为这一措施只是从一定的程度上对该问题起到了缓解作用，绝大多数的情况下并不会从根本上对该一问题进行根治，并且经过多次和反复的解释活动之后，其在一定的程度上也会导致刑法规范体系的科学性和完备性遭受破坏。显而易见，规范性的存在从一定的程度上必然是以上有关刑法规范发展过程中所出现的一系列问题或冲突产生的根源。[1] 其二，从刑法所追求和实现的正义这一社会价值观念的角度来看，可以说，正义这一社会价值观念的追求和实现是任何一个部门法得以形成和存在的必然要求，刑法亦不例外。然则，正如博登海默所言："正义具有着一张普洛透斯似的脸，变幻无常、随时可呈现不同形状，并具有极不相同的面貌。"[2] 正因如此，关于正义的理解，学界一直以来都存在着形式正义与实质正义之分。其中形式正义往往被人们称之为程序正义，是指严格按照既有的法律规定来办事，它着眼于形式和手段的正义性，并带有着规范性、一般性和无差别性的特点。而实质正义则是指法律必须要符合社会道德观念和价值诉求，其着眼于内容和目的的正义性，并带有着非形式化和弹性化的特点。[3] 显而易见，在规范性这一特征的影响和制约下，基于刑法规范所开启的刑法解释过程必然会将目光聚焦在形式正义的实现层面上，进而忽

---

[1] 张文显：《法学基本范畴研究》，中国政法大学出版社1993年版，第232—245页。
[2] ［美］E.博登海默：《法理学—法哲学及其方法》，邓正来等译，华夏出版社1987年版，第238页。
[3] 孙笑侠：《法的形式正义与实质正义》，《浙江大学学报》（人文社会科学版）1999年第5期。

视了实质正义的实现。尤其是面对特殊的个案以及疑难案件之时，受到规范性的影响和制约，刑法解释主体所展开的解释活动过程更是无法兼顾到实质正义的实现。其三，从刑法自我纠错功能的发挥角度来看，毫无疑问，刑法规范并不是一成不变、静止不前的社会规范，其必然要随着社会的发展而不断完善自身。刑法随着社会发展而不断自我完善的过程就是刑法自我纠错功能的一种具体体现。[①] 然而，正如前文第一点所言，由于受到规范性这一特征的限制和要求，刑法规范在自身的发展过程中必然存在着一定的局限性，这些局限性大体上可以体现为滞后性、僵硬性和空白性等。如果解释主体严格按照规范性的要求对刑法规范进行解读，那么所导致的结果便是，刑法规范所具有的滞后性、僵硬性和空白性始终都无法得到根治。换句话说，刑法解释主体在作出解释行为时如果只是一味地追求实现刑法规范本身的规范性，而忽视外界因素对刑法规范的影响和制约作用时，那么刑法自我纠错的功能将无法实现。可见，刑法解释过程所具有的规范性这一特征在对刑法自身纠错功能的发挥层面上形成了一种阻碍。

第二节 刑法解释过程的开放性

一 刑法解释过程开放性的内涵

马克思的"实践过程论"为我们揭示出，人类的认知活动是一种带有社会实践性的过程体现。在特定的社会时空维度内，该种实践性过程必然具有着开放性的特征。任何一种封闭自守的科学理论都必然是一种狭隘的、非理性的和非客观的体现，其最终都会被人类的历史所遗弃并最终走向衰亡。[②] 这也正如费耶阿本德所言："世界是一个未知的过程，所以，我们的选择必须保持开放，切不可用某种科学哲学

[①] 万涛：《法秩序统一视野下法律解释的规范性研究》，《公安学刊》2015年第2期。
[②] 张洪雷、张宗明：《批判、多元与开放性思维——费耶阿本德创新思想研究》，《学术论坛》2011年第3期。

来作茧自缚。"① 显而易见,"开放性"不仅必然是所有科学理论得以发展和提升的必由之路,同时其也必然是所有科学理论所具有的本质属性。同理,就刑法解释过程的开放性这一特征的讨论也是基于这一理性前提而展开的。那么,何谓刑法解释过程的开放性呢?对此,笔者认为,在作出回答之前,我们有必要对"开放性"这一概念进行了解。

从《现代汉语词典》所给出的有关"开放性"的含义来看,"开放性是指取消不必要的限制、禁止或要求。"② 从系统论的角度来看,"开放性是指系统所具有的一种不断地与外界环境进行信息交换的性质和功能。"③ "开放性对于系统而言,其也是一种面向实践,兼顾各方,博采众长,开拓进取的辩证唯物主义的思维方式。它是以客观世界的普遍联系为基础,要求认知实践主体在认识和处理问题时必须考虑系统内部与外部之间的关系,进而在系统的内部因素与外部环境相互的作用下来保持系统自身的稳定发展。"④ 从认知心理学的角度来看,"开放性是一种思维形式,其是人所具有的一种人格特质,其常常表现为灵活性、能动性、多元性、可变性、广泛性、包容性、发散性和适时性等多种形式。"⑤ "开放性思维的特点概括而言就是不拘泥守旧、不墨守成规,言之成理,持之有度,标新立异、求异创新,善于想方设法从不同角度考虑解决问题的方法。"⑥ 从方法论的角度来看,"开放性的意义在于定性研究方法论所强调的整体性认识、深度的意义探究、互为主体的理解与建构以及对充满差异且不乏矛盾冲突与偶然性的生活逻辑的剖析与复杂的社会运行机制的解释。它是一种

---

① [美] 费耶阿本德:《反对方法》,周昌忠译,上海译文出版社1992年版,第6页。
② 开放性的认知:https://cidian.51240.com/guifan_w5r.zdic.net/hans/,最后访问时间:2021年10月21日。
③ 曾国屏、魏宏森:《系统论》,清华大学出版社1996年版,第224页。
④ 陈世亭:《谈开放性思维方式》,《漳州职业大学学报》1991年第1期。
⑤ De Young, C.G., Peterson, J.B., & Higgins, D.M., "Sources of openness/intellect: Cognitive and neuropsychological correlates of the fifth factor of personality", *Journal of Personality*, 2005, 73 (4): 825–842.
⑥ 翟兰红:《刍议开放性思维的培养》,《文教资料》2005年第2期。

第五章　刑法解释过程的规范性与开放性　179

带有弹性特征的认知标准和衡量尺度。"① "开放性并不等于随心所欲和毫无限制。其必然是基于既定的理论知识和既有的经验来对认知对象作出具有弹性的认知活动所体现出来的特性。在一定的程度上摆脱既定的限制所体现出来的外部性、实践的灵活性和弹性认知时空性是其具体的表现形式。"②

综合以上有关"开放性"含义的介绍，笔者认为，刑法解释过程的开放性，就是指刑法解释主体在作出刑法解释行为时通过将刑法解释过程的内部因素与外部因素进行有效融合，进而在一定的程度上突破或者摆脱既有的解释限制或要求所体现出来的一种必然属性。其具体可以表现为灵活性、包容性、多元性、广泛性、可变性和适时性等多种形式。

二　刑法解释过程开放性存在的必然性

如同前文对刑法解释过程的规范性所展开的讨论，在对刑法解释过程开放性的内涵进行了解之后，我们接下来便要从刑法解释过程的构成要素这一角度对刑法解释过程开放性存在的必然性这一问题展开详细的论述。

其一，从刑法解释过程所具有的主客观特性和社会时空特性的角度来看，一方面，刑法解释过程具有着主观性和客观性的特征，其中刑法解释过程主观性的存在是为刑法解释客观性的实现而服务的。也即在主观性的制约和影响下，刑法解释过程最终必然要以客观性的实现为其价值指向目标。而刑法解释过程的客观性这一价值指向目标又是一种相对意义上的客观性，其从本体论、认识论、方法论以及社会效果这四个层面分别表现为客观存在性、明确性、相对稳定性、真实性、价值中立性、精准性、合法性、严格性、有效性、实践性、合理

---

① 黄盈盈：《定性研究中的"开放性"思维与实践》，《学习与探索》2019年第12期。
② Johnson, Jeffery C., "Research Design and Research Strate-gies", in Bernard, H. R., eds., Handbook of Methods in Cultural Anthropology, Walnut Creek, CA: Altamira Press, 1988, pp. 131–145.

性和普遍可接受性等多种形式。显而易见,刑法解释过程客观性所具有的这些具体表现形式从一定的程度或某种角度来看,它们就是刑法解释过程的灵活性、多元性、广泛性、包容性在开放性这一特征层面上的具体体现。另一方面,刑法解释过程必然存在于特定的社会时空维度内,特定的社会时空也必定会对刑法解释过程的形成和展开产生着制约性的影响。而这种制约性的影响又主要体现为时空的约束性、时空的可调控性和时空的本土转化性三个方面。正是由于刑法解释过程时空性可以表现为这三种形式,所以,刑法解释过程在其展开的过程中必然也就具有了可变性和适时性的属性或外化的形式。毫无疑问,刑法解释过程在此处所表现出来的可变性和适时性的特性必然是开放性这一特征的具体表现形式。概而言之,既然我们承认了刑法解释过程具有着主客观特性和社会时空特性,那么我们就必然要承认刑法解释过程具有着开放性的特征。或者说,刑法解释过程的开放性应该就是刑法解释过程主客观性和社会时空性的一种衍化属性。

其二,从刑法解释过程的解释对象要素角度来看,作为社会规范的一种,刑法规范在其产生和发展的过程中始终都会受到道德、风俗、习惯等其他社会规范的影响。[1] 这也就意味着,随着社会不断的发展,刑法规范也必然会随着社会的发展而不断向前发展。那种一味单纯地追求刑法规范的稳定性而忽视了刑法规范的现实需要性的做法其最终必然会导致刑法规范被废止的结果出现。[2] 而对于刑法规范的发展变化而言,其首先必然会在刑法规范的概念层面上发生变化。面对真实存在的多样化的社会关系,为了能够实现现有的刑法规范对社会关系的有效调整,刑法规范中的概念必须以一种开放性的姿态在内涵和外延两个方面作出调整。此种调整具体表现为立法者或解释者基于概念原有的语义射程范围将可以被吸收和采纳的含义和类别通过解释和修改的方式吸纳现有的刑法规范概念中。毫无疑问,这便是刑法解释过程的开放性特征得以产生的理论依据之一。换言之,从某种意义上而

---

[1] 张文显主编:《法理学》(第五版),高等教育出版社2018年版,第201—205页。
[2] 桑本谦:《法律解释的困境》,《法学研究》2004年第5期。

言，对刑法规范概念的内涵和外延所进行的解释和修改无非就是拓展和延伸了该概念的含义，也即赋予了新的含义。可见，从这一角度来看，刑法解释活动和修改活动本身就已经体现出了开放性的特征。此外，在刑法解释过程论视域下，刑法解释的对象除了刑法规范以外还包括案件事实。一方面，现实社会中所发生的案件事实具有着多样性和复杂性的特征。另一方面，刑法规范本身又具有着稳定性的特征。在将案件事实与刑法规范进行匹配的过程中难免出现无法直接对接的现象。然而，该案件事实中的行为却又造成了严重的社会危害性，其已经达到了违法犯罪的程度。为此，刑法规范适用者便会通过解释的方式来将刑法规范和案件事实进行有效的匹配。显而易见，刑法解释主体在刑法规范和案件事实的往返比对过程中极大地促进了刑法规范的不断发展。单就这一过程而言，其也非常明显地表现出刑法解释过程开放性所体现出来的各种表现形式。

其三，从刑法解释过程的解释原则要素角度来看，刑法解释原则并不是一成不变的，其也是随着社会的不断发展而发生着变化。前文谈论到，刑法解释过程中的合法性解释原则是罪刑法定原则在刑法解释过程中的具体体现，而人们在早期确立罪刑法定原则时只关注到了罪刑法定原则的形式侧面而对罪刑法定原则的实质侧面并未谈及。但是随着社会的发展和司法实务中所出现的刑法规范适用问题的出现，罪刑法定原则的实质侧面逐渐被人们所关注并提出。[①] 从早期的对单一的罪刑法定原则的形式侧面的讨论到现如今的对罪刑法定原则的形式侧面和实质侧面并存的局面进行讨论正是刑法解释过程中的合法性解释原则的开放性特征的具体体现。此外，在刑法解释过程论视域下，刑法解释的原则除了合法性解释原则以外，同时还包括了合理性解释原则。所谓的合理性解释原则就是指刑法解释主体在对刑法解释对象进行解释时要符合民众所共同认可的常识、常理和常情。而民众所共同认可的常识、常理和常情是随着社会不断的发展而发生着变化的，

---

① 张明楷：《罪刑法定与刑法解释》，北京大学出版社2015年版，第46页。

其是一种动态的发展过程。既然合理性解释原则是刑法解释过程中不可或缺的解释原则，那么就整个刑法解释过程而言，其必然也体现出动态性的特征。[①] 而这种动态性的特征就是刑法解释过程开放性的另外一种体现。可见，作为刑法解释过程中的解释原则这一构成要素，无论是合法性解释原则还是合理性解释原则二者都在一定的程度上体现出了开放性的特征。

其四，从刑法解释过程的解释方法要素角度来看，在刑法解释结论的产生方法中，扩大解释是指对刑法用语作出大于字面意思但又没有超出该刑法用语可能含义范围的解释。这种大于字面含义但又没有超出语词可能含义范围的解释方法背后的逻辑就是将语词的含义在可以接受的范围内进行扩展，这无疑体现出一种开放性的解释特性。反对解释是指对刑法用语的反面意思进行解释。就这一解释方法的形式而言，其就是将原本刑法用语的正面含义转化为相反含义，而刑法规范本身却并没有直接将相反的含义进行明确的表述。显然，刑法解释主体是通过反对解释的方法将原有刑法用语在正面含义的基础上进行了拓展，进而使得这一刑法用语在表明正面含义的同时又兼具了反面的含义。这无疑也是一种开放性的体现。补正解释是指对有明显错误的刑法用语通过补正或修正的方式加以解释。同理，就补正解释的形式而言，其就是在不违反罪刑法定原则的基础上通过补正和修正的方式来扩展了刑法用语的含义。这依旧体现出开放性的特征。尽管类推解释在刑法解释过程中是被禁止的，但是在有利于被告人的情况下类推解释还是会存在例外适用的情形。显而易见，在此种情况下，刑法规范的含义被加以延伸，而这种延伸恰恰又是开放性的具体体现。[②] 此外，在刑法解释结论的论成方法中，文理解释是指根据语法和语境对待解释对象是否属于刑法用语可能具有的含义所进行的解释，体系

---

① 张光君：《"常理、常识、常情"的刑法哲学蕴涵》，《河南科技大学学报》（社会科学版）2007年第4期。

② 张晓冰：《重访客观解释说的不确定性——以开放性结构为视角》，收录于《2015年国际法经济学研讨会论文集》2015年6月。

解释是指将待解释对象放置在刑法用语所处的整个体系中对其是否具有协调合理性所进行的解释，当然解释是指根据形式逻辑对待解释对象是否符合当然道理所进行的解释，历史解释是指利用历史发展的眼光对待解释对象是否具有合理有效性所进行的解释，目的解释是指根据刑法规范文本所要保护的目的对待解释对象是否符合刑法规范文本本身的含义所进行的解释。从这五种证成解释方法来看，它们无一例外都体现出了开放性的特征。正如陈金钊教授所言："法律论证理论是一种承认法律开放性的前提下的一种新的解释方法。这种新方法把法律放到了更为宽阔的视野去审视法治，审视法律文本的意义，在一定程序上是在一个新的更为开放的角度来解释法律。"[①] 可见，无论是刑法解释结论的产生方法还是刑法解释结论的论成方法都在一定的程度上体现出了开放性的特征。

三 刑法解释过程开放性产生的影响

如同前文所述，刑法解释过程规范性的存在必然会对刑法以及刑法解释过程产生积极和消极两个方面的影响。同理，刑法解释过程所具有的开放性必然也会如此。据此，笔者接下来依旧是从积极和消极这两个方面来对刑法解释过程开放性存在的意义展开讨论。

就刑法解释过程开放性所产生的积极影响而言，我们大体上可以从以下三个方面来加以把握：其一，从刑法解释过程论这一科学命题的提出和发展以及刑法学和刑法解释学的发展角度来看，尽管任何一种科学理论体系的提出和发展都必然要以规范性作为前提和基础，但不可否认的是，任何一种科学理论在其提出和发展的过程中又必然会体现出开放性的特征。而之所以会这样，原因就在于任何一种科学理论体系的形成和发展必然要以开放性的姿态呈现在人们的面前。如果科学理论一味地追求规范性而忽视了开放性的存在，那么其势必就会在自身的发展过程中陷入一种作茧自缚、难以为继的困境之中。换句

---

① 陈金钊：《法律解释（学）的基本问题》，《政法论丛》2004 年第 3 期。

话说，开放性是任何一种科学理论得以形成和发展的必然性动力因素，在这种必然性动力因素的促使下，科学理论自身固有的内容得到了进一步的完善和快速的发展。显而易见，开放性对于刑法解释过程论的提出和发展所起到的积极影响亦是如此。并且在开放性的影响和制约下，刑法学和刑法解释学也必将获得进一步的完善和发展。[①] 其二，从刑事法律规范周延性得以实现的角度来看，根据哈特所提出来的"开放结构"理论来看，组成刑事法律规范的刑法概念在以人类语言这一物化载体加以呈现时其必然存在着边缘模糊性的特性，进而导致了刑事法律规范在调整外在的社会关系时产生不周延的现象。为了解决这一问题，一方面，解释主体必然要开启刑法解释活动过程，并在刑法解释活动过程中，解释主体在刑法概念的"中心意思"的基础上尽最大的努力去寻找刑法概念所能涵射的语义，进而来确保刑事法律规范所调整的范围更具明确性和广泛性。对于这一过程而言，其毫无疑问就是开放性的具体体现；[②] 另一方面，立法者还可以通过制定"兜底性条款"对该问题进行有效的解决。比如在刑事法律规范中所作出的"其他情形"这一规定便是刑事法律规范周延性得以体现的最好例证。无论是立法解释主体还是司法解释主体在对这一规定进行解释时必然都会体现出开放性的特征。[③] 显而易见，开放性的存在不仅在一定的程度上促进了刑事法律规范明确性的实现，同时其更有助于刑事法律规范周延性的实现。其三，从刑法的自我纠错功能的发挥以及其所追求实现的正义角度来看，由于受到严格的规范性影响和制约，刑法外部因素无法得以介入，进而通常情况下会导致刑法在一种封闭自守的系统中无法充分发挥其自我纠错的功能。为此，解释主体可以通过刑法解释活动来对刑法的自我纠错功能加以弥补。但不可否认的是，基于严格规范性而开启的刑法解释活动在这一问题解决的层面上

---

① 田海滨、韩东晖：《论知识的规范性困境及其出路》，《哲学动态》2019年第11期。
② ［英］哈特：《法律的概念》，张文显等译，中国大百科全书出版社1996年版，第146—159页。
③ 李军：《兜底条款中同质性解释规则的适用困境与目的解释之补足》，《环球法律评论》2019年第4期。

所发挥的作用极为有限。这也就意味着,刑法的自我纠错功能要想得以充分实现,解释主体在作出解释的过程中必须要体现出开放性的解释姿态。此外,刑法所要追求和实现的正义必然会随着社会的发展而呈现出多样化的特点。在严格规范性的制约下,形式正义的实现可以说是轻而易举之事。但是对于多变而又符合社会价值观念的实质正义而言,刑法解释主体在作出解释的过程中必然要秉持着开放性的原则或态度。[1] 显而易见,刑法解释过程所具有的开放性必然对刑法的自我纠错功能和其所追求和实现的正义起着积极的功效。

就刑法解释过程开放性所产生的消极影响而言,我们大体上可以从以下三个方面来加以把握:其一,从刑事法律规范的明确性和稳定性的实现角度来看,作为一种以社会关系为其调整对象的社会规范,刑法规范的明确性和稳定性的实现相比较其他社会规范而言显得尤为重要。然而,刑事法律规范并不是一种封闭自守的规范体系,其也需要随着社会的不断发展而发展,而在其发展的过程中必然要受到其他诸如道德、文化、风俗、礼仪等多种社会规范的影响。为此,刑法解释主体必然要以开放性的姿态来对刑事法律规范作出阐释和说明。而基于前文有关刑法解释过程开放性的内涵以及表现形式的论述,我们了解到,刑法解释过程的开放性就是指刑法解释主体在作出刑法解释行为时通过将刑法解释过程的内部因素与外部因素进行有效融合进而在一定的程度上突破或者摆脱既有的解释限制或要求所体现出来的一种必然属性,具体可以表现为灵活性、包容性、多元性、广泛性、可变性和适时性等多种形式。显而易见,作为一种刑法解释过程所必然具有的特性,开放性在很大的程度上必然会阻碍刑事法律规范明确性和稳定性的实现。其二,从刑事司法实践活动过程的角度来看,刑事司法实践活动的主体在现实的司法实践活动过程中所面对的必然是既有的刑事法律规范和业已发生的案件事实。为了实现刑事法律规范的具体化和案件事实的法律化这一刑法解释目标,刑事司法实践活动的

---

[1] [美]诺内特、塞尔兹尼克:《转变中的法律与社会——迈向回应型法》,张志铭译,中国政法大学出版社1994年版,第31—38页。

主体必然要对既有的刑事法律规范和业已产生的案件事实作出阐释和说明。而在这一过程中，由于刑法解释过程具有着开放性的特征，并且该种开放性的特征又具体表现为灵活性、包容性、多元性、广泛性、可变性和适时性等多种形式。再加之，不同的刑事司法解释主体在解释能力和解释技巧方面存在着一定的差异。所以，刑事司法实践活动主体的解释行为往往会产生恣意解释的现象。进而在现实的司法实践活动过程中经常会出现同案不同判的裁判结果，更有甚者会导致冤假错案的形成。尤其是面对现实社会中所出现的特殊个案时，该种现象和弊端则更为突出。[1] 不可否认，刑法解释过程所具有的开放性这一特征不仅在一定的程度上阻碍了刑事法律规范的明确性和稳定性的充分实现，同时其也在很大的程度上对刑事司法实践活动造成了极大的消极影响。其三，从社会大众的预测可能性的角度来看，诚如前文所言，在规范性的制约和影响下，刑事法律规范的明确性和稳定性得以充分的实现。在此基础之上，社会大众在作出某一行为之前便会形成一种内心确认，该种内心确认的本质就是社会大众对带有明确性和稳定性的刑事法律规范所作出的解释结果。在该种解释结果的指引下，社会大众会选择做或不做某种行为。这便是社会大众的预测可能性的具体体现。然则，不可否认的是，无论是刑事法律规范，还是刑法解释主体所作出的刑法解释活动，它们在其发展的过程中不仅要受到规范性这一特征的影响和制约，同时它们还必然体现出了开放性的特征。而正是由于受到开放性这一特征的影响和制约，社会大众的内心确认或者说社会大众所进行的内在解释活动便失去了明确性和稳定性的前提。换句话说，社会大众所具有的预测可能性得以产生的基础和前提便会呈现出模糊的特性，进而导致社会大众的预测可能性无法得以实现。很显然，刑法解释过程所具有的开放性这一特征对于社会大众的预测可能性的实现必然产生一定程度上的阻碍。[2]

---

[1] 陈金钊：《法律解释（学）的基本问题》，《政法论丛》2004 年第 3 期。
[2] 马荣春：《刑法的可能性：预测可能性》，《法律科学》2013 年第 1 期。

第三节　刑法解释过程规范性与开放性的关系与协调

一　刑法解释过程规范性与开放性的关系

基于前文的介绍和讨论，我们了解到，刑法解释过程在具有规范性的同时其必然还具有着开放性的特征。那么同为刑法解释过程的基本特征，规范性与开放性之间又会体现出怎样的一种逻辑关系呢？对此，笔者认为，刑法解释过程的规范性与开放性之间应该体现为一种相互对立又相互统一的辩证逻辑关系。

从刑法解释过程规范性与开放性之间的对立逻辑关系角度来看，刑法解释过程的规范性是指对刑法解释过程所作出的一种带有人为设定性的严格性限制或要求。这种严格性的限制或要求可以具体体现在解释主体的解释权限、解释对象的限度、解释原则的合法性以及解释方法的合逻辑体系性等多个方面。此外，在规范性的影响和制约下，刑法解释过程不仅要以刑事法律规范的明确性和稳定性为前提，同时其还要以刑事法律规范的明确性、稳定性以及形式正义的实现为价值目标。相比较而言，刑法解释过程的开放性是指刑法解释主体在作出刑法解释行为时通过将刑法解释过程的内部因素与外部因素进行有效融合进而在一定的程度上突破或者摆脱既有的解释限制或要求所体现出来的一种必然属性。该种必然属性具体可以表现为灵活性、包容性、多元性、广泛性、可变性和适时性等多种形式。此外，在开放性的影响和制约下，刑法解释主体在启动和展开刑法解释过程时往往是以实质正义的实现为其最终目标，并且对刑事法律规范明确性和稳定性的实现在一定的程度上造成了阻碍。显而易见，无论是从各自的含义和表现形式方面来看，还是从各自所要追求和实现的价值目标方面来看，刑法解释过程所具有的规范性与开放性这两种特征之间都充分地体现出了对立的逻辑关系。

从刑法解释过程规范性与开放性之间的统一逻辑关系角度来看，首先，作为一种科学理论体系，刑法解释过程论这一命题的形成和发展必然脱离不开规范性和开放性的影响和制约性作用。可以说，规范性和开放性这两种特征必然存在于刑法解释过程中。不言而喻，这必定为二者之间的统一逻辑关系的形成打下了必备的前提基础。其次，从刑法功能实现的这一层面来看，刑法解释过程所具有的规范性和开放性无不是以社会的保护机能和人权保障机能的实现为己任。很显然，这又进一步地为刑法解释过程规范性与开放性之间的统一逻辑关系的形成在目标指向层面上奠定了坚实的基础。最后，从对刑法解释过程所产生的影响角度来看，刑法解释过程所具有的规范性和开放性都存在着积极和消极两个方面的影响。刑法解释过程规范性所产生的积极影响恰恰是对刑法解释过程开放性所产生的消极影响进行了完善和弥补。而刑法解释过程开放性所产生的积极影响恰恰又是对刑法解释过程规范性所产生的消极影响所作出的完善和弥补。显而易见，刑法解释过程所具有的规范性和开放性这两种特征从其功能的层面上形成了一种相辅相成的逻辑关系。可以说，这为二者之间的统一逻辑关系的形成在价值功能的层面上又寻找到了一种有利的证明依据。

概而言之，同为刑法解释过程所必然具有的特征，规范性与开放性之间看似呈现出一种相互对立矛盾的关系，但在这种对立矛盾关系的背后，二者之间却又具有着相辅相成、统一的逻辑关系特性。诚如有的学者所言："尽管规范性与开放性在科学理论发展的过程中必然会体现出对立矛盾的关系特性，但不可否认的是，规范性是科学理论得以存在的基础和前提，开放性则是科学理论水平和质量得以提升的必要途径。规范性与开放性二者之间又必然会体现出辩证统一的逻辑关系特性。"[①]

[①] 王志萍：《中国现代文学教学的规范性与开放性》，《昌吉学院学报》2006年第4期。

二 刑法解释过程规范性与开放性的协调

基于上文的介绍，我们了解到，规范性与开放性都是刑法解释过程本身所必然具有的基本特征，并且二者之间还具有着一种对立统一的逻辑关系。这也就意味着，在刑法解释的过程中我们必然需要将二者进行有机的融合。那么如何才能将二者进行有效的融合，或者说我们应该如何来协调二者之间的对立关系呢？对此，笔者认为，我们应该从以下三个方面加以把握：

首先，在承认刑法解释过程规范性与开放性之间的对立统一逻辑关系的基础上，我们需要进一步地明确刑法解释过程必然是以客观性的实现为其自身的终极目标这一价值指向。或者说，作为刑法解释过程基本特征之一的客观性的实现必然是我们在对刑法解释过程规范性与开放性进行协调或有效的融合的过程中所予以确立的价值目标指向。而根据前文的相关论述来看，刑法解释过程的客观性由于受到社会时空的影响，其在具有一定程度上的明确性和稳定性的同时还会随着不同社会时空维度的变化而发生着变化，也即刑法解释过程的客观性兼具了相对静止和绝对发展双重属性。所以我们在对刑法解释过程规范性与开放性进行有机融合的过程中也需要采用一种辩证的逻辑思维来加以协调。这也正如杨仁寿先生所言："无论是从法学的角度来看，还是从法律解释学的角度来看，对于客观性的追求与实现始终都是二者最基本和最重要的任务和使命……法律解释客观性实现的过程必然会遇到两种不同的境况，其一，在不存在利益冲突以及不需要目的考量的情况下，法律解释主体按照预先设定出来的抽象性的解释原则对法律规范和案件事实作出符合形式逻辑思维的解释活动时，法律解释的客观性也就得以充分实现；其二，法律解释学带有着极强的社会实践性品格，在面对复杂的社会关系和案件事实时，解释主体就需要基于特定的目的从多种利益之间作出选择，进而'闭塞的逻辑'被含有主观价值判断成分的'开放的逻辑'所取代。在这一过程中，法律解释的客观性也得到了充分的实现。对于这种不同境遇下的法律解释客观性而言，后者是一种相对意义上的客观性，其必然是对前者这一绝对意义上的客观性所作出的一种必要修正。"①

其次，在对刑法解释过程的规范性与开放性进行协调或有效融合的过程中，拉德布鲁赫公式的提出不仅为我们提供了一种科学有效的解决方法，同时其也为我们提供了一种科学、合理的指导性原则。作为德国新康德主义法学派的重要代表人之一，拉德布鲁赫在对法律的正义性与安定性进行讨论时其始终秉持着二元主义相对论的哲学理念。在拉德布鲁赫看来，法律的正义性与安定性之间一直都存在着一种矛盾的关系，但是法律理念中所存在的合目的性却完全可以将二者加以统合，进而使得法律正义性与安定性之间的冲突在合目的性的框架中被加以解决。基于此，拉德布鲁赫公式被明确提出。② 就拉德布鲁赫公式的内容而言，其具体包括了具有逻辑递推关系的三个方面：其一，有法总比无法强，法律的安定性通常情况下要高于法的正义性；其二，当法律违反正义的程度已经达到了无法忍受的限度时，该法律就不再是法律，此时法律的安定性要让步于法律的正义性；其三，如果立法者和司法者在各自的立法活动和解释活动过程中有意否认正义，那么该种情形就与第二种情形等同视之。③ 不难看出，拉德布鲁赫公式中所谈论到的法律安定性与正义性投射到刑法解释过程这一层面上时，其便分别指向的是刑法解释过程的规范性与开放性。根据拉德布鲁赫公式来看，规范性与开放性必然是刑法解释过程所具有的基本特征，并且二者之间也必然体现出一种对立统一的逻辑关系特性。在通常情况下，刑法解释过程的规范性要高于或优于开放性，并且刑法解释过程客观性这一价值目标指向的实现在这一情形下也并不会受到任何阻碍。只有在刑法解释所予以追求和实现的实质正义与形式正义发生了不可调和的冲突时，为了追求相对意义上的客观性，刑法解释过程的

---

① 杨仁寿：《法学方法论》，中国政法大学出版社2013年版，第47、64页。
② 任宇行：《以拉德布鲁赫法律理念重构维稳思维》，《理论与改革》2014年第4期。
③ ［德］古斯塔夫·拉德布鲁赫：《法律的不法与超越法律的法》（1946年），舒国滢译，《法哲学与法社会学论丛》2001年第00期。

开放性才会高于或优于规范性。这与前文有关刑法解释过程规范性与开放性之间的关系的论述不谋而合。据此，我们不得不承认，在对刑法解释过程规范性与开放性之间的冲突进行协调的过程中，为了实现刑法解释过程客观性这一价值目标指向，拉德布鲁赫公式必然扮演着有效的解决方法和行为的指导性原则的角色。

最后，从刑事政策对刑法解释过程所产生的影响角度来看，在对刑法解释过程规范性与开放性进行有效融合或协调的过程中，刑事政策的引入实有必要。在李希慧教授看来，刑法的适用过程寻找的是具体的法律依据，依靠的是明确的法律规范。要想将刑事政策融入到刑法解释之中，其必然需要一种融合渠道。而对于这一融合渠道而言，带有开放性特征的社会危害性这一概念便发挥了积极的连接作用。在此作用下，刑事政策被引入到了刑法教义学的范畴之中，并影响着刑法解释客观性的实现与否，进而导致了刑法解释的刑事政策化过程的形成。① 换句话说，为了实现刑法解释过程客观性这一目标价值指向，刑法解释本身不仅体现为一种对稳定的刑法规范进行注释的行为，其更体现为一种随着社会的发展而适当地对刑法语词的含义进行扩大或缩小的过程，而这一过程从某种意义而言其无疑就充分地体现出了刑事政策本身以及刑法解释过程本身都具有着规范性和开放性的特征。此外，"刑法解释的刑事政策化并非过分地夸大自由裁量的作用，而是寻找规则自治与自由裁量之间的平衡。刑法解释必须以刑事政策为指导，但刑事政策不能逾越法律规范。刑法解释的刑事政策化应坚守规则之上的自由裁量。"② 并且，"作为一种社会政策，刑事政策必然具有着功利性的属性，这种功利性的属性具体表现为刑事政策不仅关注于刑法的社会保护功能和人权保障功能的实现，同时其更关注于最大限度地追求和实现形式正义与实质正义的统一。"③ 显而易见，刑法

---

① 李希慧、焦阳：《刑事政策与刑法解释的关系简论》，《中南民族大学学报》（人文社会科学版）2014 年第 3 期。

② 欧阳本祺：《宽严相济刑事政策的刑法解释功能》，《湖北社会科学》2009 年第 12 期。

③ 卢建平：《刑事政策与刑法关系的应然追求》，《法学论坛》2007 年第 3 期。

解释的刑事政策化过程不仅关注于刑法解释过程的规范性，同时其更关注于刑法解释过程的开放性。据此，我们不得不承认，刑事政策在刑法解释过程规范性与开放性的协调过程中必然发挥着积极有效的作用。

第六章 刑法解释过程的承继性与建构性

对于任何一个过程而言，主观性与客观性、时间性与空间性、有限性与无限性都必然是其所具有的基本特征，并且基于这些基本特征，过程又进一步地衍生出了承继性与建构性的特征。同理，作为过程中的一种类型，刑法解释过程在具备了主客观性、时空性以及规范性与开放性的同时，其必然也会基于前述这些基本特征进而衍生出承继性与建构性的特征。然则，刑法解释过程毕竟是一种特殊的人类认知实践过程，其所具有的承继性与建构性在一定的程度上当然也就会有别于一般意义上的过程。为此，此处就刑法解释过程的承继性和建构性展开了详细的论述。

第一节 刑法解释过程的承继性

一 刑法解释过程承继性的内涵

所谓的刑法解释过程的承继性，是指在以经验为其内核的演进理性的作用下，处于前后不同社会时空维度内的刑法解释过程之间以对话解释的方式加以呈现时所体现出来的传承性和吸收性。对于刑法解释过程承继性的这一内涵，我们可以从以下三个方面加以把握：

首先，从过程与刑法解释过程之间所体现出来的一般与个别的逻辑关系角度来看，基于前文有关过程承继性这一特征的含义介绍，我们了解到,过程的承继性是指存在于前后不同社会时空维度内的过程之间所体现出来的传承性和吸收性。① 从过程的承继性这一含义出发,我们自然便会得知,刑法解释过程的承继性理应是指处于前后不同社会时空维度内的刑法解释过程之间所体现出来的传承性和吸收性。然而,该一含义毕竟是从一般意义的层面上对刑法解释过程的承继性作出的界定,其并不足以全面地揭示出刑法解释过程承继性的内涵。据此,我们有必要对刑法解释过程承继性的内涵展开进一步的阐述和说明。

其次,从认识论的角度来看,刑法解释过程不仅是一种对刑法规范和案件事实进行阐释和说明的过程,更是一种发生在社会科学范畴内的人类理性认知过程。关于理性,学界一直以来就存在着演进理性与建构理性的争论。"演进理性"的代表人哈耶克在描述演进理性的作用时就曾指出:"我们所知悉和掌握的知识、习惯及技术,我们的工具以及制度都是我们对过去经验的调适,它们并不存在于构设理性之中。相反,其存在于以经验为理论内核的演进理性之中。"② 从哈耶克的论断来看,演进理性强调人类所取得的一切文明成就并不是通过人类的逻辑思维来刻意地设计和创制出来的,其应该是一种带有自发性、传承性和累积性特点的经验成果。③ 显而易见,刑法解释过程的承继性必然是演进理性在作用于刑法解释过程时所体现出来的一种特征。

最后,从解释学的角度来看,通常情况下,刑法解释过程往往会被人们认为是一种解释主体通过解释行为对文本或立法者的原意进行还原和阐明的过程。这便是主观解释论所主张的观点。然而,在德沃金看来,以还原立法者原意为解释目的的主观解释论是一种与建构解释相对应的对话解释。"对话解释就是致力于破解作者意图的解释过

---

① 杨超:《过程论》,《社会科学战线》1979年第2期。
② [英]哈耶克:《自有秩序原理》,邓正来译,生活・读书・新知三联书店1997年版,第64页。
③ 景玉琴:《分野与融合:建构理性与演进理性》,《江汉论坛》2006年第12期。

程。对话解释的直接对象不限于言说者的言语，还包括以各种符号表达的、附着了作者意图的对象。如果解释者把对这些对象的解读还原为作者意图的解读，那么这种解读就是对话解释。"① 不可否认，这种与建构解释相对应的对话解释必然是将立法者的原意通过解释的过程传承或吸收到了新的刑法解释过程中，进而同解释主体的认知发生了融合。显而易见，刑法解释过程的承继性必然是以对话解释的方式来体现的。②

二 刑法解释过程承继性存在的必然性

根据前文相关内容的介绍，我们了解到，尽管中外的刑法解释之间无论是从内容层面上还是从发展轨迹层面上都存在着诸多的差异。但是不可否认，中外的刑法解释活动却都是以一种前后继启的解释过程的形式来加以体现的。而就中外这些前后继启的刑法解释过程的本质而言，其又都体现为一种由多种解释要素所构成的解释活动所经历的程序或阶段。同时，由众多解释程序或阶段所组成的刑法解释过程又具有着主客观性、时空性、有限性、无限性的必然属性。据此，在对刑法解释过程承继性存在的必然性这一问题进行讨论时，我们必然要结合前文有关刑法解释过程的相关论述来进行综合性的把握。

首先，从马克思的历史唯物史观的角度来看，人类的历史天然地具有着传承性和吸收性的发展特征，这是人类社会在其自身发展过程中所具有的客观规律所导致的。③ 而以过程的形式加以体现并存在于人类社会发展过程中的法律解释必然也是人类历史的一个组成部分。既然人类的历史在客观的社会发展规律的作用下产生了传承性和吸收性的必然属性，那么作为人类历史文明发展过程的一个组成部分，刑法解释过程必然会在该种客观发展规律的影响和制约下形成自身的发

---

① [美]罗纳德·德沃金：《法律帝国》，许杨勇译，上海三联书店2016年版，第50页。

② 钱一栋：《建构性解释的两重意涵——试论德沃金的一般解释理论》，《金陵法律评论》2017年第2期。

③ 《马克思恩格斯选集》（第1卷），人民出版社1995年版，第68—74页。

展规律，进而产生出了传承性和吸收性的特征。对于这一点而言，前文有关中外刑法解释发展概况的详细介绍就足以对此加以证明。显而易见，从这一角度而言，承继性必然是刑法解释过程所具有的一种属性，并且刑法解释过程所具有的承继性也必然会具体表现为传承性和吸收性。

其次，从刑法解释过程的本质层面来看，刑法解释过程是刑法解释主体的解释行为所经历的一种程序和阶段。作为一种为了追求和实现客观性的程序和阶段，刑法解释过程必然是在不同的社会时空维度内来形成和体现的。更或者可以说，刑法解释过程作为一种以客观性的实现为己任的解释行为所经历的程序和阶段，其必然是不同社会时空在刑法解释过程中的一种凝结。而根据前文有关刑法解释过程的时空性的相关介绍，我们了解到，存在于刑法解释过程中并对刑法解释过程产生着决定性影响和作用的社会时空本身天然地具有着有限性和无限性的特征，而这种有限性和无限性从某种意义上来说就是社会时空的传承性和吸收性在刑法解释过程的发展层面上的综合体现。显而易见，刑法解释过程的承继性必然是在刑法解释过程主客观性、时空性、有限性和无限性的综合作用下所衍生出来的一种特性，其必然会以传承性和吸收性来加以体现。

再次，从刑法解释过程的构成要素角度来看，刑法解释过程也必然具有着承继性这一特征，并且刑法解释过程所具有的承继性也必然会具体表现为传承性和吸收性。比如，作为刑法解释过程的必备构成要素之一的刑法解释原则在刑法解释的发展过程中始终存在着合法性解释原则和合理性解释原则的争论。尽管在不同的社会时空维度内，合法性解释原则和合理性解释原则的地位会发生改变，但不可否认，合法性解释原则与合理性解释原则之间的争论从刑法解释活动产生的那一时刻起便一直延续至今。再比如，同为刑法解释过程的必备构成要素，刑法解释方法中的扩大解释、限缩解释和目的解释等具体解释方法从刑法解释活动产生的那一刻起也一直伴随着刑法解释活动的发展而被延用至今。至于刑法解释过程的其他构成要素而言亦是如此。

显而易见，由这些要素所组成的刑法解释过程必然具有着以传承性和吸收性为表现形式的承继性特征。或者从某种意义上来说，刑法解释过程的承继性就应该是指刑法解释过程的构成要素的传承性和延续性的综合体现。

最后，从刑法解释过程的发展动力角度来看，刑法解释过程也理应具有承继性的特征，并且刑法解释过程所具有的承继性依旧具体表现为传承性和吸收性。基于前文对刑法解释过程承继性的内涵的介绍，我们了解到，在演进理性的支配下，刑法解释过程产生了承继性的特征，而演进理性又是以经验为其理论内核。据此，经验便成为了刑法解释过程得以发展不可或缺的动力来源。对此，霍姆斯就曾言道："法律的生命从来也不在于逻辑，而在于经验。"① 而从一般意义上而言，经验却又是一种由人类实践活动而获得的知识或技能，并且其在人类社会发展的过程中往往呈现出一种继承性和连续性的特点。② 所以，在以经验为其内核的演进理性的支配下所开启的刑法解释过程必然也就具有了承继性的特征，并且这种承继性也必然表现为经验的传承性和吸收性。正如哈耶克所言："规则是在他生活于其间的社会中经由一种选择过程而演化出来的，从而它们也是世世代代的经验的产物。"③

第二节　刑法解释过程的建构性

一　刑法解释过程建构性的内涵

所谓的刑法解释过程的建构性，是指在以逻辑为其内核的建构理

---

① ［美］霍姆斯：《普通法》，冉昊、姚中秋译，中国政法大学出版社2006年版，第5页。

② 中国社会科学院语言研究所词典编辑室：《现代汉语词典》，商务印书馆1996年版，第665页。

③ ［奥］哈耶克：《法律、立法与自由》（第一卷），邓正来译，中国大百科全书出版社2000年版，第7页。

性的作用下，处于前后不同社会时空维度内的刑法解释过程之间以建构解释的方式加以呈现时所体现出来的批判性和创新性。对于刑法解释过程建构性的这一内涵而言，我们可以从以下三个方面加以把握：

首先，从过程与刑法解释过程之间的逻辑关系角度来看，基于前文有关过程建构性这一特征的含义介绍，我们了解到，过程的建构性是指存在于前后不同社会时空维度内的过程之间所体现出来的批判性和创新性。[1] 基于过程的建构性这一含义，我们便可得知，刑法解释过程的建构性理应是指处于前后不同社会时空维度内的刑法解释过程之间所体现出来的批判性和创新性。这一定义毕竟是从一般意义的层面上对刑法解释过程的建构性作出的界定，其并不足以全面地揭示出刑法解释过程建构性的内涵。据此，我们有必要对刑法解释过程建构性的内涵进一步地展开阐述和说明。

其次，从认识论的角度来看，刑法解释过程毕竟是发生在社会科学范畴内的一种人类理性认知过程。而上文在对刑法解释过程承继性的内涵进行介绍时我们了解到，作为促使刑法解释过程承继性得以产生的一种因素，演进理性同建构理性之间始终存在着激烈的争论。同演进理性相比，建构理性则主张，"人们若想去探知客观事物或事务内在的本质，仅凭经验是根本无法做到的，其必然需要借助于人类的严密逻辑思维推理功能。此外，人类社会制度的形成与发展并非是自然演进而形成的，其是人类在逻辑思维的作用下所形成的一种带有创设性和批判性的设计结果。"[2] 显而易见，建构理性所关注和强调的是人类的逻辑思维以及逻辑思维所具有的强大的建设力和解释力，其必然是刑法解释过程建构性这一特征得以产生的理性来源。

最后，从法律解释学的角度来看，德沃金认为，在法律解释过程中，除了对话解释之外，建构解释同样也发挥着重要的作用。建构解释与对话解释是两种相互并列的解释活动，二者均是法律解释过程中最为根本的解释活动。而就对话解释与建构解释之间最为明显的区别

---

[1] 杨超：《过程论》，《社会科学战线》1979年第2期。
[2] 景玉琴：《分野与融合：建构理性与演进理性》，《江汉论坛》2006年第12期。

而言，在对话解释过程中，解释主体是以还原立法者的原意为己任，进而对于解释主体而言，其往往就会表现出一种消极的特性。而这种消极性具体就是指解释主体通过对话解释的形式来开启具有"符合性"的解释过程。而在建构解释过程中，解释主体则是以解释活动的"最佳性"目的实现为己任，并以积极的姿态参与到自己所开启的建构性解释过程中。或者说，建构解释主体之所以积极开启和参与到解释活动中，其所涉及的解释目的只是解释者的目的，而并非是立法者的目的。① 显而易见，刑法解释过程的建构性必然是以建构型解释方式来加以体现的。

二 刑法解释过程建构性存在的必然性

在对刑法解释过程建构性的内涵进行了解之后，我们接下来便要从以下几个方面来对刑法解释过程建构性存在的必然性这一问题展开详细的论述。

首先，从马克思的历史唯物史观的角度来看，人类的历史和文明必然都要在人类的主观能动性的作用下借助于人们的社会实践活动来不断地向前发展。毫无疑问，这同样也是客观社会发展规律的作用使然。② 而作为人类文明的重要组成部分，法律制度也必然会随着人类社会的发展而不断向前发展。进而基于法律制度而被开启的法律解释过程随即也就必然具有了不断向前发展的态势。所谓的发展，顾名思义，就是新事物代替旧事物。既然新事物代替旧事物即为发展，那么新事物又是如何代替旧事物的呢？毫无疑问，在人类的主观能动性的作用下，批判与创新必然是不可或缺的因素。这样看来，具有不断发展变化特性的刑法解释过程必然会体现出批判性和创新性的特点。对于这一点而言，前文有关中外刑法解释发展概况的介绍同样也足以加以证明。显而易见，从马克思的历史唯物史观出发，建构性必然是刑

---

① ［美］罗纳德·德沃金：《法律帝国》，许杨勇译，上海三联书店2016年版，第53—104页。

② 《马克思恩格斯选集》（第1卷），人民出版社1995年版，第68—74页。

法解释过程所具有的一种基本特征，并且该基本特征在刑法解释过程层面上又必然会具体表现为批判性和创新性。

其次，从刑法解释过程的本质层面来看，刑法解释过程的本质就是一种刑法解释主体在对刑法解释对象进行阐释和说明时所经历的程序和阶段。其中，所谓的刑法解释阶段，顾名思义就是指刑法解释这一动态发展的过程本身在特定的社会时空维度内所呈现出来的一种相对静止的状态。该一相对静止的发展状态明显地有别于其在以往任何社会时空维度内所呈现出来的状态。换句话说，处于不同社会时空维度内的刑法解释必然会呈现出不同的发展态势，进而形成刑法解释过程的不同发展阶段。那么，由刑法解释主体所开启的刑法解释过程又为何会在不同的社会时空维度内形成不同的发展阶段呢？对此，笔者认为，其中最为重要的一个原因就在于，处于不断变化的社会时空维度内的刑法解释主体对于其所开启的刑法解释过程所要追求和实现的客观性的认知必然会产生明显的差异。而这些有关刑法解释客观性的不同认知又必然是刑法解释主体通过对之前的认知进行批判进而创新性地形成一种新的认知。显而易见，刑法解释过程的建构性必然是一种在刑法解释过程的主客观性、时空性、有限性和无限性这些基本特征的综合作用下所衍生出来的特征。

再次，从刑法解释过程的构成要素角度来看，建构性作为刑法解释过程的基本特征之一，其存在的必然性同样也可以被充分地加以证明。比如，罪刑法定原则作为一种刑法解释行为必须遵守的解释原则，其在最初之时只具有着形式侧面的含义。然而，随着社会不断地发展以及司法实践活动所面对的社会关系日趋复杂，罪刑法定原则的形式侧面已经无法发挥其积极的功效。为此，人们开始对罪刑法定原则进行诟病。很显然，这些诟病无疑就是一些批判的声音。为了能够继续发挥罪刑法定原则在刑法解释过程中的积极功效，同时也为了能够更好地对现实复杂的社会关系进行解读，罪刑法定原则的实质侧面被创制出来。毫无疑问，罪刑法定原则实质侧面的提出以及其在具体的刑法解释活动过程中的运用必然是一种创新行为的体现。再比如，在刑

第六章 刑法解释过程的承继性与建构性 201

法解释方法这一构成要素范畴内，随着法治文明的不断发展，类推解释通常是被禁止使用的（有利于被告人除外）。这无疑是一种批判行为的具体体现。此外，为了更好地发挥各种具体解释方法的功效进而合理有效地解决现实问题，我们将所有的刑法解释方法划分成了结论的产生方法和结论的证成方法两种类型。毫无疑问，这必然是一种创新行为的具体体现。显而易见，由这些要素所组成的刑法解释过程必然具有着以批判性和创新性为表现形式的建构性特征。①

最后，从法律的实践过程的角度来看，正如胡克所言："在法律实践中，法律不断地被创制、变通和发展。作为法律具体实践过程的重要环节，法律解释的活动必然是这一创制、变通和发展不可或缺的因素。"② 从胡克的这一论断出发，我国学者陈金钊教授明确指出："像任何理解一样，法律解释的创新性不可避免。创新性也称之为建构性。这不仅是因为法律存在着漏洞、矛盾等缺陷，更为重要的是，一般性的法律在与具体案件进行结合时，其必然需要解释者的'创造性'逻辑思维发挥积极的功效。"③ 据此，我们不难看出，作为法律实践过程中的一个重要环节，刑法解释过程必然具有着建构性这一基本特征。刑法解释过程之所以会具有建构性，其中最为重要的一个原因就是因为"创造性"的逻辑思维在发挥着积极功效。而此处所谓的"创造性"的逻辑思维，顾名思义就是从已知推出未知的逻辑推理过程。毫无疑问，已知推出未知，这必然是一种创新性行为的具体体现。当然，不可否认，在已知推未知的过程中，一旦出现了刑法规范与案件事实进行结合有违逻辑推理规则的情形时，刑法解释主体必然会对其予以否决。很显然，这必然是一种批判性行为的具体体现。基于以上论述，我们自然便会得知，在以逻辑为内核的建构理性的作用下，刑法解释过程必然具有着以批判性和创新性为表现形式的建构性这一

---

① 王煜：《价值理性的主体建构性特质研究》，《广西社会科学》2013年第7期。
② ［比］胡克：《法律的沟通之维》，孙国东译，法律出版社2008年版，第237页。
③ 陈金钊主编：《法律逻辑学》（第二版），中国人民大学出版社2015年版，第229页。

基本特征。这无疑又进一步地证明了上文所给出的刑法解释过程建构性内涵的合理性。

第三节 刑法解释过程承继性与建构性的关系与协调

通过上文的介绍，我们了解到，一方面，在以经验为内核的演进理性和以逻辑为内核的建构理性的作用下，人们所开启的刑法解释过程体现出了承继性和建构性的基本特征。也即，经验与逻辑在人们所开启的刑法解释过程中必然发挥着各自不可替代的作用。另一方面，从本质上而言，刑法解释过程的承继性和建构性就是继承与创新这两种不同的解释行为方式所表现出来的特性。也即，继承和创新分别是刑法解释承继性和建构性的具体表现形式。[1] 所以，对刑法解释过程承继性与建构性之间的关系进行认知和把握，实际上就是在对经验与逻辑、继承与创新这两组关系所展开的讨论。

一 刑法解释过程中经验与逻辑的关系与协调

尽管前文曾多处提及经验与逻辑的相关问题，但就二者在刑法解释过程中的表现、作用以及二者之间的关系等问题却在前文中并没有作出详细的论述。而根据上文刑法解释过程承继性与建构性相关内容的介绍，我们了解到，经验和逻辑必然都存在于刑法解释过程中，并且在二者的影响之下，刑法解释过程又体现出了承继性和建构性这两种基本特征。所以，为了能够全面和深入地了解刑法解释过程承继性与建构性之间的关系，同时也为了能够更好地对前文相关内容作出回应，此处将对刑法解释过程中的经验和逻辑的表现、作用、关系以及基于关系所引起的协调等问题展开详细的论述。

---

[1] 樊义红：《从本质的认同论到建构的认同论》，《武汉科技大学学报》（社会科学版）2012年第2期。

就刑法解释过程中所存在的经验与逻辑的各自表现以及各自所发挥的作用而言，我们可以从以下三个方面来综合把握：

首先，无论是刑法概念还是刑法规范，二者都必然是人们在长期的认知实践过程中所形成的一种相对稳定的理性认知结果。而作为一种相对稳定的理性认知结果，刑法概念和刑法规范的形成又必然脱离不开经验的影响和制约。[①] 对此，洛克就曾言道："我们的全部知识是建立在经验上面的；知识归根到底是来源于经验的。"[②] 同时哈耶克也指出："规则是在他生活其间的社会中经由一种选择过程而演化出来的，从而它们也是世世代代的经验的产物。"[③] 此外，为了确保刑法概念和刑法规范的科学性和规范性的实现，人们在对刑法概念下定义时必须要遵守"被定义项＝种差＋属概念"这一逻辑结构。而在制定刑法规范时，人们则必须要遵守"[（T∧W）→（m）C]∧[～C→（m）S]"这一逻辑结构[特定的主体T，在特定的情况W下应该（m）作出某种行为C，如果不作出某种行为C，则应该（m）承担特定的责任S。其中T与W一同指向的是刑法规范内在的行为模式，而S则指向的是刑法规范内在的法律后果]。[④] 显而易见，解释主体在对刑法概念和刑法规范进行解释的过程中，经验与逻辑必定会存在于其中并发挥着各自的功效。

其次，无论是从刑法解释结论的产生方法的角度来看，还是从刑法解释结论的论成方法的角度来看，各种具体的刑法解释方法中都蕴含着特定的逻辑思维。[⑤] 比如，扩大解释就是在法律概念可能含义的范围内对其内涵和外延所作出的一种扩张式的形式逻辑思维推理活动；缩小解释就是在法律概念原有含义的基础上对其内涵和外延所作出的

[①] 赵小锁：《论刑法与人性、逻辑、经验、语言的关系》，《贵州师范大学学报》（社会科学版）2014年第5期。
[②] 张志伟：《西方哲学史》（第二版），中国人民大学出版社2010年版，第300页。
[③] ［奥］哈耶克：《法律、立法与自由》（第一卷），邓正来译，中国大百科全书出版社2000年版，第7页。
[④] 张大松、蒋新苗：《法律逻辑学教程》，高等教育出版社2007年版，第164—165页。
[⑤] 杨仁寿：《法学方法论》（第二版），中国政法大学出版社2012年版，第55页。

一种限缩式的形式逻辑思维推理活动；根据语法对解释对象所进行的文理解释，其本质就是一种言语逻辑思维的综合体现；将待解释的对象放置在刑法规范系统之中并加以阐释和说明的体系解释，其所遵循的逻辑思维规则是形式逻辑中的同一律；当然解释中的"举轻以明重，举重以名轻"的要求则是在追求结论的形式逻辑的有效性。① 此外，无论是刑法解释结论的产生方法，还是刑法解释结论的论成方法，在它们的产生以及具体适用的过程中都必然要借助于适用者长期以来所积累的经验来加以实现和完成。比如，文理解释除了根据语法对解释对象进行解释之外，其中语境因素同样对解释活动起到着至关重要的作用。而就语境而言，其无非就是人们在日常生活的语言交流过程中所形成的经验的集中体现。② 显而易见，在具体的刑法解释方法的形成和运用的过程中，经验与逻辑必然也发挥着各自的积极功效。

最后，罪刑法定原则不仅是刑法的基本原则，同时其也是刑法解释主体在其展开的刑法解释过程中必须遵守的解释原则。根据前文的介绍，我们了解到，随着司法实践的发展，罪刑法定原则在最初的形式侧面的基础上逐渐形成了实质侧面。其中罪刑法定原则的形式侧面是以刑法的形式正义的实现为己任。在其具体要求之下，刑法解释主体在自身所开启和展开的刑法解释过程中必须要严格地按照三段论的逻辑推理规则将解释目光往返于刑法规范与案件事实之间，并最终作出符合逻辑推导规则的解释结论。而相对于罪刑法定原则的形式侧面而言，罪刑法定原则的实质侧面则是以刑法的实质正义的实现为己任。在其具体要求之下，刑法解释主体在自身所开启和展开的刑法解释过程中往往会依据自身长期所积累的经验来对现实的司法情况以及现存的并被适用的刑法规范作出相应的评判、认定和解读，进而作出符合经验法则的解释结论。③ 显而易见，存在于刑法解释过程中的合法性解释原则与合理性解释原则以及逻辑严谨性解释规则和经验符合性解

---

① 李希慧：《刑法解释论》，中国人民公安大学出版社 1995 年版，第 96—129 页。
② 李晓培：《科学知识合法化的语境阐释》，《理论探索》2014 年第 6 期。
③ 张明楷：《罪刑法定与刑法解释》，北京大学出版社 2015 年版，第 48 页。

释规则必定是在逻辑与经验的影响和制约之下才得以形成并在司法实践互动过程中发挥着积极的功效。

在对刑法解释过程中的经验与逻辑之间的关系进行认知时,人们必然会提及到霍姆斯所说的"法律的生命从来也不在于逻辑,而在于经验"这一论断,进而认为在刑法解释过程中经验要比逻辑更为重要,甚至还有人认为在刑法解释过程中逻辑并没有存在的意义。其实这是人们对霍姆斯的论断所产生的一种误解。毕竟霍姆斯同时也指出"律师受到的训练就是在逻辑上的训练。司法判决所使用的语言主要是逻辑语言"这一论断。那么我们应该如何对霍姆斯的这两个论断进行正确的解读,更或者说,刑法解释过程中的经验与逻辑之间究竟是一种怎样的关系呢?

在前文论述的基础上,我们不难发现,存在于刑法解释过程中的逻辑是一种相对静止的推理形式和规则,其具有着明确性、稳定性的特征,并且其自身无法主动地为自己吸入新鲜的养料。而存在于刑法解释过程中的经验则是一种处于不断发展变化中的人类认知能力,其具有着累积性、常新性的特征,并且其自身能够主动地在人类认知实践过程中不断地丰富和完善自己。如果说逻辑在刑法解释过程中所起到的功效是实现刑法解释对象以及刑法解释活动的稳定性、一致性和体系完整性的话,那么刑法解释过程中的经验所起到的功效则就是确保刑法解释对象以及刑法解释行为的常新性与适应性的实现。或许正是由于逻辑与经验之间存在着这样的差异,才会导致人们对霍姆斯所言及到的第一个论断产生了错误的理解。[1] 然而,事实上,存在于刑法解释过程中的经验与逻辑之间除了具有这些差异之外,二者在刑法解释过程中也必然存在着相互影响、相互作用的关联性。通过上文的论述,我们同样可以得知,对于逻辑与经验在刑法解释过程中所产生的关联性而言,其具体可以表现为,经验与逻辑就如同硬币之两面,鸟之两翼。经验不仅是法律规范内容的形成和发展的素材和动力来源,

---

[1] 马聪:《法律中的"经验"与"逻辑"——霍姆斯大法官"经验论"解读》,《北方论丛》2008年第5期。

更是逻辑思维的基本内容。逻辑不仅是法律规范被适用过程中的行为模型,更是经验得以实现的工具。脱离了经验的逻辑只不过是一种空洞的形式和僵死的教条。而脱离了逻辑的经验则不过是一些杂乱无序、积极效果并不明显的认知结果。[①]

综合以上的论述,笔者认为,经验与逻辑在刑法解释过程中必然体现为一种相互依存、相互影响、相互作用的辩证统一关系。那种认为经验比逻辑更为重要,或者逻辑比经验更为重要的认知都是一种极端主义的体现,实不可取。在现实的刑法解释过程中,解释主体不仅要从客观的实际情况出发来全面、综合地考量刑法规范与案件事实之间的适合度问题,同时也要正确、客观地看待经验与逻辑的地位和功效。不能为了追求形式正义而一味地坚守"逻辑"的独断地位而忽视了"经验"的存在,同时也不能为了追求实质正义而一味地坚守"经验"的独断地位而忽视掉"逻辑"的存在。这不仅是刑法解释过程客观性价值指向的必然要求,同时其也是刑法解释过程承继性与建构性二者之间关系的真实写照。

二 刑法解释过程中继承与创新的关系与协调

刑法解释过程中的继承与创新这两种解释行为方式必然是刑法解释过程的承继性与建构性的具体表现形式。或者说,存在于刑法解释过程中的继承与创新这两种解释行为方式就是刑法解释过程承继性与建构性的本体。所以,换种角度而言,前文对刑法解释过程承继性与建构性存在的必然性问题所展开的论述实际上就是在论述承继和创新这两种解释行为方式在刑法解释过程中的表象。据此,关于二者在刑法解释过程中的具体表象这一问题,此处则不再赘述,而是直接就继承与创新在刑法解释过程中所形成的关系以及基于此种关系所引起的协调问题来展开论述。

从马克思辩证唯物主义发展观来看,新事物对旧事物中的合理成

[①] 牟治伟:《经验比逻辑更重要吗?》,《人民法院报》2016年8月12日第6版。

分所进行的传承和吸收便是继承。继承不仅是克服过程中的一种保留,还是获取过程中的一种舍弃,更是一种否定过程中的肯定。而旧事物向新事物进行转变的过程则可以被认定为是创新。创新不仅是事物的旧质向新质的飞跃,还是新事物对旧事物的一种扬弃,更是肯定过程中的一种否定。继承与创新之间必然体现为相互依存、相互影响、相互作用的辩证统一关系。或者说,继承必然是创新的基础,创新也必然是继承的发展。具有紧密联系和不可分割关系的继承与创新最终构成了事物由肯定到否定再到否定之否定的辩证发展和永恒运动的前进过程。此外,在事物发展的过程中,继承并不意味着完全照搬照抄,而创新也并不意味着完全脱离传统而自以为是的任意编排。那些"只创新不继承"和"只继承不创新"的发展过程终将是一种极端主义的表现,它们最终都会导致人类社会发展的停滞不前。[①]

毋庸置疑,刑法解释过程中的继承与创新之间的关系必然如同上述哲学层面上的继承与创新之间所具有的辩证统一关系。刑法解释过程中的继承就是新的刑法解释过程对其之前所存在的刑法解释过程在各种刑法解释过程构成要素层面上所作出的传承和吸收。这些传承和吸收就是新的刑法解释过程在克服了先前刑法解释过程各种构成要素的缺陷的同时对适用于当下司法实践的合理成分加以保留,其不仅体现为新的刑法解释过程对先前的刑法解释过程的各种构成要素的取舍,同时也体现出了新的刑法解释过程在对先前刑法解释过程的各种构成要素进行否定之余所作出的不同程度上的肯定。而刑法解释过程中的创新则体现为先前的刑法解释过程向其之后被开启的新的刑法解释过程所进行的转变。这种转变的本质表现为新的刑法解释过程在肯定先前刑法解释过程各种构成要素合理性的同时又对先前刑法解释过程各种构成要素的不合理性作出否定。也正因如此,前后不同的刑法解释过程才形成了明显的差异,进而被区分开来。显而易见,刑法解释过程中的继承与创新之间必然体现出了相互依存、相互影响和相互作用

---

① 葛恒云:《马克思主义的发展观及其当代意义》,《江苏大学学报》2008年第1期。

的辩证统一关系。这种辩证统一的关系具体可以表述为，刑法解释过程中的创新必然要以继承为基础，而刑法解释过程中的继承又必然要以创新为发展方向，人们所开启的刑法解释过程就是在"继承—创新—再继承—再创新"这样循环往复的运作中不断向前发展。[①] 这也就意味着，那些一味地忽视创新而完全照搬照抄和一味地忽视继承而完全脱离解释传统自以为是的任意解读的行为都必然是极端主义的刑法解释，都必然会导致人类法治文明的停滞不前。所以，在刑法解释过程中，我们必然要杜绝以上两种极端主义的刑法解释方式，正确地认识到继承和创新二者之间的辩证统一关系，并将二者进行有效的融合和协调，进而发挥二者所具有的积极作用。

综上所述，承继性与建构性分别是在以经验为内核的演进理性和以逻辑为内核的建构理性的影响和作用下而产生的两种刑法解释过程的基本特征。同时，刑法解释过程所具有的这两种特征又分别以继承和创新这两种行为方式来加以体现。所以，在对刑法解释过程承继性与建构性之间的关系进行认知时我们需要分别从经验与逻辑、继承与创新这两组关系的角度来加以把握。通过以上详细的论述，我们发现，无论是经验与逻辑之间的关系，还是继承与创新之间的关系，它们都体现出来了相互依存、相互影响和相互作用的辩证统一关系。据此，就刑法解释过程的承继性与建构性之间的关系而言，它们之间也必然体现为相互依存、相互影响和相互作用的辩证统一关系。在此基础上，为了能够全面实现刑法解释的最终目的，解释主体在解释的过程中必须以客观的视角来审视和对待经验与逻辑、继承与创新之间的辩证统一关系，尽量避免和防止唯经验论、唯逻辑论、唯继承论、唯创新论等极端主义现象的出现。

[①] 王新举：《论后现代主义对法律主体的解构和建构——以过程哲学为视角》，《求是学刊》2008 年第 5 期。

第七章 当下刑法解释理论的再认知

从学术研究的严谨性、规范性和科学性的角度来看，刑法解释过程论的提出必然要对刑法解释中现存的争论性问题给予合理性的回应。否则，刑法解释过程论便会失去其存在的现实意义。据此，笔者接下来便要从刑法解释过程论的视角对当下主要的刑法解释理论展开详细的讨论。

第一节 主观解释论与客观解释论之争的认知

从主观解释论与客观解释论之间所形成的争论点来看，其主要集中在刑法解释的立场、刑法解释的目标以及是否违反了罪刑法定原则这三个方面。据此，在以刑法解释过程论的视角对主观解释论与客观解释论进行再次认知时，笔者将分别从以下三个方面来展开论述。

一 刑法解释立场层面上的认知

刑法的主观解释论，又称为立法者意思说，其主张刑法解释活动要站在立法者的立场，并以阐释和还原立法者原意为目标。而刑法的客观解释论，则又称为法律客观意思说，其主张刑法解释活动要站在司法者的立场，以追求和实现刑法规范在现实社会中应有的含义为目标。[①] 很显然，在对主观解释论与客观解释论进行区分时，学界采用

---

① 魏东：《保守的实质刑法观与现代刑事政策立场》，中国民主法制出版社2011年版，第18页。

了解释立场和解释目标这两种标准。不过，在笔者看来，当我们以刑法解释过程论的研究视角对主观解释论与客观解释论之间的这种划分标准再次进行审视时则会发现，其略有不妥或有待商榷。

基于前文的介绍，我们了解到，作为刑法解释过程的必备构成要素，刑法解释的立场在刑法解释过程论的视域下是指刑法解释主体的解释活动所指向的利益目标人群。而在当下法治文明的社会中，刑法解释活动所指向的这一利益目标人群必定是社会大众，其绝非仅仅指向的是立法者和司法者。更何况，无论是立法者还是司法者，他们毕竟也是社会大众这一利益目标人群的组成部分。显而易见，无论是立法者还是司法者，他们所开启的刑法解释过程，都必然是为实现社会大众这一利益目标人群的合法权益而服务的。据此，我们便可以进一步地推知，主观解释论与客观解释论的解释立场都是指社会大众这一利益目标人群，二者在解释立场层面上具有同质性。这也就意味着，从刑法解释过程论的视角来看，将解释立场作为主观解释论与客观解释论的划分标准还是有待商榷的。或者更为明确地说，从刑法解释过程论的视角来看，在对主观解释论与客观解释论进行划分时，解释立场这一划分标准并不具有存在的必要性。在对主观解释论与客观解释论进行区分时，刑法解释目标作为划分的标准完全可以胜任。也即，按照不同的解释目标来进行划分时，如果解释主体的解释行为是为了追求和实现立法者立法时的原意，那么该种解释论便是主观解释论。如果解释主体的解释行为是为了追求和实现刑法规范在现实社会中应有的含义，那么该种解释论则属于客观解释论的范畴。

二 刑法解释目标层面上的认知

解释立场层面上的认知为我们揭示出，主观解释论与客观解释论具有着相同的解释立场，并且该一相同的解释立场指向的都是社会大众这一利益目标人群。这也就意味着，无论是主观解释论者还是客观解释论者，他们的主张都必然是围绕着社会大众这一利益目标人群的正当利益而形成的。而对于社会大众这一利益目标人群的正当利益而言，其又是刑法解释过程客观性价值指向的综合体现。据此，我们便可得知，无论是主观解释论还是客观解释论，二者都是围绕着刑法解释过程客观性这一核心价值指向而展开的认知。① 只不过，在客观性具体内容的认知层面上，二者之间却产生了分歧。

从本质上而言，在对客观性的认知层面上，主观解释论与客观解释论之间所形成的差异实际上是关于"何谓刑法正义"这一问题而形成的不同认知。② 也即，在主观解释论看来，刑法的正义应该是隐含在刑法规范中的立法者的意图，刑法解释主体应该尽自己的最大努力通过其所开启的刑法解释过程对立法者原意进行还原，只有当立法者原意通过刑法解释主体所开启的解释过程加以还原时，社会大众这一利益目标人群的合法权益才会得到充分的保障，刑法解释过程所追求的客观性也才会得到真正的实现。而在客观解释论看来，刑法的正义应该是刑法规范所体现出来的当下社会大众所普遍认可的价值观念，刑法解释主体应该通过其所开启的解释过程来对刑法规范作出适应当下社会大众所认可的价值观念的解读和阐释。只有这样，社会大众这一利益目标人群的合法权益才会得到充分的保障，刑法解释过程所追求的客观性才会得以实现。从这一角度来看，主观解释论与客观解释论之所以被区分开来，或者说主观解释论与客观解释论之所以会以针锋相对的姿态存在于刑法解释中，其主要是因为二者在解决"何谓刑法正义"这一问题时关于客观性的认知产生了分歧。

从产生的原因角度来看，主观解释论与客观解释论之所以会在客观性的具体认知层面上产生分歧，在很大的程度上是由于刑法解释过程所具有的主客观性和社会时空性等基本特征所导致的。主观解释论认为，刑法的正义应该是隐含在刑法规范中立法者的原意，立法者原意的还原即为刑法解释客观性的实现。从这一角度来看，主观解释论所追求和实现的客观性也可以称之为"立法时的客观性"。然则，基于前文的论述，我们了解到，刑法解释过程具有着主观性和客观性的

---

① 杨仁寿：《法学方法论》，中国政法大学出版社2013年版，第47页。
② 劳东燕：《刑法解释中的形式论与实质论之争》，《法学研究》2013年第3期。

特征,在主观能动性的作用下,刑法解释主体开启的解释过程所要追求和实现的客观性则是一种相对意义上的客观性,其具有着动态发展变化的特性。此外,刑法解释主体所开启的解释过程本身又具有着社会时空的特性,在社会时空的影响和制约下,无论是人的客观需要还是人的认知能力都必然会发生变化。据此,主观解释论所追求和予以实现的"立法时的客观性"则必然也会随着社会时空的变化而发生变化。在不废止现有刑法规范的前提下,解释主体必然要充分地发挥继承和创新这两种解释方式来对刑法规范以及案件事实作出解释。也即,解释主体需要将关注的焦点从"立法时的客观性"转换到"解释时的客观性"这一层面上来。毫无疑问,从刑法解释过程论的视角来看,客观解释论必然要比主观解释论更能满足社会大众的需要。

基于刑法解释目标的本质和形成的原因角度的论述,我们不难发现,客观解释论同主观解释论相比,前者在司法实践中明显地占据着优势。对此,有的学者则会指出,如果在刑法解释过程中严格地按照客观解释论的主张去解释刑法规范的话,势必就会破坏刑法规范的稳定性,从而会对司法实践活动的顺利展开造成更加严重的不利后果。[①]对此,从刑法解释过程论的视角来看,笔者认为,根据前文有关刑法解释过程的规范性与开放性的论述,我们了解到,从刑法解释过程所具有的规范性这一特征出发,在刑法解释过程中确保刑法规范稳定性的实现固然十分重要。但从刑法解释过程所具有的开放性这一特征出发,在刑法解释过程中尽量拓展刑法规范所调整的范围同样也非常重要。虽然刑法解释过程的规范性与开放性之间存在着相互冲突的关系,但二者之间还是可以通过一定的技术手段来进行有效的融合。倘若二者之间所呈现出来的冲突关系已经无法通过技术手段来加以协调,那么此种情形应该是立法活动所要解决的问题,而非刑法解释活动的职责。此外,从刑法解释过程的客观性和社会时空性的角度来看,刑法规范的稳定性就是刑法规范客观性的一种具体表现形式,而刑法规范

[①] 许发民:《论刑法客观解释论应当缓行》,《刑法论丛》2010年第3期。

的客观性又是一种相对意义上的客观性而非绝对意义上的客观性。也即，刑法规范的客观性是在特定社会时空维度内所体现出来的相对意义上的客观性。据此，刑法规范的稳定性也就是一种相对意义上的稳定性，而非绝对意义上的稳定性，其所体现的是刑法规范在特定社会时空维度内的相对静止状态。可见，从刑法解释过程论的角度来看，在刑法解释过程中坚守客观解释论并非是在破坏刑法规范的稳定性，而是在更好地实现和维护刑法规范的稳定性。

三　罪刑法定原则层面上的认知

在主观解释论与客观解释论之争的范畴内，就是否违反了罪刑法定原则这一问题的争论亦是非常激烈。主观解释者普遍认为，还原立法者的原意就是在遵循罪刑法定原则，客观解释论所主张的追求和实现刑法规范在现实社会中应有的含义就是在违反罪刑法定原则。[①]而客观解释论者则认为，罪刑法定原则不仅具有形式侧面，同时其还具有着实质侧面。为了真正地实现刑法所要保护的社会公平、正义价值观，刑法解释必须要面向于客观现实的社会，而不应该仅仅拘泥于立法者原意的还原。这恰恰就是罪刑法定原则实质侧面的具体体现。[②]

对于主观解释论与客观解释论在罪刑法定原则层面上所形成的争论而言，笔者认为，尽管罪刑法定原则的含义通常可以表述为"法无明文规定不为罪，法无明文规定不处罚"。但从法理学的视角来看，任何一种法律制度都必然会经历产生、发展和灭亡的过程。法律并不是一成不变的社会规范，其在调整社会关系的同时必然也会随着社会关系的变化而发生变化，这是存在于法律自身发展过程中的客观规律所导致的。据此，前述罪刑法定原则所表述的"法"也并不是一成不变的"法"，其也必然要随着社会的发展变化而变化，否则其便是恶法的体现。[③] 这样看来，存在于刑法解释过程中并对刑法解释行为起

[①] 许发民：《论刑法客观解释论应当缓行》，《刑法论丛》2010年第3期。
[②] 梁根林：《罪刑法定视域中的刑法适用解释》，《中国法学》2004年第3期。
[③] 张文显：《法理学》（第五版），高等教育出版社2018年版，第205—206页。

到制约性作用的罪刑法定原则也并不是一成不变的解释原则，其必然也要随着社会的发展变化而进行适当的调整。其中罪刑法定原则实质侧面的提出便是最有利的证明依据。此外，对于罪刑法定原则的形式侧面与实质侧面的关系而言，正如张明楷教授所言："罪刑法法定原则的形式侧面与实质侧面相互依存，缺少其中任何一个方面，都必然损害其他方面……当代的罪刑法定主义理念，已经将形式侧面与实质侧面有机地结合起来，从而使形式侧面与实质侧面成为贯彻罪刑法定原则的统一要求。"[①] 显而易见，既然罪刑法定原则的实质侧面业已被人们所承认，那么对于罪刑法定原则的实质侧面的遵循未尝不是一种遵守罪刑法定原则的具体表现。从某种意义上来说，客观解释论主张刑法解释活动要适应现实社会的发展需要，其无疑是在很大的程度上弥补了罪刑法定原则形式侧面在司法实践中所存在的不足和缺陷，进而促使了罪刑法定原则实质侧面的产生。对于以上的论述而言，如果我们以刑法解释过程论的视角对其加以审视的话，毫无疑问，其必然体现出了刑法解释过程的社会时空性和开放性等基本特征。

综上所述，在解释立场的层面上，主观解释论与客观解释论具有着同质性。所以，在对二者进行划分时，解释目标便成为了不二人选。从解释目标的角度来看，无论是主观解释论者还是客观解释论者，他们所主张的观点都是围绕着"何谓刑法正义"这一问题而展开，只不过，在刑法正义的具体内容方面形成了差异性认知。也正是因为对于这一刑法理论问题的不同理解与回答，才导致了主观解释论与客观解释论在刑法规范稳定性的实现以及二者同罪刑法定原则之间的关系等方面产生了重大分歧。而对于这些分歧而言，当我们以刑法解释过程论的视角来加以分析时便会发现，在刑法解释过程所具有的客观性、社会时空性、开放性等基本特征的综合影响和作用下，客观解释论从某种意义上来说并没有损害到刑法规范的稳定性，也没有违反罪刑法定原则。相反，客观解释论的主张不仅在一定的程度上维护了刑法规

[①] 张明楷：《罪刑法定与刑法解释》，北京大学出版社2009年版，第61—67页。

范的稳定性，同时也体现出了对罪刑法定原则的遵守。据此，从刑法解释过程论的视角来看，相比主观解释论而言，客观解释论在现实的司法实践过程中必然占据着主导性地位。这也与当下学界的主流观点不谋而合。也即，陈兴良教授所言，"主观解释论与客观解释论之争的问题在我国基本上已经得到了解决，客观解释论几乎已成通说。"①

第二节 形式解释论与实质解释论之争的认知

相比主观解释论与客观解释论之争，形式解释论与实质解释论之间的争论不仅在程度上异常激烈，同时二者在争论的内容上也体现出了广泛性和复杂性的特点。根据现有的文献资料，形式解释论与实质解释论之间的争论主要集中在刑法解释的限度、刑法解释的目标、罪刑法定原则、刑法的漏洞、刑法处罚范围以及刑法解释位阶这六个方面。② 笔者将在刑法解释过程论的视角下分别从这六个方面来对形式解释论与实质解释论之争给予回应。

一 刑法解释限度层面上的认知

正如陈兴良教授所言："形式解释论与实质解释论之争主要解决的是解释的限度问题，即解释是否只能严格遵循刑法条文的字面含义的问题。"③ 从陈兴良教授的这一论断出发，我们不难看出，学界在对形式解释论与实质解释论进行区分时，刑法解释限度被当作了二者之间的一种划分标准，并且该种划分标准意在指向的是刑法条文的"字面含义"。当解释行为严格地按照刑法规范的字面含义这一限度作出解释时便是形式解释论的具体体现。反之则是实质解释论的具体体现。

---

① 陈兴良：《形式解释论的再宣示》，《中国法学》2010 年第 4 期。
② 刘艳红：《形式与实质刑法解释论的来源、功能与意义》，《法律科学》2015 年第 5 期。
③ 陈兴良：《形式解释论的再宣示》，《中国法学》2010 年第 4 期。

然而，从法理学的角度来看，作为一种社会规范，刑法规范必然具有着明确性和稳定性的基本特征。[1] 任何一个刑法解释行为的作出都必然要以刑法规范的明确性和稳定性的实现为己任。很显然，形式解释论所主张的严格按照刑法规范的字面含义所进行的解释必然是为实现刑法规范的明确性和稳定性而服务的。相比之下，有的学者便会提出，超出字面含义的实质解释论则必然会对刑法规范的明确性和稳定性造成破坏。[2] 那么实质解释论是否真的会有损刑法规范的明确性和稳定性呢？笔者认为，就刑法规范的组成要素来看，刑法概念必然是刑法规范得以形成的最基础性的组成单位。这也就意味着，对刑法规范的明确性和稳定性进行讨论，实质上就是对刑法概念的明确性和稳定性所展开的讨论。

从概念自身的逻辑结构来看，任何概念都必然是由内涵和外延这两个构成要素所组成的，而内涵和外延又分别具有着清晰与不清晰、明确与不明确的特性。基于此，所有的概念从理论的层面上便都应该会具有"内涵清晰外延明确""内涵不清晰外延明确""内涵清晰外延不明确"和"内涵不清晰外延不明确"这四种结构形式。[3] 作为概念的一种类型，刑法概念理应具备这四种结构形式。然而，由于"内涵不清晰外延不明确"结构形式的刑法概念明显地缺乏了明确性和稳定性的基本特征，即便是通过刑法解释活动来对其进行弥补，也难免陷入到毫无限制和毫无约束的恣意妄为解释行为范畴内。同时，对于"内涵不清晰外延不明确"结构形式的刑法概念所进行的毫无节制的刑法解释行为也必将违背刑法解释过程所具有的客观性和规范性等基本特征的要求。这也就意味着，对于刑法概念的明确性和稳定性进行认知，我们必然要在"内涵清晰外延明确""内涵不清晰外延明确""内涵清晰外延不明确"这三种结构形式范畴内加以讨论。

首先，对于具有"内涵清晰外延明确"这一结构形式的刑法概念

---

[1] 张文显：《法理学》（第五版），高等教育出版社2018年版，第114页。
[2] 蒋熙辉：《刑法解释限度论》，《法学研究》2005年第4期。
[3] 陈嘉映：《语言哲学》，北京大学出版社2003年版，第43—45页。

而言，其自身所具有的含义必然是十分清晰和明确的。也即，该类刑法概念必然具有着明确性和稳定性的基本特征。由此类刑法概念所组成的刑法规范必然也就具有着明确性和稳定性。在司法实践过程中，刑法规范的使用者在对某一行为进行犯罪符合性认定时，其一般情况下是无须对这样的刑法规范进行解释的。倘若非要解释，也即按照拉伦兹所言："假使认为，只有在法律文字特别'模糊'、'不明确'或相互矛盾时，才需要解释，那就是一种误解，全部的法律文字原则上都可以，并且也需要解释。"[①] 那么，解释主体的解释行为无非就是在严格地按照刑法概念和刑法规范的字面含义来加以陈述或重复。换句话说，此时的刑法解释主体的解释行为就是在实现刑法概念和由该刑法概念所形成的刑法规范的明确性和稳定性。毋庸置疑，此种情形必然是形式解释论的具体体现。如果我们从刑法解释过程论的视角来看的话，该种情形下的刑法解释必然是刑法解释过程所具有的规范性和客观性特征的具体体现。

其次，对于具有"内涵不清晰外延明确"这一结构形式的刑法概念而言，尽管该类刑法概念的内涵并不清晰，但是其外延却是十分明确的。所以，刑法规范的使用者在对某一行为进行犯罪符合性认定时，其一般情况下也无须对这样的刑法概念和由该刑法概念所组成的刑法规范进行解释。换句话说，尽管该类刑法概念的内涵并不清晰，但该类概念所具有的明确性的外延并不影响由它所组成的刑法规范的明确性和稳定性的实现。在犯罪构成认定层面上，认定主体只需要按照刑法概念所明确指向的外延个体与现实中所出现的个案进行比对，就足以完成犯罪认定的过程。倘若真要进行解释，那么其无非就是对不清晰的内涵作出解释。不过，需要我们注意的是，解释主体在此种情形下对内涵所作出的解释行为必然是基于已经明确的外延范围来进行归纳总结，进而形成一种十分明确的内涵。这一归纳总结的过程无疑是一种完全归纳的推理方式。而完全归纳的推理方式却是一种必然的、

[①] [德] 拉伦兹：《法学方法论》，陈爱娥译，商务印书馆2003年版，第86页。

形式化的推理路径。这也就意味着，在此种情形下，解释主体的解释行为是完全按照明确的外延的字面含义对不清晰的内涵进行解释。从而进一步地增强和实现了该类刑法概念以及由该类刑法概念所组成的刑法规范的明确性和稳定性。很显然，此种情形下的刑法解释必然也是形式解释论的具体体现。并且从刑法解释过程论的视角来看，该种情形下的刑法解释必然也体现出了刑法解释过程的规范性和客观性的特征。

最后，对于具有"内涵清晰外延不明确"这一结构形式的刑法概念而言，司法实践主体在依据由该刑法概念所组成的刑法规范对某一行为进行犯罪符合性认定时必然需要作出解释行为。其原因在于由于主客观因素都始终处于发展变化的过程中，所以不同的刑法解释主体的认知能力和解释能力必然都会有所不同，即使是同一个刑法解释主体，其在不同的社会时空域内所具有的认知能力和解释能力也都不会完全一样。这样一来，解释主体对所谓的清晰的内涵进行理解时便必然会出现差异。换言之，"内涵清晰外延不明确"的刑法概念对于司法实践过程中的使用主体而言就是一种内涵相对清晰、外延并不明确的一种需要进一步进行解释的刑法概念，由其所组成的刑法规范亦是如此。那么这是否就意味着该类刑法概念的明确性和稳定性就无法得到保障了呢？对此，笔者并不这样认为。解释主体可以在相对明确和稳定的内涵基础上通过带有推理和论证性质的解释活动对相对清晰的内涵进行合理性的补充和扩张，从而最大可能地将该刑法概念的外延范围加以明确，并适用到具体的案件事实上。当然，此时对内涵所进行的补充和扩张性的解释并非是毫无约束或毫无限制的解释。其必然存在一种最低标准的限度。从人的理性角度来看，该种最低标准的限度必然是一般人所能预测和接受的程度。而该种程度反映在刑法概念和刑法规范的语义层面上就是指刑法概念和刑法规范的"应有含义"或"语义射程范围"。这也就意味着，在此种情形下，解释主体可以依据一般人所具有的理性认知和预测能力对刑法概念和刑法规范进行解释，从而实现刑法概念和刑法规范的明确性和稳定性。毫无疑问，此种情形下的刑法解释必然是实质解释论的具体体现。而从刑法解释过程论的视角来看，该种情形下的刑法解释必然体现出刑法解释过程所具有的主观性、客观性、社会时空性和开放性、建构性等特征。

综上所述，尽管形式解释论与实质解释论之间是依据解释行为是否超出了刑法规范的"字面含义"这一解释限度来加以区分的。但是，通过上述的分析和讨论，我们了解到，如果解释行为严格按照刑法规范的"字面含义"这一限度进行解释的话，毫无疑问是形式解释论的具体体现。该种情形下的解释行为必定是在充分地保障刑法规范的明确性和稳定性的实现，并且也充分地体现出了刑法解释过程所具有的客观性和规范性的特征。如果解释行为并没有严格按照刑法规范的"字面含义"进行解释，而是超出了"字面含义"这一解释的限度，那么必然是实质解释论的具体体现。然而，该种情形下的解释行为并不就意味着是一种毫无限制和约束性的行为，而必然是要依据一般人所具有的理性认知能力和预测能力来对刑法规范的"应有含义"进行揭示。从这一角度来看，超出刑法规范的"字面含义"而作出的解释行为不仅没有损害到刑法概念和刑法规范的明确性和稳定性，相反，其在一定的程度上却有助于刑法概念和刑法规范的明确性和稳定性的实现。很明显，该种情形下的解释行为必然充分地体现出了刑法解释过程所具有的主观性、客观性、社会时空性、开放性和建构性等基本特征。据此，笔者认为，前文所提及的实质解释论对刑法规范的明确性和稳定性必定会造成损害的观点或许太过于片面化和绝对化。

二　刑法解释目标层面上的认知

从刑法解释过程论的视角来看，任何刑法解释理论的存在都必然以刑法解释客观性的实现为己任。而对于刑法解释客观性的内涵而言，刑法的正义必然是其中最为重要的组成部分。换句话说，刑法的正义是刑法解释客观性的重要组成部分，刑法正义的实现从一定的程度上来说就是实现了刑法解释的客观性。对于这一认知而言，其不仅在刑法解释过程的主客观性的部分业已作出了详细的阐述，同时也在上文有关主观解释论与客观解释论的部分得到了充分地证明。据此，作为当下刑法解释学范畴内的争论焦点，形式解释论与实质解释论之间也必然会围绕着刑法正义这一问题展开讨论。

从当下形式解释论与实质解释论就刑法正义这一问题所形成的认知角度来看，实质解释论认为："刑法的解释就是在心中充满正义的前提下，目光不断地往返于刑法规范与生活事实的过程。"[①] "在评价某一现实发生的行为是否符合刑法中规定的构成要件时，不能仅仅满足于从纯事实性的描述中寻求答案，而要从是否有助于实现刑法的实体正义，是否有助于刑法的人权保障与法益保护的目的找到标准。只有这样才能实现刑法的实质正义。"[②] 而对于形式解释论者来说，实质解释论者所谓的刑法正义是一种源自于现实生活之外并凌驾于刑法规范之上并摆脱罪刑法定原则限制而形成的虚假正义，是根本无法得以充分实现的。[③] 很显然，当下学界中的形式解释论与实质解释论在对刑法正义这一问题进行讨论时则把关注的重点放在了"如何实现刑法正义"这一问题的层面上，而对于"何谓刑法正义"这一问题而言，形式解释论与实质解释论却并没有进行详细的阐述。相反，根据上文的论述，我们了解到，主观解释论与客观解释论却在"何谓刑法正义"这一问题层面上展开了激烈的讨论。也即，主观解释论认为刑法的正义应该是蕴含在刑法规范中的立法者的原意，而客观解释论则认为刑法的正义是解释主体在作出解释行为时刑法规范所能体现出来的应有之义。据此，笔者认为，尽管主观解释论与客观解释论、形式解释论与实质解释论都对刑法的正义展开了讨论，但从这两组刑法解释论所讨论的角度或重点来看，主观解释论与客观解释论是在回答"何谓刑法正义"，而形式解释论与实质解释论则在回答"如何实现刑法正义"。换言之，两组刑法解释论虽然都关涉到刑法正义这一问题的讨论，但两组刑法解释论之间却有着本质上的区别，不能将两组刑法

[①] 张明楷：《刑法分则的解释原理》，中国人民大学出版社 2003 年版，第 9 页。
[②] 刘艳红：《走向实质的刑法学》，《中国法学》2006 年第 5 期。
[③] 陈兴良：《形式解释论的再宣示》，《中国法学》2010 年第 4 期。

解释论等同视之，两组刑法解释论之间也不具有一一对应的关系。

既然形式解释论与实质解释论之争主要是就"如何实现刑法正义"这一问题而展开的讨论，那么这是否就意味着在形式解释论与实质解释论范畴中刑法正义的含义就无法予以确认了呢？对此，笔者并不这样认为。一方面，从人类的逻辑思维展开的角度来看，"何谓刑法正义"必然是"如何实现刑法正义"的逻辑前提，二者之间具有着必然的逻辑递推性或关联性。另一方面，两组刑法解释论之间具有本质上的差异，并且两组刑法解释论又都客观存在于现实的刑法解释过程中并发挥着积极作用。据此，我们可以推知，在刑法解释过程中，基于主观解释论与客观解释论之争而产生的优胜者必然是形式解释论与实质解释论开启的逻辑前提和基础。而根据前文有关主观解释论与客观解释论的论述，我们又了解到，在主观解释论与客观解释论的争辩中，客观解释论必然占据着绝对的主导地位。为此，形式解释论与实质解释论也必然是基于客观解释论所形成的理论基础而展开。而在客观解释论中，所谓的刑法正义是指解释时刑法规范所蕴含的来源于社会大众普遍认同的正义价值观念。据此，笔者认为，在形式解释论与实质解释论范畴内，刑法的正义就是客观解释论所明确的含义，也即在形式解释论与实质解释论范畴内，刑法的正义就是指解释时刑法规范所蕴含的来源于社会大众普遍认同的正义价值观念。或许正是基于此种原因，学界才普遍认为，主观解释论与客观解释论、形式解释论与实质解释论之间既有区别又有交叉。[①]

三 罪刑法定原则层面上的认知

在形式解释论与实质解释论之争的范畴内，就二者在罪刑法定原则层面上所产生的争论而言，其首先体现在刑法解释行为分别按照"字面含义"和"应有含义"进行解释时是否违反了罪刑法定原则这一问题上。形式解释论者认为，罪刑法定原则原本就只具有形式侧面，

---

① 劳东燕：《刑法解释中的形式论与实质论之争》，《法学研究》2013年第3期。

而并不具有实质侧面。那种超越字面含义的解释行为尽管自诩是符合了实质的合法性原则，但实质的合法性原则原本就是与罪刑法定原则相悖的。所以，超出字面含义的解释行为同样也就是对罪刑法定原则的一种违反。[①] 而实质解释论者则认为，形式解释论就是法条主义，它只是一种形式的、机械的解释，其只片面追求形式正义而忽略了实质正义。实质解释论事实上也是坚持罪刑法定主义的。只不过在实质解释论者眼里的罪刑法定，不仅具有形式的侧面，而且还具有实质的侧面。[②] 那么，对于形式解释论与实质解释论之间的这种争论，我们又该如何加以理解或解释呢？对此，笔者认为：基于前文的论述，我们了解到，罪刑法定原则最初的确只是具有形式侧面的含义，但这并不代表着罪刑法定原则就始终停止不前，毫无发展。基于现实司法实践活动的需要，作为一种带有纠正式或辅助式功能的罪刑法定原则的实质侧面被正式提出并在刑法理论范畴内加以明确，从而进一步地影响到刑法解释学。可以说，罪刑法定原则实质侧面的提出同样具有着存在的必然性和必要性。[③] 这样看来，在上述的争论中，实质解释论的主张应该更为合理。也即，那种超出刑法规范字面含义却对刑法规范的应有含义进行解释的行为同样也是在遵守着罪刑法定原则的要求。从刑法解释过程论的视角来说，作为刑法解释过程的解释原则要素，罪刑法定原则实质侧面的提出充分地体现出了刑法解释过程的客观性、开放性和社会时空性、建构性等特征。

四　刑法漏洞层面上的认知

"形式解释论者认为，凡是经由形式解释得出有悖于实质妥当性的情形都应该是刑法的漏洞。而实质解释论者则认为，通过解释能够解决的问题不算是真正的刑法漏洞。解释若是不能达到完善既有刑法

---

① 陈兴良：《形式解释论的再宣示》，《中国法学》2010年第4期。
② 苏彩霞：《实质的刑法解释论之确立与开展》，《法学研究》2007年第2期。
③ 张明楷：《罪刑法定与刑法解释》，北京大学出版社2009年版，第61—67页。

的效果，则根本不能称之为解释。"[1] 很显然，在刑法漏洞的层面上，形式解释论与实质解释论之间的争论焦点主要体现在了何谓刑法漏洞和如何填补刑法漏洞这两个方面。对此，笔者认为，在对形式解释论与实质解释论关于刑法漏洞层面上所形成的争论进行认知时，我们有必要先对刑法漏洞的形成、种类、含义和填补方式进行了解。

从法理学的视角来看，法律是由处于特定社会历史时空中的立法者基于经验和明确的授权所制定出来的带有强制性、稳定性、明确性和普遍性特征的行为准则。同时法律也是由众多的法律概念所组成的一种综合体。在它的形成过程中，社会政治、经济、文化、伦理观念、语言、人们所具有的主观认知能力、立法能力与立法技术等主客观方面的因素都会对其产生极大的影响。在这些因素的综合影响下，作为一种法律局限性的具体表现形式，法律漏洞必然会出现在现实的法律之中。[2] 同理，刑法漏洞的形成必然也是如此。不过，从刑法解释过程论的视角来看，刑法漏洞的本质就应该是刑法解释过程中的解释对象这一构成要素（刑法概念与刑法规范）所体现出来的一种不可避免的局限性。而这种局限性反映在刑法解释过程的整体层面上时，其就是刑法解释过程所具有的主客观性、社会时空性、规范性与开放性、承继性与建构性特征的综合体现。

就何谓刑法漏洞这一问题而言，有的学者以立法时间为标准，将刑法漏洞划分为原始漏洞和嗣后漏洞。也即，原始漏洞是指刑法规范在被制定时所存在的漏洞。而嗣后漏洞是指随着社会经济、文化、政治、伦理等因素的发展变化而形成的漏洞。[3] 而有的学者以刑法规范对相关问题是否进行了规定为标准，将刑法漏洞划分为真正的漏洞和非真正的漏洞。也即，真正的漏洞是指刑法对应予规定的犯罪类型没有加以规定。而非真正的漏洞则是指刑法规范对某一法律问题有规定，但是该一刑法规范的含义表述不清或者对其进行解释后得出来的结论

---

[1] 劳东燕：《刑法解释中的形式论与实质论之争》，《法学研究》2013年第3期。
[2] 张文显：《法理学》（第五版），高等教育出版社2018年版，第116页。
[3] 任彦君：《论我国刑法漏洞之填补》，《法商研究》2015年第4期。

与现实的情形相悖。① 还有的学者分别以立法当时对刑法漏洞的存在是否明知和刑法漏洞的大小为标准，将刑法漏洞分别划分为明知的漏洞和不明知的漏洞、部分漏洞和全部漏洞。② 显而易见，学界在刑法漏洞的种类、含义与表现形式的层面上均没有形成统一的观点。即便如此，从现有的诸多论著中我们依旧可以发现，将刑法漏洞分为真正的漏洞与非真正的漏洞这种划分还是得到了众多学者的认可。据此，本书亦是在此种分类的基础上来展开以下相关问题的讨论。

在刑法漏洞被划分为真正的漏洞与非真正的漏洞的基础上，我们接下来便要讨论一下这两种刑法漏洞的填补方式。笔者认为，真正的刑法漏洞的填补应该是立法活动的职责而非刑法解释活动的职责。而对于非真正的刑法漏洞而言，我们完全可以通过刑法解释的方式来加以填补。笔者之所以这样认为，原因在于：其一，既然真正的刑法漏洞是一种刑法规范根本就没有对某一犯罪情形加以规定的情形。那么启用刑法解释来对其加以填补，其势必就会造成司法权与立法权争权局面的出现，或者说司法权越位现象的出现。这与当下法治文明是相悖的。或许有的学者会说，在我国，刑法解释中除了司法解释还有立法解释，如果对真正的刑法漏洞进行司法解释的填补会导致司法权越位现象的出现，那么在我国对真正的刑法漏洞进行立法解释则并不会造成司法权越位现象的出现。这是否就意味着立法解释可以用来填补真正的刑法漏洞呢？对此，笔者则认为，即便我国的立法机关具有法律解释权，但其被启动的前提条件却是刑法规范对某一犯罪情形业已规定，只不过这一规定并不是十分清晰或产生了与现实不符的现象罢了。很显然，刑事立法解释被启动时，其所面对的并不是真正的刑法漏洞，而是非真正的刑法漏洞。其二，既然非真正的刑法漏洞是一种刑法规范已经规定但含义并不是十分清晰的情形。那么从节约立法成本的角度来看，此种情形下，能够通过刑法解释的方式加以填补的则

---

① 黄茂荣：《法学方法与现代民法》，中国政法大学出版社2001年版，第342页。
② 于玉：《法律漏洞的认定与补充》，《东岳论丛》2006年第5期。

必然就没有必要再启动立法程序了。① 更何况，根据前文的介绍，刑法解释方法中的刑法解释结论论成方法本身就具有补充和修正的功能。可见，对真正的刑法漏洞采用立法方式来加以填补和对非真正的刑法漏洞采用刑法解释方式来加以填补的主张是具有科学性和合理性依据的。从刑法解释过程论的视角来看，这些填补方式的提出无疑是刑法解释过程的客观性、规范性、开放性等特征的综合体现。

在对刑法漏洞的种类、含义和填补方式所进行的认知基础上，我们接下来便要讨论一下形式解释论与实质解释论在刑法漏洞层面上所形成的争论。正如前文介绍，实质解释论者主张，只要是能够用解释的方式来加以解决的都不应该是刑法的漏洞，因为解释的目的就是在不断完善既有的刑法规范的。很显然，实质解释论过分地夸大了解释的功能，解释固然能够在刑法的完善层面上发挥着积极功效，但这并不意味着解释就是万能的，其是有局限性的。正如上文所提到的，若出现了非真正的刑法漏洞时，从节约立法成本的角度来看，此时刑法解释的在完善刑法规范的层面上的确发挥着积极的功效。但是，倘若面对真正的刑法漏洞时还以一味地夸大解释的功效，其必然就会导致司法权越位现象的出现，其必然也与当下的法治文明理念相悖。而形式解释论者则认为，凡是经由形式解释得出有悖于实质妥当性的情形应该是刑法的漏洞，对此应该采用立法的方式来填补而并非解释的方式。很明显，形式解释论者所认定的刑法漏洞就是前文说阐述的非真正的刑法漏洞。而根据上文的论述，我们了解到，针对非真正的刑法漏洞是完全可以通过刑法解释来加以填补和完善的。如果真如形式解释论所主张的那样，采用立法方式来填补非真正的刑法漏洞的话，无疑是在限制刑法解释的积极功效。据此，笔者认为，在刑法漏洞的层面上，无论是形式解释论还是实质解释论，二者所主张的观点都有待商榷。

---

① 邹治：《法律漏洞的认定与填补》，中国政法大学，博士学位论文，2008 年。

五　刑法处罚范围层面上的认知

在刑法处罚范围的层面上，形式解释论与实质解释论之间的争论主要集中在两种情形下：第一种情形为，某一行为从实质意义的角度来看，其是应该科处刑罚的，但刑法规范却没有规定。此时，实质解释论者主张利用扩大解释来作出有罪的处理。而形式解释论者则认为，实质解释论者所谓的扩大解释其实是一种类推解释，其已经扩大了刑法的处罚范围。第二种情形为，某一行为从实质意义的角度来看，其是不应该科处刑罚的，但刑法却以明确的条文对其作出了处罚规定。此时，实质解释论者认为，如果按照形式解释论者的主张，其结果往往会扩大了处罚的范围。而形式解释论者则认为，虽然从符合构成要件的层面上来看该行为构成了犯罪，但还是可以通过违法阻却事由和责任阻却事由将其排除。所以，形式解释论并没有扩大刑法的处罚范围。[①]

对于第一种情形下的争论而言，笔者认为，其并不具有争论的意义。或者说，在第一种情形下，形式解释论与实质解释论根本就不应该产生争论。原因在于，从第一种情形的本质来看，很显然，其应该是上文所论述的真正的刑法漏洞的情形。也即形式解释论者与实质解释论者是在真正的刑法漏洞的情形下分别给出了各自有关填补刑法漏洞的主张，进而才引起了实质解释是否会扩大刑法处罚的范围这一争论。而根据上文的论述，我们了解到，对真正的刑法漏洞进行填补时，立法才是其应有的填补方式，而并非是刑法解释。所以，形式解释论与实质解释论在第一种情形下来讨论实质解释是否会扩大刑法处罚的范围已毫无意义可言。

对于第二种情形下的争论而言，笔者认为，实质解释论的观点存在着明显的因果关系倒置的逻辑错误。原因在于：作为形式解释论与

[①] 陈兴良：《形式解释论的再宣示》，《中国法学》2010 年第 4 期；张明楷：《刑法学研究中的十大关系论》，《政法论坛》2006 年第 2 期；劳东燕：《刑法解释中的形式论与实质论之争》，《法学研究》2013 年第 3 期。

实质解释论产生争论的前提，第二种情形的本质显然是一种非真正的刑法漏洞。而根据上文的介绍，该种非真正的刑法漏洞的产生必然是由于刑法规范与社会发展在社会时空维度内所形成的各自发展速度不同步所导致的，其根本就不是由刑法解释行为所导致的。此外，根据上文的论述，面对非真正的刑法漏洞时，我们可以通过解释的方式来加以填补和完善。换句话说，在非真正的刑法漏洞出现时，无论是形式解释还是实质解释都应该发挥着填补和完善的功能。只不过二者发挥功能的形式不一样罢了。前者虽然是按照刑法规范的字面含义进行阐释和说明，但其又通过阻却事由排除掉不当的处罚情形来发挥着对非真正的刑法漏洞的填补和完善功效。而后者则是直接按照刑法规范的应有含义来进行阐释和说明，进而发挥着对非真正的刑法漏洞的填补和完善功效。可见，针对于第二种情形而言，实质解释论的观点确实有待商榷。

六 刑法解释位阶层面上的认知

在刑法解释位阶层面上，目前学界所形成的主流观点为："形式解释论主张，在对法律条文进行解释时，解释主体应该先从形式的层面上对条文字面可能的含义作出阐释，然后再从实质的层面上来对条文中所规定的具有严重社会危害性的行为方式进行阐释。在对行为进行认定时，解释主体应该先从形式的层面上来认定该行为是否包含在了刑法条文中，然后再从实质的层面上来认定该行为是否具有严重的社会危害性。而实质解释论则主张，在对法律条文进行解释时，解释主体应该先从实质的层面上通过判定将不具有实质层面上的处罚必要性的行为排除在法条范围之外。在对行为进行认定时则先要从实质的层面上来认定该行为是否具有处罚的必要性，然后再从形式的层面上来判定刑法条文的可能含义是否涵盖了该行为。"[1] 对于形式解释论与实质解释论在刑法解释位阶层面上所形成的此种争论，我们又该如何

---

[1] 魏东：《刑法理性与解释论》，中国社会科学出版社2015年版，第4—5页。

加以认知呢？笔者认为，我们可以从以下几个方面来加以把握：

首先，就形式解释论与实质解释论之间所形成的这种争论的本质而言，尽管主张先形式后实质的形式解释论与主张先实质后形式的实质解释论在解释的位阶上存在着明显的差异。但不可否认的是，二者却又都承认刑法解释是一种过程的体现。具体而言，无论是形式解释论还是实质解释论在无法否认对方客观存在的这一事实前提下，二者之间所形成的争论便只好被放置在同一个刑法解释过程当中来加以讨论。这也就意味着，形式解释论与实质解释论都必然承认刑法解释是一种复杂的解释过程。在这一复杂的解释过程中，由于形式解释论与实质解释论分别是以罪刑法定原则和处罚的必要性为核心或出发点，并且二者也都必然地要为各自论证体系的逻辑自洽性的实现而努力。所以，当面对现实中所出现的待解释对象时，二者便在同一个刑法解释过程中提出了不同的解释流程或程序。也即，形式解释论从罪刑法定原则的角度出发提出了先形式后实质的解释流程或程序，而实质解释论则以处罚的必要性为出发点提出了先实质后形式的解释流程或程序。① 显而易见，既然形式解释论与实质解释论都已承认刑法解释是一种过程的体现。那么，这也就意味着，从刑法解释过程论的视角来看，形式解释论与实质解释论在刑法解释位阶层面上所形成的差异性认知必然是在刑法解释过程中所具有的主客观性、社会时空性、规范性、开放性、承继性与建构性基本特征的综合作用下而形成的。

其次，就形式解释论与实质解释论之间所形成的这种争论的合理性而言，基于前文的论述，我们了解到，从刑法解释的限度层面来看，无论是以刑法规范字面含义的阐释为己任的形式解释还是以刑法规范应有含义的揭示为己任的实质解释都在刑法规范的明确性和稳定性的方面发挥着积极的功效。从罪刑法定原则的层面上来看，在罪刑法定原则的发展过程中，形式侧面和实质侧面必然是罪刑法定原则应有之含义，在此基础上，形式解释与实质解释也都并不存在所谓的违反罪

---

① 陈兴良：《走向学派之争的刑法学》，《法学研究》2010 年第 1 期；刘艳红：《实质刑法观》，中国人民大学出版社 2009 年版，第 199 页。

刑法定原则的现象。从刑法的漏洞与处罚范围是否被扩大的层面上来看,在非真正的刑法漏洞出现的情形下,尽管形式解释与实质解释在填补刑法漏洞时所呈现的解释方式存有差异,但不可否认的是,形式解释与实质解释都发挥着积极的功效。并且在对非真正的刑法漏洞进行填补的过程中,形式解释与实质解释也都不存在刑法处罚范围被任意扩大的现象。在结合了前一点的论述基础上,我们不难发现,主张先形式后实质的形式解释论与主张先实质后形式的实质解释论以固定的解释流程来证明自身论证逻辑的自洽性的这种做法略显多余,或者说,其意义并不是很大。①

最后,从现实中刑法解释过程的具体展开形式的角度来看,尽管对于形式解释论与实质解释论各自所主张的固化式的解释流程笔者并不是十分赞同,但是这也并不意味着笔者就完全否认在刑法解释的过程中解释流程的存在。换句话说,在刑法解释过程中必然会存在一种特定的解释流程,但并不像形式解释论与实质解释论那样,面对所有的待解决对象时都必须千篇一律去采用先形式后实质或先实质后形式的固化的解释流程。之所以这样认为,原因在于,根据前文的介绍,我们了解到,作为刑法解释过程的必备构成要素,刑法解释行为是一种在人类大脑机能的运作之下而展开的内隐性行为,其并不具有物化性和有形性。这样一来,无论是采用先形式后实质还是先实质后形式的解释流程,对于我们而言也是不得而知的。我们所关注的无非就是解释结论的合理性是否得以实现,或者说刑法解释过程客观性是否得以实现。此外,更为重要的是,任何一种被开启的刑法解释过程其都必然是要面向现实社会中所存在的刑法规范与案件事实。然而,现实社会中所出现的案件事实往往并不会以完全相同的形态出现在解释者面前。当解释主体的目光往返于刑法规范与具体的案件事实之间时,其所形成的认知也不尽相同。如果先形式后实质或先实质后形式中的任何一种解释流程能够对现实案件进行合理的解释,那么我们所坚守

---

① 刘俊杰:《刑法解释方法位阶性否定论》,《刑事法评论》2016年第2期。

的这两种固化的解释流程便失去了其存在的意义。从这一角度来看，一味地追求固化的刑法解释流程必然是与马克思主义唯物辩证法所强调的具体问题具体分析这一原理相矛盾的，并且其在一定的程度上也阻碍了刑法解释过程客观性的实现。基于以上的论述，笔者认为，就形式解释论与实质解释论在刑法解释位阶上所形成的主张还是有待商榷的。

综上所述，从刑法解释过程论的视角来看，无论是形式解释论还是实质解释论，二者都既存在着合理的部分又存在着有待商榷的部分。正因如此，才让我们认识到，在现实的刑法解释过程中，形式解释论并非只要形式而否定实质，而实质解释论也并非只关注实质而摒弃形式。形式解释论与实质解释论之间必然会从最初的针锋相对、互相抵制的研究范式转向为相互承认、有机融合的研究范式上来。[①] 而这一研究转向的出现不仅表明形式解释论与实质解释论之间在刑法解释过程客观性这一价值指向层面上具有着明显的同质性，同时其也充分地体现出刑法解释过程所具有的主客观性、社会时空性、规范性、开放性、承继性、建构性这些基本特征。据此，笔者认为，那种认为形式解释论绝对优于实质解释论或者实质解释论绝对优于形式解释论的观点都显然过于偏激。

第三节　其他刑法解释理论的认知

一　保守的实质解释论的认知

基于前文对保守的实质解释论内容所进行的详细介绍，笔者认为，从刑法解释过程论的视角来看，保守的实质解释论既存在着合理的成分，同时也存在着有待商榷之处。具体而言如下：

首先，从立论的前提和基础的层面来看，保守的实质解释论将客

[①] 劳东燕：《刑法解释中的形式论与实质论之争》，《法学研究》2013年第3期。

观性与合法性看作是刑法解释活动的理性根基，并且将客观性和合法性的实现作为刑法解释活动的终极价值目标。① 很显然，保守的实质解释论是以刑法解释行为的角度作为切入点充分地肯定了刑法解释活动具有着客观性和规范性的基本特征。这与本书中所主张的刑法解释过程必然具有着客观性和规范性特征的观点基本吻合。然而，在对客观性的含义以及客观性与合法性之间的关系认知上，保守的实质解释论与本书中所讨论的刑法解释过程论却略有出入。在保守的实质解释论看来，刑法解释的客观性就是确定性，其与合法性之间的关系应该是一种并列的逻辑关系。而根据前文的论述，我们了解到，刑法解释活动不仅是人类的一种解释行为，同时其更是一种人类认知实践过程。无论是从哲学的层面还是从现实的人类认知实践状况来看，刑法解释的客观性都应该是一种相对意义上的客观性，其所具有的含义也不应该就只具有确定性这一个方面，而应该是包含了合法性、相对明确性、性对稳定性、真实性、价值中立性、精准性、严格性、有效性、合理性和普遍可接受性等在内的一种概括性概念。当然，这并不意味着，从客观性的认知这一层面上，我们就可以完全否定保守的实质解释论的合理成分。换句话说，尽管在客观性的认知层面上，保守的实质解释论与本书中所讨论的刑法解释过程论所采用的研究视角产生了差异，但对于刑法解释客观性与规范性的实现而言，二者之间却达成了共识。

其次，从对刑法漏洞的认知层面上来看，保守的实质解释论认为，刑法的漏洞应该是一种刑法立法的漏洞，而对于刑法立法的漏洞进行填补时，其原则上应反对司法填补与解释填补，而是要通过立法修改的途径来加以完善。② 很显然，保守的实质解释论已然承认了刑法解释具有社会时空性这一基本特征。换句话说，刑法漏洞的形成必然是由于刑法规范的发展受到了特定社会时空的影响和制约所导致的。在此基础上，刑法解释行为在对刑法规范进行解释时必然也会受到该种特定的社会时空的影响和制约。既然保守的实质解释论承认了刑法漏

---

① 魏东：《刑法理性与解释论》，中国社会科学出版社2015年版，第23页。
② 魏东：《刑法理性与解释论》，中国社会科学出版社2015年版，第49页。

洞的存在，那么其也必然要承认刑法解释具有着社会时空性这一基本特征。然而，根据上文的介绍，我们了解到，刑法的漏洞除了真正的漏洞（刑法立法漏洞）之外，其还包括了非真正的漏洞。其中对于真正的刑法漏洞而言，我们应该采用立法的方式来加以填补，而对于非真正的刑法漏洞的填补而言，其是完全可以采用刑法解释的方式来加以实现的。这样看来，保守的实质解释论只就真正的刑法漏洞进行了讨论，而对于非真正的刑法漏洞却并没有论及。当然，我们并不能据此就否定保守的实质解释论在刑法漏洞层面上所形成的合理性认知结论。可以说，保守的实质解释论与本书中所论述的刑法解释过程论之间在刑法解释必然具有社会时空性这一特征以及在真正的刑法漏洞的弥补层面上都已达成了共识性认知结论。

最后，从保守的实质解释论的核心内容来看，为了能够解决或有效地化解形式解释论与实质解释论所产生的冲突，保守的实质解释论主张在入罪的认定层面上要采用形式解释，而在出罪的认定层面上则要采用实质解释，也即"入罪的形式化，出罪的实质化"[①]。很显然，保守的实质解释论必然是在形式解释论与实质解释论之争的基础上所形成的一种创新性的刑法解释理论。从刑法解释过程论的视角来看，保守的实质解释论的提出无疑为我们揭示出以过程形式加以体现的刑法解释活动必然会具有着承继性和建构性的基本特征。不过，就保守的实质解释论所提出的"入罪的形式化，出罪的实质化"这一核心主张而言，笔者则略有不同的看法。从入罪与出罪的关系角度来说，没有前者的存在必然也就不会有后者的出现，也即入罪与出罪之间必然存在着先入罪后出罪的逻辑关系。这也就意味着，保守的实质解释论是完全赞同先形式后实质这样一种固定化的刑法解释流程。然而，根据前文的介绍，我们了解到，面对现实多变、复杂的待解释现象时，无论是主张先形式后实质的形式解释论还是主张先实质后形式的实质解释论，它们以固化的解释流程来彰显自身论证逻辑的自洽性都略显

---

① 魏东：《刑法理性与解释论》，中国社会科学出版社2015年版，第1页。

多余，或者说形式解释论与实质解释论各自所主张的这些固化的刑法解释流程在一定的程度上阻碍了刑法正义的充分实现。据此，笔者认为，保守的实质解释论所主张的"入罪的形式化，出罪的实质化"这一固化的刑法解释流程有待商榷。

二 "三常"法治观解释论的认知

基于前文的介绍，我们了解到，对于"三常"法治观解释论而言，学界内的众多学者从不同的角度进行论证之后已然形成了两种不同的观点。毋庸置疑，分析的角度不同，必然会得出不同的认知结论。那么，当我们以刑法解释过程论的视角对"三常"法治观解释论展开再一次的认知时又会得出怎样的认知结论呢？对此，笔者认为，我们不妨可以从以下几个方面来加以把握：

首先，"三常"法治观解释论指出，"现代法治，归根结底应该是人性之治、良心之治。作为现代法治灵魂的'常识、常理、常情'，是指被一个社会中的普通民众长期认同，并且至今没有被证明是错误的基本的经验和基本的道理。我们的法律是人民的法律，绝不应该对其作出根本背离老百姓所共同认可的常识、常理、常情的解释。"[①] 从这一论断出发，我们不难看出，在"三常"法治观解释论的形成与提出的过程中，演进理性必然发挥着不可替代性的作用。这无疑为我们揭示出，以过程的形式加以体现的刑法解释活动必然会具有着承继性这一基本特征。同时，我们还可以看出，社会大众这一利益目标人群必定是"三常"法治观解释论所处的刑法解释立场，基于这一刑法解释立场，"三常"法治观解释论将现代法治的实现确定为自己的终极价值目标。据此，我们又不得不承认，"三常"法治观解释论的提出也必定是为实现刑法解释过程客观性这一价值指向服务的。可以说，从刑法解释过程所具有的客观性与承继性这两种基本特征的角度来看，"三常"法治观解释论都具有其存在的必要性和合理性。

---

① 陈忠林：《"常识、常理、常情"：一种法治观与法学教育观》，《太平洋学报》2007年第6期。

其次，"三常"法治观解释论同时还指出，"以特定时期社会的常识、常情、常理为标准展开刑罚的目的解释，能够让刑法所蕴含的最基本的是非观、善恶观和伦理道德在司法中得以实现，真正实现刑法人权保障和社会保护的目的。"① 从这一论断出发，我们不难发现，"三常"法治观解释论已经明确地为我们揭示出，以过程形式加以体现的刑法解释活动在实现客观性这一价值指向时必然是在特定的社会时空维度内来加以展开，同时也必然会受到该一特定社会时空维度的制约和限制。在此影响下，刑法解释过程进而也就必然会体现出开放性和建构性的基本特征。显而易见，从刑法解释过程所必然具有的社会时空性、开放性和建构性这三种基本特征的角度来看，"三常"法治观解释论与本书中所论及的刑法解释过程论之间具有着共同之处。据此，"三常"法治观解释论存在的必要性和合理性便得以证成。

最后，"三常"法治观解释论更是明确地指出，"无论是主观主义解释论还是客观主义解释论，无论是历史解释、文理解释、论理解释，还是扩张解释、限制解释或者类推解释、目的解释莫不以常识、常理、常情为前提、为标准、为基础、为指导、为界限。"② 更为重要的是，"常识、常理、常情不仅是一种社会大众普遍认同与遵守的是非标准和行为标准，同时其更是一种判断司法是否公正的标准。"③ 显而易见，在现实的刑法解释过程中，"三常"法治观解释论不仅为各种具体的刑法解释方法提供了一种解释限度，同时也为刑法解释客观性的实现与否提供了一种检验标准。或许正是因为"三常"法治观解释论在此一方面扮演着检验标准的角色，学界内有些学者才明确指出，作为检验标准的"三常"法治观解释论应该更具明确性和精准性。而从现实的情况来看，"三常"法治观解释论在实际操作的层面上却恰恰

---

① 马荣春：《论刑法的常识、常情、常理化》，《清华法学》2010年第1期。
② 周国文：《刑罚的界限：Joel Feinberg 的道德界限与超越》，中国检察出版社2008年版，第158页。
③ 王昌奎、向英姿：《重视"常识常理常情"追求司法公正》，http://www.spp.gov.cn，最后访问时间：2021年10月20日。

有所欠缺。① 对此，笔者认为，学界内所出现的此种反对声音固然具有其一定程度上的合理性。但是，"三常"法治观解释论在现实的司法实践活动中所起到了检验性作用却是毋庸置疑的。

三 人本主义解释论的认知

正如前文的介绍，学界内对人本主义解释论的认知也依然是存在着两种相反的声音。那么，从刑法解释过程论的视角来看，我们又该如何认知人本主义解释论呢？对此，笔者认为，我们可以从以下几个方面来加以把握：

首先，将以人为本的科学发展观作为立论根基的人本主义解释论认为，"法律就是以实现人的全面发展为目标，以尊重和保障人的合法权利为尺度，实现法律服务于整个社会和全体人民的理论体系。"② 而作为社会保障的最后一道屏障，"刑法在具体的司法实践活动过程中必须要尊重人权、保障人权、发展人性、体恤人情、弘扬人道。"③ 从这些论断来看，我们不难发现，一方面，人本主义解释论必然是一种在以人为本的科学发展观被提出之后才被加以明确并被提出来的刑法解释理论。另一方面，在当下的法治文明社会中，人本主义解释论也必然是一种站在社会大众这一利益目标人群的立场上以社会大众的根本利益的充分实现为己任的刑法解释理论。毫无疑问，人本主义解释论已然为我们揭示出以过程的形式加以体现的刑法解释活动必然具有着客观性和社会时空性这两种基本特征。换句话说，从刑法解释过程所具有的客观性和社会时空性这两种基本特征的角度来看，人本主义解释论必然具有其存在的必要性和合理性。

其次，人本主义解释论还指出，"规则主义解释强调主体必须抛开个人因素实现对刑法的客观解释，进而将主体抽象化乃至消解；而

---

① 谢晖：《有关常识、常理、常情与司法的论辩》，http://blog.sina.com.cn/s/blog_65f82df70100vze2.html，最后访问时间：2021年10月20日。
② 李龙：《人本法律观简论》，《社会科学战线》2004年第6期。
③ 李晟：《人本法律观研究》，中国社会科学出版社2006年版，第278页。

人本主义则承认解释主体的多元互动关系。可以说,人本主义刑法解释论范式已然超越了传统的刑法解释理念的局限,实现了从抽象主义向现实的人本主义的回归,克服了规则主义解释的缺陷,具有更为突出的现实价值。"[①] 很显然,人本主义解释论并不是一种凭空捏造、脱离现实状况而被提出来的刑法解释理论,其是在对规则主义解释论进行认知和分析之后并对规则主义解释论内在的弊端进行批判的基础之上而被提出来的一种创新性的刑法解释理论。换句话说,在人本主义解释论看来,在刑法解释过程中,规则主义解释论所强调的严格解释原则太过于绝对化,面对现实、多变的客观现实时,规则主义解释已经不能充分地保障刑法解释客观性的实现。所以,在进行刑法解释的过程中,多元化的或开放性的刑法解释视角必然有其存在的必要性。毫无疑问,人本主义解释论已然为我们揭示出以过程的形式加以体现的刑法解释活动必然具有着承继性、建构性和开放性的基本特征。也即,从刑法解释过程所具有的承继性、建构性和开放性特征的角度来看,人本主义解释论亦是具有其存在的必要性和合理性。

最后,对于人本主义解释论而言,学界内也存在着不同的声音,比如,有的学者指出,人文主义、人本主义和人道主义是三个不同的概念,三者在各自的产生渊源和所强调的侧重点方面都存在着明显的差异。然而,主张人本主义解释论的学者在对其进行论述的过程中却并未对这三个概念进行区分,甚至将三者进行混同使用。[②] 对此,笔者较为认同。毕竟从词源学的角度来说,人文主义、人本主义与人道主义这三个语词是有着本质上的区别的。此外,有的学者还指出:"人本主义解释论对于人的非理性行为是给予肯定的。但同时其又对带有形式主义特点的规则主义解释论所强调的严格解释进行批判。那么,人本主义解释论是否会导致任意解释现象的出现呢?人本主义解

[①] 袁林:《刑法解释观应从规则主义适度转向人本主义》,《法商研究》2008年第6期。

[②] 时光:《"人文主义"、"人本主义"及"人道主义"辩证——兼谈中国传统文化的基本精神》,《求索》1986年第6期。

释论并未对此作出明确合理的解答。"① 对此，笔者则认为，此种观点从一定的程度上来说或许具有合理性。但同时我们还要认识到，人本主义解释论在不断的发展过程中并不是一味地追求刑法解释的开放性而忽视刑法解释的规范性这一基本特征。例如，以袁林教授为代表的一些学者在不断完善人本主义解释论的过程中便引入了美国著名哲学家库恩的"范式理论"来对刑法解释的规范性这一特征加以阐述。显然，从这一角度来看，人本主义解释论同样也为我们揭示出，刑法解释过程必然具有着规范性与开放性的特征，并且二者必然也要进行有效的融合。据此，笔者认为，或许在某些方面，人本主义解释论的确存在有待商榷的地方，但就其对当下法治文明的发展所起到的积极作用而言则是无法被否认的。

---

① 李晟：《人本法律观研究》，中国社会科学出版社2006年版，第132页。

结　　语

　　基于对中外刑法解释发展概况的梳理和考察以及对过程的认知和了解，笔者明确地指出，刑法解释不仅是一种人类的认知实践行为，同时更是一种人类的认知实践过程。而作为人类认知实践过程中的一种特殊类型，刑法解释过程就是指刑法解释主体为了能够充分地实现刑法解释目的，在遵循特定的解释原则和解释规则的前提下，采用一定的刑法解释方法对刑法解释对象进行阐释和说明时所经历的一种认知实践程序和阶段。对于刑法解释过程这一特殊的认知实践程序和阶段而言，尽管人们在刑法解释的研究范式层面上发生了转变，但不可否认的是，在刑法解释过程的展开方式以及运作机理等多方面因素的影响下，刑法解释过程同样也如同一般意义上的过程那样必然会体现出"主客间"和"主体间"这两种具体的表现形式。

　　从刑法解释过程的构成要素角度来看，解释主体、解释立场、解释角度、解释行为、解释对象、解释目的、解释原则、解释规则以及解释方法必然都是刑法解释过程得以形成的必备构成要素。其中，就刑法解释过程的主体要素而言，在明确了刑法解释过程的启动主体与刑法解释过程所形成的结论的法律效力是两个不同层面上的问题的基础之上，我们可以得知，刑法解释过程的主体要素必然包括了有权解释主体与学理解释主体。就刑法解释过程的角度要素与立场要素而言，二者之间存在着本质上的区别。前者是指刑法解释主体在展开刑法解释过程时的出发点或切入点，而后者则意在指明刑法解释过程所指向的某一特定的利益目标人群。毋庸置疑，无论是立法者还是司法者，都必然是社会大众这一利益目标人群的组成部分。所以，刑法解释过程中的"立法者的立场"与"司法者的立场"最终都必然要归属到社会大众这一利益目标人群立场之中。就刑法解释过程的对象要素与目的要素而言，由于刑法解释主体在展开刑法解释过程时其目光必然会往返于由刑法概念所组成的刑法规范与案件事实之间。所以，刑法解释过程的对象要素也就必然是由刑法概念、刑法规范和案件事实所组成。并且，从这一解释循环现象出发，我们不难发现，刑法解释过程之所以会被开启，其原因就是为了实现"将案件事实一般化与将刑法规范具体化"这一形式层面上的解释目的。就刑法解释过程的原则要素与规则要素而言，二者之间既有联系又有区别。前者是后者得以形成的前提和基础，而后者则是前者的具体表现形式。尽管二者都对刑法解释过程的展开起着指导性和制约性的作用，但就二者的本质和具体内容而言却存在着明显的差异。前者是一种带有全局性、抽象性和间接性特征的基本精神准则和主观价值观念，其具体包括着合法性解释原则和合理性解释原则；而后者则是指一种带有具象性、位阶性和直接性的逻辑思维准则，经验符合性解释规则、逻辑严谨性解释规则和客观调控性解释规则应该是其全部的内容。就刑法解释过程的行为要素与方法要素而言，前者是一种为了实现刑法解释目的所作出的一种带有主观能动性并受到诸多客观因素影响的内隐性行为，而后者则是前者在解释技巧和解释理由两个层面上的具体外化形式。根据各种刑法解释方法的功效和特点来看，刑法解释方法可以被划分为包括了平义解释、扩大解释、缩小解释、反对解释、补正解释、类推解释在内的刑法解释结论的产生方法和包括了文理解释、体系解释、当然解释、历史解释、目的解释在内的刑法解释结论的论成方法这两种类型。并且在这两类刑法解释方法中，每一种具体的刑法解释方法之间也都必然存在着不同的位阶适用情形。

从刑法解释过程的特征来看，主观性、客观性、时间性、空间性、规范性、开放性、承继性和建构性必然是刑法解释过程所具有的基本特征。其中，就刑法解释过程的主观性与客观性而言，前者是指刑法解释主体在对刑法解释对象进行解释时所体现出来的主观意识性、自觉能动性、价值观念趋向性、逻辑思维严谨性和逻辑思维超前性的总称,而后者则是指刑法解释过程在本体论、认识论、方法论和社会效果这四个层面上所体现出来的存在性、明确性、稳定性、真实性、价值中立性、精准性、合法性、合理性、严格性、有效性和普遍可接受性的总称。尽管刑法解释过程的主观性与客观性之间必然体现出一种辩证统一的逻辑关系,但不可否认的是,刑法解释过程客观性的实现始终都是所有刑法解释过程得以形成和展开的终极价值指向。就刑法解释过程的时间性与空间性而言,存在于刑法解释过程中的时间是一种带有不可逆转性、绝对性和无限性特点并用来表征、标注、衡量和检测刑法解释过程的社会时间,而刑法解释过程所处的空间则是一种社会关系和社会结构所组成并且带有着暂时性、相对性和有限性特点的社会空间。由于凝集在刑法解释过程中的社会时间与社会空间之间具有着"时间空间化"和"空间时间化"这两种相互转化的特性,所以,刑法解释过程所具有的时空性这一特征便具体表现出了时空的约束性、时空的可调控性和时空的本土转化性这三种形式。在此基础上,刑法解释过程中的社会时空价值功能集中地体现在了时空建构功能和时空评价功能这两个方面。就刑法解释过程的规范性与开放性而言,前者是指对刑法解释过程所作出的一种带有人为设定性的严格性限制或要求,其是刑法解释过程理论得以科学化的前提和基础;而后者则是指刑法解释主体在作出刑法解释行为时通过将刑法解释过程的内部因素与外部因素进行有效融合进而在一定的程度上突破或者摆脱既有的解释限制或要求所体现出来的一种特性,其是刑法解释过程理论水平和质量得以提升的必要途径。尽管二者之间在一定的程度上存在着对立矛盾的关系,但是我们依旧可以通过一些有效的途径和手段来对二者进行有效的协调。就刑法解释过程的承继性与建构性而言,前者是指在以经验为其内核的演进理性的作用下,处于不同社会时空维度内的刑法解释过程之间以对话解释的方式加以呈现时所体现出来的传承性和吸收性;而后者则是指在以逻辑为其内核的建构理性的作用下,处于不同社会时空维度内的刑法解释过程之间以建构解释的方式加以呈现时所体现出来的批判性和创新性。很显然，无论是从经验与逻辑之间的关系来看，还是从继承与创新之间的关系来看，刑法解释过程的承继性与建构性之间都必然体现出一种辩证统一的逻辑关系。据此，在实现刑法解释过程客观性这一价值指向时，我们必然要避免唯经验论、唯逻辑论、唯继承论和唯创新论等极端现象的出现。

　　针对当下刑法解释研究范畴内所形成的各种刑法解释理论以及它们之间所形成的争论性问题，刑法解释过程论这一命题势必要对此作出合理性的回应，否则刑法解释过程论这一命题便失去了其存在的理论意义与现实意义。据此，本书最后以刑法解释过程论的研究视角从多个不同的层面分别对主观解释论与客观解释论、形式解释论与实质解释论、保守的实质解释论、"三常"法治观解释论以及人本主义解释论展开了详细的讨论和评析。诚然，介于主客观多方面因素或原因所致，本书在对刑法解释过程论这一命题以及当下主要的刑法解释理论进行论述和评析时难免出现不够合理、不够全面的现象或问题。即便如此，笔者还是希望本书中所呈现出来的拙见能够在一定的程度上为其他研究者提供一些可以参考和借鉴的依据。

主要参考书目

陈金钊：《法律解释的哲理》，山东人民出版社 2000 年版。
陈兴良：《本体刑法学》，商务印书馆 2001 年版。
储槐植：《形式一体化与关系刑法学》，北京大学出版社 1997 年版。
邓子滨：《中国实质刑法观批判》，法律出版社 2009 年版。
董皞：《司法解释论》，中国政法大学出版社 2007 年版。
甘雨沛主编：《外国刑法学》（上册），北京大学出版社 1985 年版。
何秉松主编：《刑法教科书》，中国法制出版社 2000 年版。
洪汉鼎：《诠释学——它的历史和当代发展》，人民出版社 2001 年版。
姜福东：《法律解释的范式批判》，山东人民出版社 2010 年版。
焦宝乾：《法律论证导论》，山东人民出版社 2006 年版。
瞿同祖：《中国法律与中国社会》，中华书局 1981 年版。
李德顺：《价值论》，中国人民大学出版社 1987 年版。
李光灿：《中国刑法通史》，辽宁大学出版社 1987 年版。
李晟：《人本法律观研究》，中国社会科学出版社 2006 年版。
李希慧：《刑法解释论》，中国人民公安大学出版社 1995 年版。
刘艳红：《走向实质的刑法解释》，北京大学出版社 2009 年版。
刘志忠、李毅：《过程转化论》，中国展望出版社 1988 年版。
卢建平主编：《刑事政策学》，四川大学出版社 2011 年版。
彭漪涟：《事实论》，广西师范大学出版社 2015 年版。
舒国滢：《法学方法论问题研究》，中国政法大学出版社 2007 年版。
疏义红：《法律解释学实验教程——裁判解释原理与实验操作》，北京大学出版社 2008 年版。

王利明：《法律解释学导论》，法律出版社 2009 年版。

王庆节：《解释学、海德格尔与儒道今释》，中国人民大学出版社 2009 年版。

韦玉成、田杜国：《法律逻辑学》，中国社会科学出版社 2018 年版。

魏东：《刑法理性与解释论》，中国社会科学出版社 2015 年版。

吴丙新：《修正的刑法解释理论》，山东人民出版社 2007 年版。

谢晖：《法律的意义追问——诠释学视野中的法哲学》，商务印书馆 2003 年版。

徐岱：《刑法解释学基础理论建构》，法律出版社 2010 年版。

严励：《中国刑事政策的建构理性》，中国政法大学出版社 2010 年版。

杨鸿烈：《中国法律发达史》，商务印书馆 1930 年版。

杨仁寿：《法学方法论》，文太印刷有限公司 1987 年版。

杨艳霞：《刑法解释的理论与方法——以哈贝马斯的沟通行动理论为视角》，法律出版社 2007 年版。

雍琦：《法律逻辑学》，法律出版社 2016 年版。

袁林：《以人为本与刑法解释范式的创新研究》，法律出版社 2010 年版。

张晋藩：《中国刑法史新论》，人民法院出版社 1992 年版。

张明楷：《罪刑法定与刑法解释》，北京大学出版社 2015 年版。

张志铭：《法律解释操作分析》，中国政法大学出版社 1998 年版。

赵秉志：《刑法解释研究》，北京大学出版社 2007 年版。

［德］哈贝马斯：《交往与社会进化》，张博树译，重庆出版社 1989 年版。

［德］海德格尔：《存在与时间》，陈嘉映、王庆节译，生活·读书·新知三联书店 1999 年版。

［德］加达默尔：《真理与方法》（上卷），洪汉鼎译，上海译文出版社 2005 年版。

［德］拉德布鲁赫：《法律哲学概论》，徐苏中译，中国政法大学出版

社2007年版。
[德] 拉伦兹:《法学方法论》,陈爱娥译,五南图书出版有限公司1997年版。
[法] 保罗·利科尔:《解释学与人文科学》,陶远华译,河北人民出版社1987年版。
[美] 博登海默:《法理学—法哲学及其方法》,邓正来译,华夏出版社1987年版。
[美] 赫希:《解释的有效性》,王才勇译,生活·读书·新知三联书店1991年版。
[美] 卡多佐·本杰明:《司法过程的性质》,苏力译,商务印书馆2002年版。
[美] 庞德:《法律史解释》,曹玉堂译,华夏出版社1989年版。
[日] 高桥则夫:《规范论与刑法解释论》,戴波译,中国人民大学出版社2011年版。
[日] 笹仓秀夫:《法解释讲义》,东京大学出版会2009年版。
[英] 哈耶克:《自有秩序原理》,邓正来译,生活·读书·新知三联书店1997年版。
[英] 怀特海:《过程与实在》,杨福斌译,中国城市出版社2003年版。

致　　谢

　　本书得到西北民族大学 2022 年度中央高校基本科研业务费专项资金项目（Supported by the Fundamental Research Funds for the Central Universities）"刑法解释过程论"（项目编号：31920220169）和西北民族大学 2022 年度引进人才科研项目"过程论视域下刑法解释研究"（项目编号：xbmuyjrc202207）共同资助。笔者在此特向为本书顺利出版付出辛勤工作的相关人士和工作人员表示由衷的感谢！

田杜国
2022 年 5 月 13 日